Dirk Lippold
Einführung in das Consulting

Dirk Lippold

Einführung in das Consulting

Strukturen – Trends – Geschäftsmodelle

DE GRUYTER
OLDENBOURG

ISBN 978-3-11-077399-6
e-ISBN (PDF) 978-3-11-077413-9
e-ISBN (EPUB) 978-3-11-077418-4

Library of Congress Control Number: 2021951185

Bibliografische Information der Deutschen Nationalbibliothek
Die Deutsche Nationalbibliothek verzeichnet diese Publikation in der Deutschen Nationalbibliografie;
detaillierte bibliografische Daten sind im Internet über http://dnb.dnb.de abrufbar.

www.degruyter.com

If you can do it, teach it.

If you can teach it, write about it.

Vorwort

Die Beratungsbranche ist die Wunschbranche der meisten Hochschulabsolventen mit wirtschaftswissenschaftlichem Hintergrund.

Doch warum ist die Consulting Profession eigentlich so faszinierend? Was spricht für den Einsatz von Unternehmensberatern? Welchen Nutzen, welchen Mehrwert bieten Beratungsleistungen überhaupt? Warum wächst der Beratungsmarkt immer noch deutlich schneller als die Wirtschaft als Ganzes?

Aber wo kann man überhaupt Consulting studieren? Was ist der ideale Weg in die Beratung? Welches sind die Voraussetzungen, um einen Einstiegsjob als Unternehmensberater zu bekommen? Welche Qualifikationen sind gefragt? Welche Hochschulen bieten dafür die besten Chancen?

Die „Einführung in das Consulting. Einstieg in die professionelle Beratung" versucht, diese und ähnliche Fragen zu beantworten. Das Lehrbuch soll in erster Linie Studierenden, die eine Unterstützung in den einschlägigen Vorlesungen und Seminaren suchen, sowie Berufseinsteigern, die sich ein Bild über die Consulting-Profession machen wollen, eine fundierte Orientierung und Absicherung geben. Angesprochen werden darüber hinaus die Zielgruppen der Professionals und der Kunden, die sich jeweils über die Bedarfsstrukturen der jeweiligen Partnerseite informieren möchten. Inhaltlich stellt das Lehrbuch folgende Aspekte in einen Gesamtzusammenhang:

- Aussagen über den erfolgreichen Einstieg in die Beratungsbranche
- Aussagen über die Erfolgsfaktoren der Unternehmensberatung
- Aussagen über die verschiedenen Perspektiven der Unternehmensberatung
- Aussagen über Entwicklung und Struktur der Beratungsbranche
- Aussagen über Consulting 4.0 und die Digitalisierung der Branche
- Aussagen über Planungsprozesse, Analysemethoden und strategische Stoßrichtungen der Beratungshäuser
- Aussagen über die Umsetzung bestimmter Geschäftsmodelle und digitaler Beratungsansätze

Eine Besonderheit des Lehrbuchs sind viele praxisbezogenen Inserts, welche die grundsätzlichen Themen anschaulicher und verständlicher machen.

Bedanken möchte ich mich beim De Gruyter-Verlag und hier besonders bei Dr. Stefan Giesen und Herrn Stefan Diezmann für die konzeptionelle und praktische Umsetzung.

Mein Dank geht auch an Herrn Lukas Jennerjahn für die umsichtigen Korrekturen.

Zur besseren Lesbarkeit wird für alle Personen das generische Maskulinum verwendet.

Berlin, im November 2021   Dirk Lippold

Inhaltsverzeichnis

1. Berufsfeld Beratung

1.1 Motivation

Nur wenige Professionen haben es so hautnah mit den aktuellen Herausforderungen von Wirtschaft und Gesellschaft zu tun wie die der Unternehmensberater. Nur wenige Professionals wissen über Trends in Management, Technologie und Organisation ähnlich gut Bescheid wie Berater. Diese gehören einer Branche an, die sich wie kaum eine andere dynamisch bewegt und täglich vor neue Herausforderungen gestellt wird. Sie, die dieses Business betreiben, erleben hautnah mit, wie sich Unternehmen, ganze Branchen und Märkte in kurzer Zeit bewegen und verändern. Die Begleitung des Wandels (engl. *Change*) ist das tägliche Brot des Beraters. Für die Kunden ist dies eine hochprofessionelle Dienstleistung, über die man kurzfristig nicht verfügt und sie deshalb vorübergehend ins Unternehmen holt.

Mit der Nachfrage nach externer Lösungskompetenz für strategische und operative Fragen ist zugleich auch das unternehmerische Konzept arbeitsteiliger Spezialisierung verbunden. Eine solche Arbeitsteilung funktioniert immer dann, wenn Neutralität, Objektivität und Unabhängigkeit sowie Kompetenz, analytische Brillanz und innovative Kreativität zu den Vorgaben eines jeden Beraters zählen. Dank solcher hohen Standards, verbunden mit den entsprechenden Arbeitsergebnissen, konnte sich die Beratungsbranche in den letzten dreißig Jahren zu einer der attraktivsten Industrien entwickeln, die um ein Vielfaches schneller wächst als die Wirtschaft insgesamt [vgl. Berger 2004, S. 1].

In Deutschland sind es knapp drei Millionen Studierende, von denen wiederum (als größte Gruppe) die Wirtschaftswissenschafter (angehende Betriebswirte, Volkswirte, Wirtschaftsingenieure, Wirtschaftsinformatiker) ein Sechstel, also rund eine halbe Million ausmachen. Von diesen knapp 500.000 Studierenden haben 2018 nach einer repräsentativen Umfrage von EY unter 2.000 Studierenden der Wirtschaftswissenschaften erstaunliche **48 Prozent** – also knapp die Hälfte – **Consulting** bzw. Beratung/Prüfung **als Wunschbranche** genannt. Und selbst bei den angehenden Juristen liegt Beratung/Prüfung mit 44 Prozent aller Befragten an zweiter Stelle nur knapp hinter dem öffentlichen Dienst (45 Prozent) (siehe Insert 1-1).

Die Beratungsbranche hat sich also in sehr kurzer Zeit zu einem der attraktivsten Arbeitgeber insbesondere für High Potentials entwickelt. Nahezu jeder zweite von ihnen sieht in der Unternehmensberatung den idealen Karriereeinstieg. Eine abwechslungsreiche, herausfordernde Tätigkeit, gutes Arbeitsklima, selbstständiges Arbeiten, hervorragende Weiterbildungsmöglichkeiten und gute Bezahlung werden mit dem Berufsbild des Beraters in Verbindung gebracht.

Für den Hochschulabsolventen ist dieser Berufseinstieg ideal, weil er eine streng praxisorientierte Grundausbildung erhält und sich prinzipiell *nicht* gleich zu Beginn seines

Berufslebens auf eine Branche oder auf einen Funktionsbereich festlegen muss. Die beraterische Grundausbildung erhält der Berufsanfänger in größeren Beratungsunternehmen schwerpunktmäßig durch *Training-off-the-job-Maßnahmen*, d. h. durch spezielle, nicht fakturierbare Aus- und Fortbildungsmaßnahmen, die teilweise in eigenen Trainingszentren oder Hochschulen („Corporate Universities") durchgeführt werden. In kleineren Beratungsunternehmen erfolgt diese Grundausbildung zum Berater regelmäßig im Rahmen von *Training-on-the-job-Maßnahmen*.

Insert

Beratung/Prüfung bei Wirtschaftswissenschaftlern ganz vorne, bei Juristen der öffentliche Dienst

„Welche Branchen sind für Ihre beruflichen Pläne besonders attraktiv?"

Top 5 Wirtschaftswissenschaftler

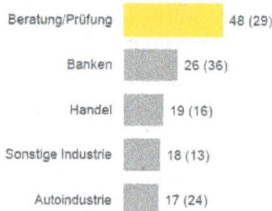

Branche	Wert
Beratung/Prüfung	48 (29)
Banken	26 (36)
Handel	19 (16)
Sonstige Industrie	18 (13)
Autoindustrie	17 (24)

Top 5 Juristen

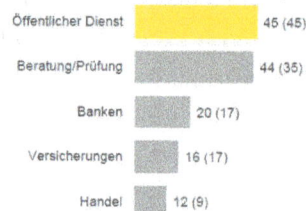

Branche	Wert
Öffentlicher Dienst	45 (45)
Beratung/Prüfung	44 (35)
Banken	20 (17)
Versicherungen	16 (17)
Handel	12 (9)

Angaben in Prozent | 2016er Werte in Klammern

Je nach Fachrichtung sind für die Studenten höchst unterschiedliche Branchen attraktiv: Bei den **Wirtschaftswissenschaftlern** steht der Bereich Beratung-/Prüfung an erster Stelle (48 Prozent, mit deutlichem Abstand folgt die Bankenbranche (26 Prozent). Der öffentliche Dienst belegt hier keinen Top-5-Rang. An Attraktivität verloren hat dagegen die Autoindustrie (17 Prozent gegenüber 24 Prozent in der 2016er Befragung). **Juristen** hingegen zieht es vor allem in den öffentlichen Dienst (45 Prozent), dicht gefolgt von der Beratungs- und Prüfungsbranche, die 44 Prozent der Befragten als besonders attraktiv bezeichnen.

Bei männlichen und weiblichen Studenten ist die **Jobsicherheit** der wichtigste Faktor bei der Bewertung von Arbeitgebern. An zweiter Stelle folgt bei Frauen die Vereinbarkeit von Familie und Beruf (49 Prozent). Männer zählen dieses Kriterium (31 Prozent) hingegen nicht zu den wichtigsten Faktoren. Ein sicherer Job ist für Absolventen der Sozial-, Geistes- und Sprach- bzw. Literaturwissenschaften – darunter zahlreiche Lehramtsstudenten – besonders wichtig. Wirtschafts-, Natur-, Ingenieurs- und Kulturwissenschaftler legen hingegen weniger Wert auf dieses Kriterium.

Ein **gutes Gehalt** ist vor allem für Mediziner und Wirtschaftswissenschaftler ein wichtiger Faktor bei der Wahl des Arbeitgebers. Geistes-, Sozial- und Kulturwissenschaftler achten hingegen deutlich weniger auf das Gehalt.

Aufstiegschancen, flache Hierarchien bzw. Kollegialität und Gehalt und mögliche Gehaltssteigerungen werden von beiden Geschlechtern als wichtig angesehen .

[Quelle: EY Studentenstudie 2018]

Insert 1-1:   Attraktive Branchen für Wirtschaftswissenschaftler und Juristen

Den offensichtlichen Vorzügen dieser Profession stehen außerordentlich hohe Anforderungen an **Mobilität und Flexibilität** als Nachteil gegenüber. Besonders im Fokus steht dabei eine **Work-Life-Balance**, die vor allem die weiblichen Berater vor hohe Herausforderungen stellt. Überdies ist es eine Tatsache, dass nahezu jedes Beratungsprojekt überall angesiedelt ist, nur nicht am eigenen Standort.

Und doch ist der Anteil weiblicher Consultants, die von diesen Nachteilen in der Regel besonders betroffen sind, in den letzten Jahren signifikant gestiegen. Doch aus Sicht der Unternehmensberatungen befindet sich dieser Anteil immer noch auf deutlich zu niedrigem Niveau. So beträgt der weibliche Anteil auf Leitungsebene 12 Prozent, 23 Prozent bei den Senior Consultants und 38 Prozent bei den Berufseinsteigern (siehe Abbildung 1-1). Über alle Ebenen hinweg beträgt der Anteil weiblichen Mitarbeiter in der Beratungsbranche 35 Prozent [vgl. BDU 2021, S. 8].

Es ist zwar eine Tatsache, dass Frauen aus familiären Gründen häufiger Abstriche in Bezug auf den eigenen Beruf und die eigene Karriere machen als Männer. Aber besonders die High Potentials unter den weiblichen Arbeitnehmern werden immer wichtiger und damit begehrter für die Unternehmensberatungen.

Um Frauen an das Unternehmen zu binden und besser zu integrieren, achten immer mehr Beratungsunternehmen neben einer familienfreundlichen Gestaltung der Arbeitszeiten gezielt auf die Förderung der Karriere von weiblichen Arbeitnehmern.

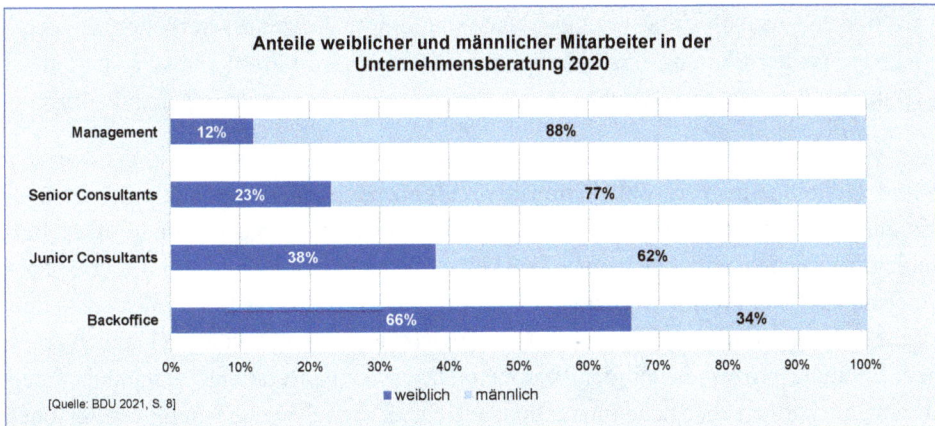

Anteile weiblicher und männlicher Mitarbeiter in der Unternehmensberatung 2020

	weiblich	männlich
Management	12%	88%
Senior Consultants	23%	77%
Junior Consultants	38%	62%
Backoffice	66%	34%

[Quelle: BDU 2021, S. 8]

Abb. 1-1:   Mitarbeiter in der Unternehmensberatung nach dem Geschlecht

1.2 Begriffliche Grundlagen

Aufgrund der nahezu unendlich vielen Facetten der Tätigkeiten einer Unternehmensberatung ist es fast unmöglich, eine umfassende Definition dieser Dienstleistung vorzunehmen. Dennoch lassen sich einige Eckpunkte (als konstitutive Merkmale) zur definitorischen Eingrenzung festhalten:

- Art der Tätigkeit: überwiegend entgeltliche, individuelle und höherwertige professionelle Dienstleistung
- Durchführende(r) der Tätigkeit: eine oder mehrere (qualifizierte) Person(en)
- Adressat der Tätigkeit: Unternehmen/Organisationen

- Inhalt der Tätigkeit: in Abhängigkeit des Kundenwunsches die Identifikation, Definition und Analyse von Problemstellungen sowie unabhängige Empfehlung, Planung, Erarbeitung, Umsetzung und Kontrolle von Problemlösungen
- Ziel der Tätigkeit: Verbesserung der Fähigkeit des Kunden, das zugrunde liegende Problem zu lösen
- Gegenstand der Tätigkeit: Strategien, Organisation, Prozesse, Verfahren und Methoden des Kundenunternehmens
- Dauer der Tätigkeit: zeitliche Befristung der Dienstleistung
- Voraussetzung der Tätigkeit: Expertise und Erfahrung.

Daraus lässt sich in Anlehnung an Fink [2009a, S. 3] und Nissen [2007, S. 3] der **Begriff der Unternehmensberatung** wie folgt fassen:

Unternehmensberatung ist eine eigenverantwortlich, zeitlich befristet, auftragsindividuell und zumeist gegen Entgelt erbrachte professionelle Dienstleistung, die sich an Unternehmen/Organisationen mit dem Ziel richtet, Problemstellungen zu identifizieren und zu analysieren und/oder Handlungsempfehlungen zu erarbeiten, um den Kunden bei der Planung, Erarbeitung und Umsetzung von Problemlösungen zu unterstützen bzw. dessen Fähigkeiten zur Bewältigung des zugrunde liegenden Problems zu verbessern.

Dieser Definition liegt sowohl ein transitives als auch ein reflexives Beratungsverständnis zugrunde. Mit dem *transitiven* Beratungsverständnis ist die Erteilung eines Ratschlags verbunden, d. h. der Berater hilft seinem Kunden mit fachlichem Rat und Sachverstand aus einer Problemsituation. Konstitutiv für das transitive Beratungsverständnis ist die *Informationsasymmetrie*, also das ungleich verteilte Wissen zwischen den an einem Beratungsprozess beteiligten Personen. Das *reflexive* Beratungsverständnis unterstreicht die partnerschaftliche Interaktionsbeziehung zwischen den beteiligten Personen und zielt auf die Förderung und Wiederherstellungskompetenz des Kunden, ohne diesem die eigentliche Problemlösung abzunehmen [vgl. Jeschke 2004, S. 13 f.].

Formal ist die Beratung von Unternehmen bzw. Organisationen eine professionelle Dienstleistung. Der **Dienstleistungsbegriff** dient im Wesentlichen zur Abgrenzung von Sachleistungen (Produkten).

Inhaltlich hat das Tätigkeitsfeld des Consultings viele Aspekte. Es reicht im Kern von der klassischen Managementberatung über die Prozess- und IT-Beratung bis hin zum Outsourcing. Diese **Kerngebiete** sind auch Gegenstand dieser Ausführungen.

Schließlich soll noch auf die im angelsächsischen Raum gebräuchliche Bezeichnung **Professional Service Firms** hingewiesen werden. Professional Service Firms, die zunehmend als eigenständige Gruppe innerhalb der Dienstleistungsunternehmen wahrgenommen werden, erbringen professionelle Dienstleistungen (engl. *Professional Services*) wie beispielsweise die Unternehmensberatung „ *... also Dienstleistungen, die in hohem Maße auf individuelle Kundenbedürfnisse zugeschnitten sind und in meist enger Zusammenarbeit mit dem Kunden unter Einbringung ausgeprägten Fachwissens und Erfahrung hochqualifizierter Mitarbeiter erbracht werden"* [Müller-Stewens et al. 1999, S. 23]. Demnach sind Beratungsunternehmen eine Teilmenge der Professional Service Firms, zu denen auch Wirtschaftsprüfungs- und Steuerberatungsgesellschaften, Anwaltskanzleien oder Investmentbanken gehören.

Fragt man nach den verschiedenen **Anbietergruppen** von Beratung, so ist es grundsätzlich unerheblich, ob diese Kerndienstleistungen von Einzelberatern oder von Beratungsunternehmen mit 500 und mehr Mitarbeitern angeboten werden. Auch spielt es keine Rolle, ob diese Beratungsleistungen zum Randportfolio von Finanzdienstleistungsunternehmen, von Wirtschaftsprüfungsgesellschaften oder von branchenfremden Großunternehmen zählen. Ebenfalls unerheblich ist es, ob diese Dienstleistung als Inhouse Consulting, von Hochschullehrern bzw. Wissenschaftlern oder von studentischen Beratungsgruppen erbracht werden [zu den Berührungspunkten von Wissenschaft und Beratung siehe insbesondere Deelmann 2007, S. 45].

Fragt man weiterhin nach den verschiedenen **Ausrichtungen** der Beratungsleistungen, so kann der Berater als *Generalist* oder als *Spezialist* auftreten. Als Spezialist ist wiederum eine sektorale (branchenbezogene), eine funktionale oder eine thematische Ausrichtung möglich. Weitere denkbare Gegensatzpaare bei der Leistungserbringung sind die Methoden- vs. Produktorientierung, die Projektdurchführung in gemischten oder in autonomen Teams und die Auftragsdurchführung in Form der konkreten Umsetzung (Realisierung) oder lediglich als Realisierungsbegleitung.

Hinsichtlich der **Größenordnung** und **Internationalität** von Beratungsunternehmen lässt sich feststellen, dass Auftragsvolumen, Laufzeit und Umfang von Projekten besonders in Verbindung mit der Informations- und Kommunikationstechnik eine Dimension erreicht haben, die das klassische Problemlösungsgeschäft weit hinter sich lassen. So sind gerade im Bereich der Informationsverarbeitung und Systemintegration, in dem der Kunde (z. T. länderübergreifende) Komplettlösungen erwartet, Projekte in zweistelliger Millionenhöhe keine Seltenheit mehr. Solche Projekte können nur von (IT-) Beratungsgesellschaften gestemmt werden, die auch über entsprechende personelle und international ausgerichtete Ressourcen verfügen. Insofern reicht die organisatorische Größenordnung auf der Angebotsseite des Beratungsgeschäfts vom Einzelberater bis zum global aufgestellten Beratungsunternehmen mit deutlich mehr als 100.000 Mitarbeitern.

Auf der Grundlage dieser Verständigung über die verschiedenen Anbietergruppen und Ausrichtungen von Beratungsleistungen werden die Begriffe *Unternehmensberatung*, *Beratung* und *Consulting* weitgehend synonym behandelt. Zum **Kernberatungsgebiet** gehören nach unserem Verständnis die

- Strategie- und Managementberatung,
- Organisations- und Prozessberatung,
- IT- und Technologieberatung,
- individuelle Softwareentwicklung,
- IT-Systemintegration und das
- IT-Outsourcing.

An das Kernberatungsgebiet angrenzende Bereiche wie Steuerberatung, Wirtschaftsprüfung, Personalberatung, Rechtsberatung, Engineering-Beratung, Standardsoftwareerstellung und -vermarktung u. a. werden zwar immer wieder gestreift, zählen aber nicht unbedingt zum Betrachtungsschwerpunkt, der – wenn man denn eine Schwerpunktsetzung vornimmt – eher bei **größeren Management- und IT-Beratungsunternehmen** liegt. Daher werden die *Strategieberatung* und die *IT-Beratung* auch immer wieder als polarisierende und beispielgebende Beratungsfelder (Beratungstypen) herangezogen.

1.3 Einstieg in die Unternehmensberatung

Aus Sicht vieler Interessenten, die mit dem beruflichen Einstieg in die Unternehmensberatung liebäugeln, stellen sich zunächst zwei Fragen:

- Wo kann ich Consulting studieren, d. h. welche Hochschule bietet überhaupt einen Consulting-Studiengang an?
- Welcher Weg ist der ideale Einstieg in die Unternehmensberatung?

1.3.1 Studiengang Consulting

Im Zuge der Bologna-Reform wurden knapp 17.000 verschiedene Studiengänge geschaffen, davon mehr als 2.500 Studiengänge in den Wirtschaftswissenschaften. Darunter sind allerdings lediglich ganze 23 (!) Consulting-Studiengänge zu finden. Diese werden von 20 verschiedenen Hochschulen angeboten [www.studycheck.de].

Besonders bemerkenswert ist, dass lediglich **zwei staatliche Universitäten** (Bochum und Hamburg) Consulting in ihr Studienprogramm aufgenommen haben. Die übrigen 21 Consulting-Studiengänge entfallen ausschließlich auf Fachhochschulen, darunter **sechs Privathochschulen**. Bei den „Privaten" kostet das gesamte Studium zwischen 9.500 und 31.000 Euro. Diese Gebühr ist abhängig von der Anzahl der Semester. Die Regelstudienzeit beim Bachelor beträgt sechs bis sieben Semester und beim Master drei bis vier Semester. Vier Hochschulen bieten jeweils zwei Consulting Studiengänge an, wobei nur die Hochschule Albstadt-Sigmaringen sowohl einen Bachelor- als auch einen Masterstudiengang offeriert.

Angesichts dieses Nachfrageüberhangs stellt sich die Frage, ob die „Staatlichen" den enormen Bedarf an qualifizierter Consulting-Ausbildung nicht erkannt haben oder nicht erkennen wollen. Verwiesen sei in diesem Zusammenhang auf den Handelsblatt-Artikel vom 12. Juli 2021: „Die Berater-Lücke: Consultants und Wirtschaftsprüfer wollen fast 27.000 Stellen neu besetzen". EY, PwC und Deloitte planen je mit rund 5.000 Neueinstellungen, McKinsey und BCG mit über 1.000. Accenture, die weltweit größte Consultingfirma, deckt in Deutschland einen Teil ihrer Nachfrage an jungen Consultants über die Hochschule Accadis in Bad Homburg mit dem Studiengang „Business-IT-Consulting" ab.

Bemerkenswert ist weiterhin, dass der Begriff „Consulting" nicht als Solitär in der Bezeichnung des jeweiligen Studiengangs zu finden ist. Die Studiengänge heißen vielmehr (richtigerweise):

- Strategic Management Consulting
- Business IT-Consulting
- Digital Technology & Consulting
- Wirtschaftsinformatik mit Schwerpunkt Data Science & Consulting
- Business Analytics, Controlling & Consulting
- Business Consulting & Digital Management

Im Insert 1-2 sind die wichtigsten Daten der einzelnen Hochschulen, die einen Consulting-Studiengang anbieten, zusammengestellt.

┌─ Insert ───

Deutsche Hochschulen,
die den Studiengang ‚Consulting' anbieten

Hochschule	Studiengang	Studien-profil	Regel-studienzeit	Sprache	Hochschultyp	Ab-schluss
CBS International Business School (Köln, Mainz)	Strategic Management Consulting	Vollzeit Berufsbegleitend	4 - 5 Semester	Deutsch Englisch	Privat-Hochschule	M.Sc. M.A.
Accadis Hochschule (Bad Homburg)	Busines IT-Consulting	Vollzeit	9 Trimester	Deutsch Englisch	Privat-Hochschule	B.Sc.
Hochschule Albstadt-Sigmaringen	Digital Technology & Consulting	Vollzeit Teilzeit	7 Semester 3-5 Semester	Deutsch Englisch	Fachhochschul	B.Sc. M.Sc.
HHN Hochschule Heilbronn	Business Analytics, Controlling & Consulting	Vollzeit	3 Semester	Deutsch Englisch	Fachhochschul	M.Sc.
Hochschule Harz (Wernigerode)	Business Consulting	Vollzeit	3 Semester	Deutsch	Fachhochschul	M.A.
HFU Hochschule Furtwangen	Business Consulting	Vollzeit	3 Semester	Englisch	Fachhochschul	M.Sc.
Hochschule Emden-Leer-Oldenburg	Management Consulting	Vollzeit	4 Semester	Deutsch	Fachhochschul	M.A.
Hochschule Wismar	Tax & Business Consulting	Vollzeit	3 Semester	Deutsch	Fachhochschul	M.TBC.
Hochschule Reutlingen	Consulting & Business Analytics	Vollzeit	4 Semster	Deutsch Englisch	Privathochschu	M.Sc.
FOM Hochschule (17 Standorte)	Business Consulting & Digital Management	Berufsbegleitend	5 Semester	Deutsch	Privathochschu	M.Sc.
DHBW Duale Hochschule Baden-Württemberg (Villingen-Schwennigen)	Betriebswirtschaftslehre - Controlling & Consulting	Vollzeit	6 Semester	Deutsch	Fachhochschul	B.Sc.
Hochschule Hamm-Lippstadt	Technical Consulting und Management	Teilzeit Vollzeit	3-6 Semester	Deutsch	Fachhochschul	M.Sc.
Ruhr Universität Bochum	Economic Policy Consulting	Vollzeit	4 Semester	Deutsch Englisch	Universität	M.Sc.
FH Wedel	IT-Management, Consulting & Auditing	Vollzeit	7 Semester	Deutsch	Privathochschu	B.Sc.
Beuth Hochschule für Technik (Berlin)	Management und Consulting	Teilzeit	5 Semester	Deutsch	Fachhochschul	M.A.
Uni Hamburg	IT-Management und - Consulting	Vollzeit	4 Semester	Deutsch	Universität	M.Sc.
Berufsakademie Dresden	Steuern Prüfungswesen Consulting	Vollzeit	6 Semester	Deutsch	Fachhochschul	B.A.
Hochschule für Wirtschaft und Gesellschaft Ludwigshafen	Wirtschaftsinformatik mit Schwerpunkt Data Science & Consulting	Vollzeit	4 Semester	Deutsch	Fachhochschul	M.Sc.
Hochschule Offenburg	International Business Consulting	Vollzeit	3 Semester	Englisch	Privathochschu	MBA

„Als Unternehmensberater, auch Consultant genannt, stehst Du Firmen unterschiedlicher Branchen in allen Belangen des Unternehmensalltages konzeptionell zur Seite. Du kannst Unternehmensberater werden, indem Du ein BWL Studium, einen Master in Consulting oder einen anderen Studiengang mit wirtschaftswissenschaftlichem Schwerpunkt absolvierst. Je nach Branchenspezialisierung Deines zukünftigen Arbeitgebers bietet sich Dir auch als Absolvent eines anderen Fachbereiches die Möglichkeit, in den Beruf des Consultants einzusteigen. Dabei teilt sich Deine Karriere in zwei mögliche Wege: Entweder sammelst Du erst einmal Berufserfahrung in einem Unternehmen, um Deine wertvollen Praxiskenntnisse später in Deine Beratungsleistungen einzubringen. Oder Du startest direkt nach Deinem Studienabschluss als Junior Berater in einer Unternehmensberatung durch. Weil die Bezeichnung Unternehmensberater nicht geschützt ist, kannst Du Dich ebenfalls mit einer eigenen Agentur selbstständig machen."

[https://www.studycheck.de/berufe/unternehmensberater]

└──

Insert 1-2:   Deutsche Hochschulen, die den Studiengang ‚Consulting' anbieten

1.3.2 War for Talents

Um im Wettbewerb um die besonders qualifizierten Bewerber – und das ist die Hauptzielgruppe der Unternehmensberatungen – bestehen zu können, gehen die Berater mehr und mehr dazu über, geeignete Bewerber quasi als Kunden genauso zu umwerben wie die potenziellen Käufer ihrer Dienstleistungen. So setzen insbesondere die größeren Beratungsunternehmen neben Online-Anzeigen das gesamte Spektrum an Kommunikationsmaßnahmen wie Jobmessen, Career Camps, Vergabe von Praktika, Hochschulbotschafter, Referral-Programme etc. ein, um im „War for Talents" erfolgreich zu sein [vgl. Lippold 2021, S. 127].

Dabei stoßen die personalsuchenden Unternehmensberatungen auf drei besondere Herausforderungen [vgl. Deelmann/Krämer 2020, S. 28]:

–   Die **Anforderung an Bewerber** hinsichtlich Wissen, Kompetenzen und Qualifikationen wachsen.
–   **Ansprüche bzw. Erwartungen der Bewerber** an Work-Life-Balance, Lebensplanungen und Wertvorstellungen verändern sich (Stichwort: Wertewandel).
–   Unternehmensberatungen konkurrieren künftig nicht nur mit prestigeträchtigen Industrie- und Dienstleistungsunternehmen um die Top-Talente, sondern verstärkt auch mit **Start-ups**, die die Möglichkeit bieten, innerhalb kürzester Zeit im Job zu wachsen und Erfahrungen zu sammeln.

Gute **Prädiktoren** zur Identifizierung von Hochleistern („High Potentials") sind die Hochschulqualität, Fachrichtung und Fächerkombination, Auslandsaufenthalte, erhaltene Stipendien, Anzahl und Qualität von Praktika, eine zweite Fremdsprache und Aktivitäten außerhalb der Hochschule [vgl. Lippold 2021, S. 127].

Letztlich sind es aber vier herausragende Qualifikationen, die von den personalsuchenden Beratungsunternehmen im Bewerbungsschreiben erwartet werden:

•   Überdurchschnittlicher Notendurchschnitt
•   Berufserfahrung (bei Hochschulabsolventen belegt durch funktionsorientierte Praktika oder Praktika in der Beratung und im Ausland)
•   Berufsausbildung mit Masterabschluss (BWL, VWL, Wirtschaftsingenieur, Informatik und zunehmend Mathematik und Physik)
•   Außeruniversitäres Engagement.

Diese Qualifikationen sind quasi die **Eintrittskarte** zum Vorstellungsgespräch. Bei dem Gespräch an sich geht es dann aber um die Persönlichkeit des Kandidaten und nicht mehr um Zeugnisnoten oder Ausbildungsabschlüsse.

Im Insert 1-3 sind die fünf wichtigsten Stufen des Bewerbungsprozesses ausführlich dargestellt.

> **Insert**
>
> ## Warum der Unterschied zwischen Wissen, Kompetenzen und Qualifikationen für Bewerber so wichtig ist
>
> Für den beruflichen Einstieg als Consultant ist es nicht entscheidend, ob man sich als Hochschulabsolvent oder nach einem berufsbegleitenden Studium über den zweiten Bildungsweg bewirbt. Wichtig ist einzig und allein, dass man die Chance zu einem Vorstellungsgespräch bei einem Beratungsunternehmen seiner Wahl erhält. Dann hat man alles Weitere selbst in der Hand. Also, es geht um die Eintrittskarte zu einem Vorstellungsgespräch. Um zu erkennen, welche Voraussetzungen für die Eintrittskarte und welche für das Interview gelten, sollte man den Unterschied zwischen den nicht unerheblichen Anforderungen in den Bereichen Wissen, Kompetenzen und Qualifikationen deutlich machen.

1. Stufe	2. Stufe	3. Stufe	4. Stufe	5. Stufe
Auswahl des Beratungsunternehmens	**Bewerbung**	**Bewerbungsscreening**	**Erste und ggf. zweite Bewerbungsrunde**	**Finale Auswahl und Angebot**
über • Online-Börsen • Recruiting-Messen • Firmen-Karriereseiten • Persönliche Kontakte	• Anschreiben • Lebenslauf • Qualifikationen • Zeugnisse	• Lebenslauf • Musskriterien (Noten, Praxis, Sprachen) • Gesamtbild • Ggf. Telefoninterview	• Cases* • Brainteaser ** • Personal Fit • Ggf. Gruppenaufgabe • Ggf. Präsentation	• Einstiegsgehalt und sonstige Leistungen • Einstiegszeitpunkt und Einstiegsort • Konkrete Position
Initiative beim Bewerber	Initiative beim Bewerber	Initiative beim Unternehmen	Initiative mehr oder weniger bei beiden	Initiative mehr oder weniger bei beiden

> * Cases: Simulierte Fragestellung aus dem Beratungsalltag; Beispiel: „Deutsche Textilkette will den chinesischen Markt erobern"
> ** Brainteaser: Überprüfung der Fähigkeit, Schätzungen vorzunehmen; Beispiel: „Wieviel Straßenbahnen gibt es in Zürich"

> Die Wünsche der Beratungsfirmen hinsichtlich
> • **Kompetenzen** (z.B. Dienstleistungsdenken, Teamfähigkeit, analytisches Denkvermögen) und
> • **Wissen** (z.B. Präsentations- und Moderationstechniken, Wissen um Zukunftstrends)
> können zumeist nur im direkten Kontakt – also im Vorstellungsgespräch – herausgefunden werden.
> **Qualifikationen** dagegen sind eher formal und müssen zwingend durch Zeugnisse etc. im Vorfeld belegt werden. Das Wichtigste sind also zunächst die Qualifikationen (**erstes Ziel**). Sie entscheiden darüber, ob man die Eintrittskarte zu einem Vorstellungsgespräch bekommt. Das **zweite Ziel** ist dann der gute Eindruck, den man beim Bewerbungsgespräch hinterlassen sollte. Hier entscheidet nicht mehr die Qualifikation, sondern einzig und allein ihre **Persönlichkeit**, in die Ihr Gegenüber möglichst tief „eintauchen" möchte. Einstellungen, Werte, Interessen, Talente, Motivation, Integrität, Loyalität sind Eigenschaften, die das Unternehmen erst später – aber dann mit aller Wucht – zu spüren bekommt. Beratung ist schließlich „People Business" und daher legt jede Beratungsorganisation sehr viel Wert darauf, die passenden
>
> Mitarbeiter zu finden.
> Letztlich läuft der Einstiegsprozess in die Unternehmensberatung in fünf Stufen ab, die in der Abbildung zusammengefasst aufgeführt sind.
> Schließend noch sechs Tipps für den angehenden Unternehmensberater bzw. die angehende Unternehmensberaterin:
> 1. Tipp: Gute Abschlussnoten (mind. eine Eins vor dem Komma)
> 2. Tipp: Freude an den MINT-Fächern haben (Stichwort: Digitalisierung)
> 3. Tipp: Praktika nach Bachelorabschluss und vor Masterbeginn bei bekannten Firmen durchführen
> 4. Tipp: Belegen Sie eine Vorlesung/Übung zum Thema "Business Consulting & Change Management"
> 5. Tipp: Auslandsaufenthalt mit Praktikum verbinden. Ohne Englisch geht gar nichts.
> 6. Tipp: Bauen Sie sich ein Netzwerk auf. Karriere machen Sie zumeist nicht ohne einen Godfather.
>
> [Quelle: Lippold 2021b, Deelmann/Krämer 2020, s. 59 f.]

Insert 1-3:   Beruflicher Einstieg als Consultant

1.3.3 Hochschulqualität

Die besuchte **Hochschule** bzw. die Hochschulart wird insbesondere von größeren Unternehmensberatungen immer noch gerne als Auswahlkriterium herangezogen, obwohl es zunehmend an Aussagekraft verliert. Das hängt ursächlich mit der Entwicklung und Struktur der Hochschullandschaft zusammen. In Deutschland gibt es derzeit insgesamt 424 Hochschulen, darunter 107 Universitäten und 213 Fachhochschulen (siehe Abbildung 1-2).

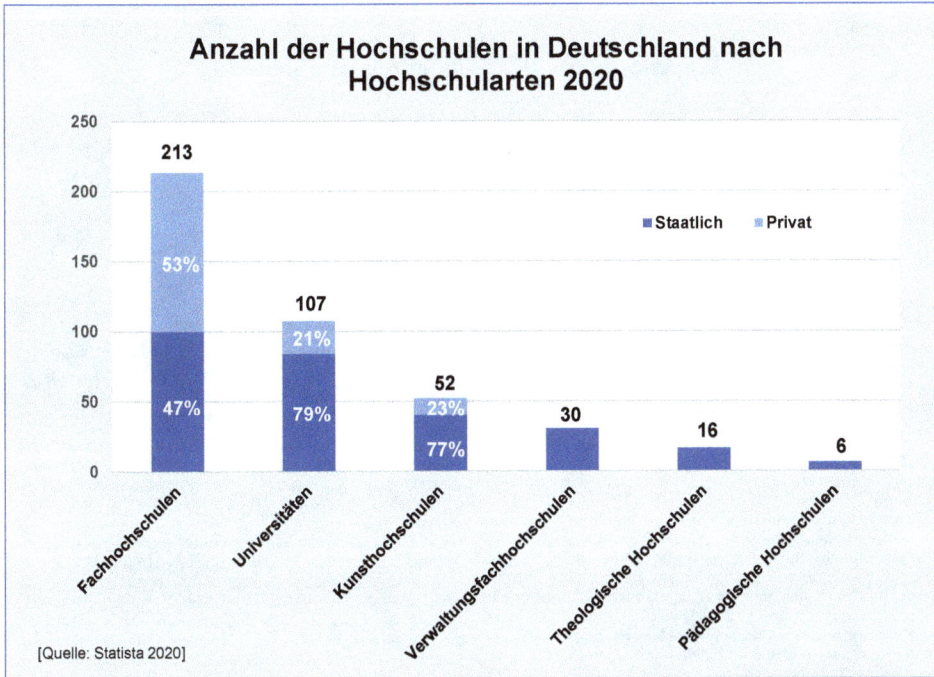

Anzahl der Hochschulen in Deutschland nach Hochschularten 2020

[Quelle: Statista 2020]

Abb. 1-2:　Anzahl der Hochschulen in Deutschland nach Hochschularten 2020

Unter den Hochschulen gewinnen die privaten Institutionen seit der Bologna-Reform zunehmend an Bedeutung. So haben sich die nichtstaatlichen Universitäten seit 1990 auf 23 Institutionen nahezu verdoppelt und die Anzahl der privaten Fachhochschulen ist von 21 um mehr als das Fünffache auf 113 gestiegen. Angesichts dieser Flut an Universitäten und Fachhochschulen zeigen sich viele Recruiting-Abteilungen überfordert. Daher sind viele Recruiter dazu übergegangen, ihre High Potentials eher an Universitäten und weniger an Fachhochschulen zu suchen.

Und auch unter den Universitäten gibt es bei den personalsuchenden Unternehmen interne Ranglisten. So werden immer wieder die beiden Münchener Universitäten (LMU und TU) und Mannheim speziell für Wirtschaftswissenschaftler genannt. Für Wirtschaftsingenieure und Informatiker kommen die TH Karlsruhe und die RWTH Aachen hinzu. Bei den privaten Universitäten werden am häufigsten die WHU Koblenz, die EBS in Östrich-Winkel und die ESCP in Berlin genannt. Die personalsuchenden Unternehmen ernennen für die genannten Universitäten sogenannte *Universitäts-botschafter,* die zu den jeweiligen Lehrstühlen Kontakt halten und Wochenend-workshops oder Sommerakademien (jeweils mit entsprechenden Case-Studies) organisieren.

Insert 1-4 gibt einen tieferen Einblick in die Bedeutung der Art und des Standortes der Hochschule als Einstellungskriterium im Berwerbungsprozess.

Insert

Wie wichtig ist der Ruf meiner Hochschule für die eigene Bewerbung?

Achten Recruiter darauf, wo man studiert hat? Entscheidet der Ruf der Hochschule wirklich über den späteren Job? Befragungen zu diesem Thema zeigen ein höchst unterschiedliches Bild. Zwei Beispiele: Nach der Umfrage des Research Unternehmens CRF Institute bei den Top-Arbeitgebern Deutschlands, liegt „Art und Standort der Hochschule" hinter „Persönlichkeit", „Kommunikationsfähigkeit" und „Praktische Erfahrung" an vierter Stelle der Einstellungskriterien beim Bewerbungsgespräch. Dagegen zeigt die die Studie JobTrends Deutschland 2016, dass im Schnitt nur für acht (!) von hundert Arbeitgebern der gute Ruf einer Hochschule besonders relevant ist.

Doch wer befeuert eigentlich diesen **augenscheinlichen Mythos**, dass ein Studium der Wirtschaftswissenschaften an einer Top-Hochschule die Chancen auf den Traumjob erhöht?

Da sind zunächst einmal die DAX-Konzerne und auch die Unternehmensberatungen, die die Reputation der Hochschule immer noch gerne als Auswahlkriterium heranziehen. Das hängt wohl ursächlich mit der Entwicklung und Struktur der deutschen Hochschullandschaft zusammen. Denn angesichts der Flut an privaten Hochschulen, die die Bologna-Reform ursächlich hervorgebracht hat, zeigen sich viele Recruiting-Abteilungen überfordert. Daher sind viele Recruiter dazu übergegangen, ihre High Potentials eher an Universitäten und weniger an Fachhochschulen zu suchen.

Entscheidender ist aber, dass viele personalsuchende Unternehmen bei ihrem Hochschulmarketing auf **Zielhochschulen** setzen. Das sind die Hochschulen, die ihrer Erfahrung nach die besten Absolventen hervorbringen. Dazu ernennen sie sogenannte **Universitätsbotschafter**, die zu den jeweiligen Lehrstühlen Kontakt halten und direkt auf dem Campus Karriere-Lunches veranstalten und Wochenendworkshops, Sommerakademien (jeweils mit entsprechenden Case-Studies) oder Firmenkontaktmessen organisieren. Damit ist für die Studierenden die Wahrscheinlichkeit, mit einem potenziellen Arbeitgeber schon während des Studiums in Kontakt zu kommen, wesentlich größer.

Ist der Kontakt der Hochschule und der Professoren zur Wirtschaft gut, profitieren also auch die Studierenden. Vermittlungen für Praktika und Förderungen für Master- oder Bachelor-Arbeiten können Türöffner für den ersten Job sein.

Gerade die **privaten Hochschulen** haben genau diese Vorteile schon früh erkannt und den Kontakt zu den Unternehmen zusehends intensiviert. Heute gehören die WHU in Vallendar bei Koblenz, die Mannheim Business School, die EBS in Oestrich-Winkel bei Wiesbaden oder die ESCP in Berlin zum auserwählten Kreis privater Hochschulen, die als besonders erfolgversprechend für den Führungsnachwuchs gelten. Unternehmen als Förderer oder Stifter dieser Hochschulen kooperieren sehr eng mit diesen und rekrutieren die abschlussnahen Studierenden direkt vom Campus weg.

Diesen exklusiven Service können Absolventen weniger bekannter Hochschulen allerdings nicht in Anspruch nehmen. Solche Bewerber und Bewerberinnen sollten mit Persönlichkeit, Engagement, Praktika, Auslandssemestern und den passenden Zusatzqualifikationen punkten.

Fazit: An einer Hochschule mit hervorragendem Ruf studiert zu haben ist **allein** überhaupt kein Argument für weiter gehendes Interesse des potenziellen Arbeitgebers. Das wichtigste Argument für jeden Arbeitgeber ist die **Persönlichkeit** des Bewerbers!

[Quelle: Lippold 2021c]

Insert 1-4:   Ruf der eigenen Hochschule

1.3.4 Bachelor-/Mastersystem

Vor mehr als 20 Jahren wurde die Bologna-Reform verabschiedet. Das zweistufige **Bachelor- und Mastersystem** ist der Kern der Reform.

Abbildung 1-3 zeigt das neue System, das diverse Auswirkungen für die betriebliche Personalbeschaffung und -auswahl aufzeigt. Dabei ist zu berücksichtigen, dass das Bachelor-Master-Konzept für alle Studiengänge – mit Ausnahme der Medizin und der Rechtswissenschaft – gilt. In der Medizin und in der Rechtswissenschaft gilt nach wie vor das System des ersten und zweiten (in Medizin dritten) Staatsexamens [vgl. Wagner/Herlt 2010, S. 305 ff.].

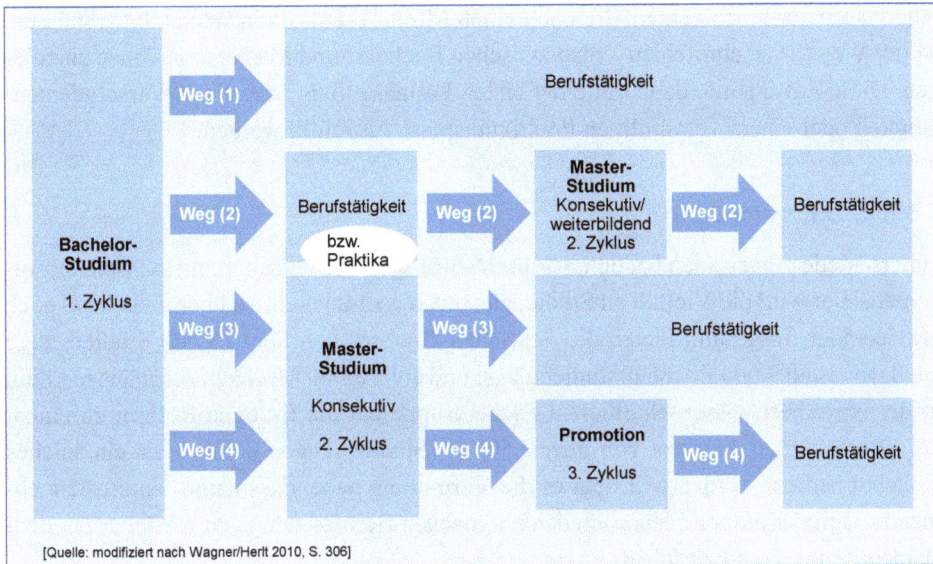

[Quelle: modifiziert nach Wagner/Herlt 2010, S. 306]

Abb. 1-3:   Überblick über das Bachelor-/Mastersystem

Drei Dinge wollte die Bologna-Reform erreichen: Die Studienabschlüsse sollten europaweit vergleichbarer, die Studierenden international mobiler und die Abschlüsse auf den Bedarf der Wirtschaft abgestimmt werden. Besonders mit dem dritten Ziel ging das Bestreben einher, die Studienzeit zu verkürzen und die Berufsfertigkeit zu erhöhen. Schließlich wurde den deutschen Hochschulabsolventen immer wieder vorgeworfen, dass sie im internationalen Vergleich zu alt seien und dass die deutschen Hochschulen sie zu wenig auf die Erfordernisse in der Praxis vorbereiten würden.

Bologna sah daher den Weg (1) für 90 Prozent aller Bachelor vor, d.h. der Bachelor-Abschluss sollte für die überwältigende Mehrheit aller Studierenden ausreichen. Sehr schnell stellte sich aber heraus, dass über 50 Prozent aller fertigen Bachelor die Wege (2), (3) oder (4) einschlugen. Hauptleidtragende sind somit die fertigen Bachelor, die – um wettbewerbsfähig zu sein – zunehmend gezwungen sind, nun auch noch den Master draufzusatteln. Damit wurde das dritte Ziel deutlich verfehlt, denn der Wirtschaft lag ursprünglich sehr daran, die **Studienzeit zu verkürzen** und die Studierenden schneller für den Arbeitsmarkt fit zu bekommen. Auch für das Personalmanagement ist es selbstverständlich, dass man die Top-Talente nur unter den Master-Absolventen finden kann [vgl. Lippold 2019a].

Das in der Regel drei Jahre dauernde Bachelor-Studium ist auf breiter Front verschult und von den Inhalten her sehr verdichtet. Das führt dazu, dass ein Praktikum oder ein Auslandsaufenthalt nur noch schwer durchführbar sind. Ebenso ist das „Jobben", also das Nebenher-Arbeiten immer schwieriger. Einerseits erfolgt hierdurch eine stärkere Konzentration auf das (Fach-)Studium, andererseits ist das Anwenden sozialer Kompetenzen unter Umständen stark eingeschränkt.

Allen Bachelor-Absolventen, die noch einen Master draufsatteln wollen bzw. müssen, ist der Weg (2) zu empfehlen – also zwischen Bachelor und Master eine Pause einzulegen. Diese Zäsur sollte dann mit einer ersten Festanstellung oder einer Werkstudententätigkeit oder einem vernünftigen Praktikumsplatz ausgefüllt werden.

1.3.5 Studienrichtung

Unterschiede gibt es auch bei den **Studienrichtungen** der rekrutierten Hochschulabsolventen. Hier wird die Vielfalt an Studiengängen, die kaum mehr zu überblicken ist, noch gravierender. Insgesamt bieten die deutschen Hochschulen über 18.600 Studiengänge an, davon rund 9.000 Bachelorstudiengänge und etwa 8.000 Masterstudiengänge. Allein in der wirtschaftswissenschaftlichen Fächergruppe hat die Bologna-Reform zu einem ausdifferenzierten Angebot von über 2.500 (!) Studiengängen geführt. Da ein solches Angebot bedient werden will, legt es die Vermutung nahe, dass damit ein ernstzunehmender Teil der jungen Menschen den praktischen Berufen entzogen wird, nur um dem akademischen Trend zu folgen.

High Potentials werden von den Beratungsunternehmen zunehmend bei den Informatikern, Mathematiken, Ingenieuren und Physikern gesucht. Bei den Betriebs- und Volkswirten, der eigentlichen Recruitingquelle für Führungsnachwuchskräften, sind zumeist nur die Hochschulabsolventen mit der „eins vor dem Komma" im Fokus der Unternehmen. Da solch besonders qualifizierte Bewerber zumeist die Wahl zwischen den Angeboten mehrerer Unternehmen haben, können sie auch besonders selbstbewusst bei ihrer Arbeitsplatzwahl auftreten. Somit stehen sich auf dem Arbeitsmarkt für High Potentials zwei Partner „auf Augenhöhe" gegenüber.

1.3.6 Karriereförderung

Auch bei der **Karriereförderung** lassen sich Unterschiede zwischen High Potentials und „normalen" Talenten ausmachen. Das vorherrschende Karriereprinzip bei McKinsey, Boston Consulting und Co., die ja überwiegend nach High Potentials suchen, ist das **Up-or-Out-Prinzip**. Danach soll die nächsthöhere Karrierestufe (engl. *Grade*) innerhalb eines vorgegebenen Zeitraums erreicht werden, ansonsten muss der Berater das Unternehmen verlassen. Das Up-or-Out-Prinzip lässt sich am besten anhand einer **pyramidalen Personalstruktur** erläutern. Die Personalpyramide ist ein hierarchisches Modell der Personalstruktur einer Beratung. Zwischen dem Boden und der Spitze lassen sich verschiedene Karrierestufen identifizieren, z.B. Analyst Consultant, Consultant, Senior Consultant, Managing Consultant, Senior Manager und Partner. Die Bezeichnungen der einzelnen Karrierestufen variieren allerdings von Beratungsunternehmen zu Beratungsunternehmen (leicht). Unabhängig von der Bezeichnung werden den einzelnen Karrierestufen unterschiedliche Kompetenzen und Fähigkeiten zugeordnet [vgl. Deelmann/Krämer 2020, S. 72 ff.].

Berater, die sich zwei bis drei Jahre auf einer Karrierestufe befinden (engl. *Time in Grade*), müssen sich in der nächsten Beförderungsrunde anhand verbindlicher Parameter für die nächsthöhere Stufe qualifizieren. Bei einer Nicht-Qualifikation erfolgt eine „Weiterentwicklung außerhalb der Beratung". Abbildung 1-4 verdeutlicht das Prinzip.

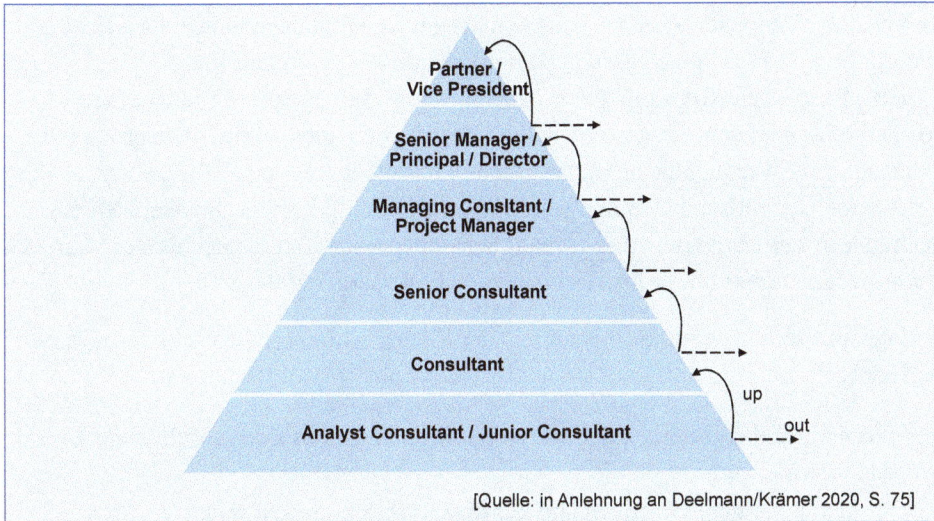

[Quelle: in Anlehnung an Deelmann/Krämer 2020, S. 75]

Abb. 1-4:   Personalpyramide und Up-or-Out-Prinzip

Andere Unternehmen hingegen orientieren sich eher am Prinzip *Grow-or-Die*, d. h. der Mitarbeiter entwickelt sich mit dem Unternehmen weiter und steigt in der Hierarchie nach oben. Andernfalls bleibt der Mitarbeiter auf der erreichten Stufe stehen, ohne dass eine zwangsweise Freisetzung erfolgt. In Abildung 1-5 sind wichtige personalpolitische Merkmale zur Auswahl von High Potentials und „normalen" Talenten gegenübergestellt [vgl. Nissen/Kinne 2008, S. 100].

Kriterium	High Potentials	„Normale" Talente
Intensität der Rekrutierungsinstrumente	Größenabhängig	Größenabhängig
Akzeptanzquote	Sehr niedrig	Niedrig
Komplexität des Auswahlverfahrens	Komplex, aufwändig	Einfacher gehalten
Studienfächer	Sehr gemischt, aber Noten-abhängig	Überwiegend BWL/VWL
Image-Fokus	Elite	Dienstleister
Karriereprinzip	Up-or-Out	Grow-or-Die

[Quelle: Nissen/Kinne 2008, S. 102]

Abb. 1-5:   Gegenüberstellung personalpolitischer Merkmale

1.4 Erfolgsfaktoren der Unternehmensberatung

Die bisherige Betrachtung zeigt das Consulting als faszinierende Branche mit Wachstumsambitionen, die den Wandel begleitet, manchmal sogar initiiert und damit die Hand am Puls der Zeit hat. Insbesondere für Einsteiger sind diese Aussichten äußerst attraktiv, zumal die Eintrittsbarrieren in manchen Beratungssegmenten schon deshalb relativ niedrig sind, weil es keine gesetzliche Reglementierung des Berufsstands gibt. Auf der anderen Seite ist das Consulting eine äußerst wettbewerbsintensive Branche, deren Segmente immer umkämpfter geworden sind. Klassische Unternehmensberater konkurrieren heute mit Investmentbankern, Programmierbüros, Werbe- und PR-Agenturen, Ingenieurbüros, studentischen Beratungsgruppen und Lehrstühlen von Universitäten. So einfach jedoch der Markteintritt sein mag, behaupten wird sich langfristig nur, wer sich durch Wettbewerbsvorteile auszeichnen kann [vgl. Berger 2004, S. 10].

Erfolgsfaktoren im Wettbewerb sollten vier Eigenschaften erfüllen [vgl. Barney 1991, S. 105 f.]:

- Sie sind für das Unternehmen wertvoll, da sie einen positiven Einfluss auf Umsatz und Gewinn haben.
- Sie sind unter gegenwärtigen und künftigen Wettbewerbern selten.
- Sie sind schwer nachzuahmen.
- Sie sind nicht oder kaum zu ersetzen.

Diese vier Eigenschaften werden in der Literatur auch als **VRIO-Eigenschaften** (engl. V = *valuable*, R = *rare*, I = *inimitable*, 0 = *organizationally oriented*) bezeichnet.

Im Wesentlichen sind es *fünf* Bereiche, in denen sich Erfolgsfaktoren im Wettbewerb um das Beratungsgeschäft generieren bzw. begründen lassen:

- Unternehmenskonzept
- Marketing und Vertrieb
- Qualität und Professionalität der Leistungserbringung
- Personaleinsatz und -management
- Controlling und Organisation.

1.4.1 Unternehmenskonzept

Mit der grundsätzlichen Ausrichtung, also mit seinem Geschäftsmodell, steht und fällt der Erfolg eines Beratungsunternehmens. Auf folgende Fragen sollte eine Antwort gefunden werden:

- In welchen Marktsegmenten soll das Beratungsunternehmen welche Leistungen anbieten?
- Wer sind die Zielgruppen und Zielpersonen?

– Welche Spielregeln (Preisniveau, Wettbewerbsintensität, Kapitalbedarf) herrschen in diesen Segmenten?

– Welches sind die wesentlichen Einflussfaktoren und Trends, die zu berücksichtigen sind?

– Welche Ziele sollen kurz-, mittel- und langfristig verfolgt werden? Welche Alleinstellungsmerkmale zeichnet das Unternehmen aus?

1.4.2 Marketing/Vertrieb

Dieser Erfolgsfaktor hat die Aufgabe, aus dem Leistungsangebot des Beratungsunternehmens einen Wettbewerbsvorteil zu generieren, der auch vom Markt bzw. den (potenziellen) Kunden honoriert wird. Dies ist die kritische Frage, die über Erfolg oder Misserfolg der Geschäftstätigkeit entscheidet. Daher sind alle Aktivitäten zur Segmentierung des Marktes, zur Positionierung, Kommunikation, Vertrieb und Akquisition des Leistungsportfolios von erfolgskritischer Bedeutung für das Beratungsgeschäft.

Größere Beratungsgesellschaften haben überdies erkannt, dass das Leistungsprofil durch erfolgreiche Branding-Aktivitäten noch einen zusätzlichen Nutzen erfahren kann, da eine hervorragend eingeführte Marke ein weiteres Differenzierungsmerkmal ist und für eine bestimmte Leistungsqualität steht.

1.4.3 Qualität und Professionalität

Eine seriöse Beratung zeichnet sich im ersten Schritt dadurch aus, dass man nur solche Aufträge annimmt, die man auch erfüllen kann. Wettbewerbsrelevante Voraussetzung für eine anerkannte Leistungsqualität sind tiefgehende Branchen- und Methodenkenntnisse. Nicht nur größere, international agierende Beratungsunternehmen müssen in der Lage sein, inhaltliche und methodische Kompetenz in homogener Qualität zu erbringen. Jeder „gelernte" Berater verfügt heute über einen Baukasten von Beratungswerkzeugen (engl. *Toolset*), der es ihm ermöglicht, Problemlösungen im Sinne des Kunden zu erarbeiten.

Professionelle Beratung zeichnet sich darüber hinaus durch weitgehende Objektivität und Neutralität aus. Ein wesentlicher Aspekt jeder Beratung ist Vertrauen – Vertrauen in die Verschwiegenheit und Vertrauen in die sorgfältige Erfüllung eines Auftrags. Ethische Fragestellungen sind daher von zentraler Bedeutung für die Consulting-Branche [vgl. Berger 2004, S. 12].

1.4.4 Personaleinsatz und Personalmanagement

Dieser Erfolgsfaktor zählt zu den Primäraktivitäten jeder Unternehmensberatung. Neben den Kundenbeziehungen sind schließlich die Mitarbeiter mit ihren Fähigkeiten, ihrem Wissen und ihrer Motivation das eigentliche Kapital von Beratungsgesellschaften.

Der oft geäußerte Anspruch, dass der Berater „besser" als der Kundenmitarbeiter sein sollte, kann nur dann erfüllt werden, wenn die besten Mitarbeiter rekrutiert werden.

Dieses Kapital der hervorragend ausgebildeten Mitarbeiter gilt es durch abwechslungs-reiche und spannende Projekte zu *pflegen* und durch die permanente Einstellung von Top-Talenten zu *mehren*. Nur so kann die notwendige Zirkulation von Ideen gewähr-leistet, neues Wissen ans Unternehmen gebunden und der interne Wettbewerb um Spit-zenleistungen sichergestellt werden. Flexibilität und hohe Geschwindigkeit bei der Per-sonalgewinnung und -bindung sowie beim Personaleinsatz zählen zu den wichtigsten Fähigkeiten, die ein Unternehmen aufweisen muss [vgl. Berger 2004, S. 13].

1.4.5 Controlling und Organisation

Unter dem Aspekt der Wertschöpfung nach Michael E. Porter zählt Controlling zwar nicht zu den Primäraktivitäten eines Unternehmens, dennoch hat es für die Unterneh-mensberatung einen signifikanten Stellenwert. Da sich Beratungsleistungen – im Ge-gensatz zu Produkten – nicht beliebig vervielfältigen lassen, kommt der Ressource „Zeit" und der damit verbundenen Überlegung, dass man im Beratungsgeschäft einen Personentag immer nur einmal (und nicht mehrfach) verkaufen kann, eine besondere Bedeutung zu.

Überdies ist das heutige Beratungsgeschäft, in dem klassische Formen der Beratung im-mer mehr von größeren Projekten verdrängt werden, ohne moderne Controlling-Instru-mente nicht denkbar. Die erfolgreiche Umsetzung solcher Projekte erfordert eine ange-messene Projektorganisation. Überhaupt zeichnen sich Beratungsunternehmen durch eine hohe Flexibilität und Mobilität aus, die durch entsprechende organisatorische Vor-kehrungen erleichtert werden können [vgl. Stolorz 2005, S. 12].

1.5 Berufsbild des Unternehmensberaters

1.5.1 Berufsausübung und vertragliche Grundlagen

Die Berufsbezeichnung „Unternehmensberater" ist gesetzlich nicht geschützt, d. h. der Berufsstand der Unternehmensberater hat **kein Berufsrecht**. Im Gegensatz zum Beruf und den Dienstleistungen des Wirtschaftsprüfers, Rechts- und Steuerberaters, des Arz-tes, Rechtsanwalts oder Apothekers kennt der Unternehmensberater **keine vorgeschrie-benen Ausbildungswege** (z. B. Berufsbild) und keine förmliche Berufszulassung. Es gibt kein Berufsregister mit einer klaren Berufsbezeichnung für betriebswirtschaftlich-kaufmännische Berater im Rahmen einer Berufsordnung. Die Unternehmensberatung stellt **keine gesetzliche Vorbehaltsleistung** einer definierten Berufsgruppe dar, so dass nur diese eine Beratung durchführen dürfte. Folglich bestehen in Deutschland – bspw.

im Gegensatz zu Österreich oder Kanada – **keine Zulassungsbeschränkungen** aufgrund fehlender Qualifikationsvoraussetzungen. Somit kann prinzipiell jeder „Schuh-
putzer mit Visitenkarte" oder jeder „Schiffschaukelbremser mit Wochenendkurs" beraten (siehe Insert 1-5).

Insert

Kann sich jeder ‚Schiffschaukelbremser mit Wochenendkurs‘ auch Berater nennen?

Ja, er kann. Und zwar zum Beispiel ‚Berater für sachgerechtes Abbremsen von Schiffschaukeln'. Warum
auch nicht? Es gibt schließlich auch Berater für Ehe-
vorbereitung, Berater für Findungsprozesse, Berater
für Deutschen Wein, Abfallberater, Berater für Alters-
fragen oder Berater für Pferdefütterungsmanagement
– um nur einige der über 2.500 Beraterprofile zu nennen. Warum ist das so? Ganz einfach, weil die Berufsbezeichnung *Berater* gesetzlich nicht geschützt ist.
Ist das schlimm? Nein, denn Beratung ist in erster
Linie ein Vertrauensgeschäft und all die Schwarzen
Schafe, die schnell Kasse machen wollen, merken
sehr schnell, dass Unternehmensberater werden
nicht schwer, sein aber schon ist.

Übrigens ist auch das englische Äquivalent für Beratung,
nämlich **Consulting**, ebenfalls nicht geschützt.
Beratungs-unternehmen haben sich in sehr kurzer Zeit zu
den **attraktivsten Arbeitgebern** für High Potentials entwickelt. Doch wie sieht es mit der **Ausbildung der angehenden Consultants** aus? Schließlich sollte es der
Anspruch eines jeden Beraters sein, bestimmte Themen-
bereiche besser zu beherrschen als der, der beraten wird.
Die Frage ist nicht nur berechtigt, nein, sie ist existenziell,
denn es gibt für den Unternehmensberater **keine vorge-
schriebenen Ausbildungswege** und keine förmliche
Berufszulassung. Daher kann sich ja jeder ‚Berater für
sachgerechtes Abbremsen von Schiffschaukeln' eben als
Unternehmensberater bezeichnen (siehe oben).
Inzwischen sind es **23 Consulting-Studiengänge** im
Bachelor- und Masterbereich, die sich bundesweit etabliert haben. Darüber hinaus machen pro Semester weit
mehr als 100 Lehrveranstaltungen, die zumeist über den
Umweg der Managementlehre das Gebiet der Unternehmensberatung bedienen, deutlich, welch eine Nachfrage
die „**Consulting-Lehre**" entfacht hat.

Das verwundert auch deshalb nicht, weil eine abwechslungsreiche, herausfordernde Tätigkeit, gutes Arbeitsklima, selbstständiges Arbeiten, hervorragende Weiterbildungsmöglichkeiten, sehr gute Bezahlung und ein
idealer Karriereeinstieg mit dem Berufsbild des Beraters
in Verbindung gebracht werden. Den offensichtlichen
Vorzügen dieser Profession stehen allerdings außerordentlich hohe **Anforderungen an Mobilität und Flexibilität** gegenüber. Besonders im Fokus steht dabei eine
Work-Life-Balance, welche die Berater in den allermeisten Beratungsunternehmen vor große Herausforderungen stellt.
Kommen wir zurück zu den Anforderungen an die
Ausbildung der Berater. Vielleicht sind die **fehlenden
Ausbildungsleitlinien** auch der Grund dafür, dass es
bislang so wenig fundiertes Ausbildungsmaterial, sprich:
Literatur, auf diesem Gebiet gibt. Zwar gibt es Einstiegs-
literatur für die Bewerbung in einer Unternehmensbera-
tung zu genüge. Aber was kommt danach? Die gewaltige
Dynamik und der Bedarf an Struktur, Konzepten und
Methodik in diesem spannenden und prosperierenden
Umfeld verlangen geradezu nach einem Consulting-
Lehrbuch, das speziell die Zielgruppe der (häufig
orientierungslosen) Studierenden anspricht.
[Quelle: Lippold 2017c]

Insert 1-5:   Der „Schiffschaukelbremser mit Wochenendkurs"

Die Gründe, warum der Beruf des Unternehmensberaters nicht nach eindeutigen Regeln
ausgeübt werden kann, sind vielfältig [vgl. Hesseler 2011, S. 75]:

- Große Beratungsunternehmen stellen – entgegen dem Maßstab einer betriebswirtschaftlichen Ausbildung – zu mehr als 50 Prozent Physiker, Mathematiker, Psycho-
  logen und Mediziner ohne BWL-Hintergrund ein.

- Eine dreijährige Berufserfahrung ist selten Voraussetzung für die Berufsausübung.

- Es fehlt eine hauptberuflich beratende Tätigkeit als durchgehender Bezugspunkt
  (z.B. 150 Beratungstage plus 30 Tage Fortbildung im Jahr).

- Und letztlich: Die enorme Bandbreite der Beratungstätigkeit, die von der Strategieberatung bis zur Auftragsprogrammierung reicht, macht ein Ausbildungskonzept für
  die Profession Unternehmensberatung nahezu unmöglich.

Obwohl die Tätigkeit der Unternehmensberatung von jeder natürlichen oder juristischen
Person ausgeübt werden kann, gelten auch für Unternehmensberater **rechtliche Schranken**, und zwar nicht aufgrund berufsspezifischer, sondern allgemeingültiger Gesetze.
Die Vorschriften des Rechtsdienstleistungsgesetzes (RDG), das 2008 das Rechtsbera-
tungsgesetzes (RBerG) abgelöst hat, richten sich zwar im Wesentlichen auf die rechts-
beratenden Tätigkeiten der Anwaltschaft, sie können aber auch in Einzelfällen mit der
Berufsausübung des Unternehmensberaters in Berührung kommen. Dies gilt beispielsweise für die *Fördermittelberatung* oder die *Sanierungsberatung*. In derartigen Fällen
ist eine rechtliche Beratung dann erlaubt, wenn sie als Nebenleistung zu einer betriebswirtschaftlichen Hauptleistung erbracht wird. Die Grenzen der Zulässigkeit hängen dabei stets vom Einzelfall ab.

Eine ähnliche Beschränkung der Berufstätigkeit gilt in Bezug auf das Steuerberatungsgesetz (StBerG). Auch hier richtet sich das Gesetz im Wesentlichen auf die geschäfts-
mäßige Hilfeleistung des Steuerberaters. Erlaubt ist dem Unternehmensberater eine be-
schränkte Hilfeleistung in steuerlichen Angelegenheiten nur dann, wenn sie in unmittel-
barem Zusammenhang zu einem (Unternehmensberatungs-) Geschäft erfolgt und nur
eine untergeordnete Tätigkeit darstellt. Allerdings ist auch hier anhand des Einzelfalls
zu prüfen, ob eine erlaubte oder unerlaubte steuerliche Nebenberatung vorliegt.

Die Art und Weise der vertraglichen Zusammenarbeit zwischen dem Unternehmensberater und seinem Kunden unterliegt grundsätzlich **keinen besonderen Vorschriften**,
auch nicht im Hinblick auf die Form. Denkbar sind daher auch Verträge per Handschlag,
ohne ausdrückliche Fixierung. Auch in der Wahl des Vertragstyps sind Berater und Kunden frei.

In Betracht kommt insbesondere der Dienstvertrag (§§ 611 ff. BGB) und der Werkvertrag (§§ 631 ff. BGB). Ob Dienstvertragsrecht oder Werkvertragsrecht oder auch beides
gemischt zur Anwendung kommt, hängt vom Vertragsinhalt bzw. Vertragsgegenstand
ab.

Für die reine Beratungsleistung ist regelmäßig der **Dienstvertrag** üblich. Beim Dienstvertrag, dessen Honorar sich in der Regel an Stunden- oder Tagessätzen orientiert, wird
die Dienstleistung an sich und nicht der Erfolg der Dienstleistung geschuldet bzw. honoriert. Demzufolge kennt das Dienstvertragsrecht auch keine Gewährleistung.

Bei einem **Werkvertrag** schuldet der Berater hingegen die Erstellung eines bestimmten
Werkes (z. B. ein Gutachten oder die Programmierung einer Anwendungssoftwarelö-
sung) oder die Veränderung einer Sache (z. B. Modifikation einer Softwarelösung).

Mangels ausdrücklicher gesetzlicher Regelungen ist es auch den Vertragspartnern über-
lassen, welcher Mindestinhalt bei einer Unternehmensberatung geschuldet sein soll.
Denkbar sind indes auch Mischformen der beiden Vertragstypen. Im Zweifel entscheidet über die vertragliche Ein- bzw. Zuordnung das wirtschaftlich Gewollte in Verbindung mit der tatsächlich erbrachten Leistung.

1.5.2 Unternehmensberatung und Ethik

Die Beratungsbranche hat sich zu einem festen Bestandteil unserer Volkswirtschaft entwickelt. Während vor gar nicht so langer Zeit die Beauftragung von Unternehmensberatern als ein Zeichen für das Versagen des Managements galt, ist die Zusammenarbeit
mit Beratern – zumindest bei größeren Unternehmen – heute zur alltäglichen Normalität
geworden [vgl. Armbrüster/Kieser 2001, S. 689].

Trotzdem haftet dem Unternehmensberater immer noch etwas Dubioses, Windiges an.
Das hat sicher damit zu tun, dass sich jeder Unternehmensberater nennen kann. Unter
dieser Bezeichnung braucht man bloß – so scheint es vielen – ein wenig rhetorisches
Geschick und selbstbewusstes Auftreten, um Geschäfte mit den Problemen anderer zu
machen. *Gleichzeitig umgibt die renommierteren Consultingfirmen die Aura der Elite,
klingen ihre Tagessätze und Gewinnmargen frappierend hoch und treten ihre Mitarbeiter gelegentlich mit Allüren auf, die gestandenen Unternehmensführern allzu selbstbewusst und neunmalklug erscheinen, zumal viele der Consultants häufig eher grün und
theoretisch wirken* [Sommerlatte 2004, S. 14].

Die **ungeschützte Berufsbezeichnung** des Titels „Unternehmensberater" (oder „Be-
triebsberater", „Wirtschaftsberater" etc.) einerseits und die **niedrigen Markteintritts-
schranken** andererseits führen immer wieder dazu, dass inkompetente und unseriöse
Personen („schwarze Schafe") im Beratungsmarkt akquirieren. Solche schwarzen
Schafe haben dem Ruf des Unternehmensberaters durchaus geschadet, gleichwohl haben sie der Attraktivität der Branche keinen Abbruch getan. In den meisten Fällen konnten die laienhaften oder auch betrügerischen Vorgehensweisen von den Standesorgani-
sationen hinlänglich dokumentiert werden, so dass eine eindeutige Identifizierung solcher schwarzen Schafe möglich wurde [vgl. Niedereichholz 2010, S. 14].

Es mag aber auch damit zu tun haben, dass es sich bei Beratungsleistungen um **Kontraktgüter** handelt, bei denen die Vereinbarung über Leistung und Gegenleistung, die
ja in der Zukunft liegen, unter extrem großer Unsicherheit erfolgt. Kontraktgüter erfordern daher von beiden Transaktionspartnern spezifische Investitionen und insbesondere
Vertrauen.

Überdies sorgt die sog. „Enthüllungsliteratur" in Form von Insider-Romanen dafür, dass
hin und wieder zweifelhafte Methoden der Beratungsbranche in die breitere Öffentlichkeit geraten. Zusammen mit Berichten über gescheiterte Großprojekte mit involvierten

namhaften Beratungsunternehmen wird auf diese Weise ein Negativbild einer „gesinnungslosen" Beratungsindustrie gezeichnet, deren einziger Wert der eigene Profit zu sein scheint. Damit wird das moralische Dilemma deutlich, vor dem die Beratungsunternehmen stehen können: Da nicht nur ihre Kunden, sondern auch sie selber im Wettbewerb stehen, besteht die potentielle Gefahr, „gegen den Kunden" zu beraten. Nicht das zu lösende Kundenproblem, sondern die eigene Umsatz- und Gewinnmaximierung rückt dann in den Vordergrund. In einer solchen Situation, in der sich das ethisch verantwortungsvolle Handeln betriebswirtschaftlich nicht rechnet, aber in der sich Unternehmensethik überhaupt erst bewähren muss, kommt es für eine verantwortungsvolle und professionelle Beratungsbranche darauf an, sich nicht bloß opportunistisch zu verhalten, sondern sich an vorher reflektierten und festgeschriebenen Geschäftsprinzipien zu orientieren [vgl. Hagenmeyer 2004, S. 1 f. und 13; Ulrich 2001, S. 44].

Dies hat der BDU als Branchenverband erkannt und – um „schwarze Schafe" und „Trittbrettfahrer" fernzuhalten – ethische Geschäftsprinzipien (**BDU-Berufsgrundsätze**) formuliert, die sich an Kriterien wie fachlicher Kompetenz, Seriosität, Objektivität, Neutralität, Vertraulichkeit und fairem Wettbewerb orientieren. Umso mehr sollten sich die Kundenunternehmen aufgefordert sehen, grundsätzlich nur Beratungsunternehmen zu beauftragen, die sich den BDU-Berufsgrundsätzen verpflichtet fühlen.

Vielen Berufsethikern gehen die Maßnahmen des BDU allerdings nicht weit genug. Da es eine berufsrechtlich abgesicherte Berufsbezeichnung nicht gibt (und sicherlich nicht geben wird), fordert Michael Hessler, dass allein berufsethische Normen Beratungs-*dienstleistungen* – also die konkrete Arbeit des Beraters – legitimieren sollen. Dafür sollten auf der Grundlage berufsethischer Basisnormen wie

– Glaubwürdigkeit,
– Vertrauenswürdigkeit,
– Zuverlässigkeit,
– Verantwortung,
– Berufswürdigkeit,
– Integrität und
– Objektivität

die Anforderungen an die Beratungsqualität (Effizienz, Effektivität, Reputation) sowie ein entsprechender organisatorischer Rahmen für die Umsetzung in Rollen, Tugenden und Kompetenzen entwickelt werden [vgl. Hesseler 2011, S. 179 ff.].

1.5.3 Certified Management Consultant

Eine weitere Maßnahme des BDU, die o. g. Defizite zu kompensieren, ist die Verleihung des Titels **Certified Management Consultant** als Qualitätsnachweis des International

Council of Management Consulting Institutes (ICMCI) mit dementsprechenden Verhaltenskodex an nachweislich erfahrene Unternehmensberater mit speziellem Expertenwissen, exzellenten Leistungen, langjähriger Erfahrung und Verpflichtung zu ethischem Handeln. Allerdings darf nicht übersehen werden, dass im BDU lediglich ein Bruchteil der praktizierenden Unternehmensberater Mitglied sind. Verbände, die nur eine relativ kleine Gruppe von „Berufsangehörigen" repräsentieren, können naturgemäß nur eingeschränkt flächendeckende, verbindliche ethische Gestaltungsrichtlinien organisieren und umsetzen [vgl. Hesseler 2011, S. 73].

Die Dachorganisation ICMCI wurde zum Zweck der Förderung eines einheitlichen Standards für Unternehmensberater gegründet. Der Standard gilt inzwischen in rund 45 Ländern. Insgesamt sind mehr als 10.000 Managementberater als Certified Management Consultant zertifiziert. Das Zertifizierungsverfahren wird weltweit koordiniert. Die einzelnen Länderorganisationen unterziehen sich internationalen Audits. In Deutschland verleiht das Institut der Unternehmensberater IdU im BDU den Titel CMC/BDU.

1.5.4 BDU und seine Berufsgrundsätze

Da es kein Berufsrecht für Unternehmensberater gibt, fehlt es auch an einer Berufsgerichtsbarkeit. Umso mehr kommt dem Vertrauensverhältnis zwischen dem Berater und seinem Kunden eine außerordentlich große Bedeutung zu. Der Beitritt zu einem Berufsverband ist eine Möglichkeit, diese Vertrauensbasis und den Qualifikationsnachweis unter Beweis zu stellen.

Der Bundesverband Deutscher Unternehmensberater **BDU** e.V. mit Sitz in Bonn ist der Wirtschafts- und Berufsverband der Unternehmensberater und Personalberater in Deutschland. Der BDU ist der größte Unternehmensberater-Verband in Europa und Mitglied im europäischen Beraterdachverband **FEACO** (Fédération Européenne des Associations de Conseils en Organisation) mit Sitz in Brüssel und im International Council of Management Consulting Institutes (ICMCI), der weltweiten Vereinigung zur Qualitätssicherung in der Unternehmensberatung mit Sitz in den USA.

Im Verband, der bereits 1954 gegründet wurde, sind rund 13.000 Berater organisiert, die sich auf 530 Mitgliedsfirmen verteilen. Die Mitgliedsunternehmen im BDU besitzen einen Marktanteil von rund 25 Prozent am Gesamtbranchenumsatz. Der BDU hat derzeit 14 Fachverbände, in denen sich die Mitglieder zur Weiterbildung und zum fachlichen Erfahrungsaustausch treffen.

Um der Aufnahme von „Schwarzen Schafen" vorzubeugen, ist eine Mitgliedschaft im BDU erst nach fünf Jahren nachweisbarer Beratungserfahrung möglich. Im Rahmen des Aufnahmeverfahrens werden u. a. Qualifikation, Zuverlässigkeit und Referenzen überprüft. So muss der Aufnahmekandidat mindestens drei Kundenreferenzen nachweisen.

Zum Aufnahmeritual zählen weiterhin zwei Aufnahmegespräche mit bestehenden Mitgliedern, die Vorlage eines Gewerbezentralregisterauszugs sowie bei Einzel-Unternehmen ein polizeiliches Führungszeugnis.

Wichtige Aufgaben des BDU bestehen darin, die wirtschaftlichen und rechtlichen Rahmenbedingungen der Beratungsbranche positiv zu beeinflussen und Qualitätsmaßstäbe durch **Berufsgrundsätze** zu etablieren, um den Leistungsstandard der Branche zu erhöhen und weiterzuentwickeln (siehe Insert 1-6). Diesen Berufsgrundsätzen, die durch ein Ehrengericht kontrolliert werden, unterliegen alle BDU-Mitglieder.

Insert

Berufsgrundsätze des Bundesverbandes Deutscher Unternehmensberater BDU e.V.

1. Fachliche Kompetenz

Unternehmensberater übernehmen nur Aufträge, für deren Bearbeitung die erforderlichen Fähigkeiten, Erfahrungen und Mitarbeiter bereitgestellt werden können.

2. Seriosität und Effektivität

Unternehmensberater empfehlen ihre Dienste nur dann, wenn sie erwarten, dass ihre Arbeit Vorteile für den Klienten bringt. Sie geben realistische Leistungs-, Termin- und Kostenschätzungen ab und bemühen sich, diese einzuhalten.

3. Objektivität, Neutralität und Eigenverantwortlichkeit

Unternehmensberater werden grundsätzlich eigenverantwortlich tätig und akzeptieren in Ausübung ihrer Tätigkeit keine Einschränkung ihrer Unabhängigkeit durch Erwartungen Dritter. Sie führen eine unvoreingenommene und objektive Beratung durch und sprechen auch Unangenehmes offen aus. Sie erstellen keine Gefälligkeitsgutachten.

4. Unvereinbare Tätigkeiten

Mit dem Beruf des Unternehmensberaters unvereinbar ist die Annahme von Aufträgen für Tätigkeiten, die die Einhaltung der Berufspflichten und Mindeststandards berufsethischen Handelns gefährden.

5. Vertraulichkeit

Unternehmensberater behandeln alle internen Vorgänge und Informationen des Klienten, die ihnen durch ihre Arbeit bekannt werden, streng vertraulich. Insbesondere werden auftragsbezogene Unterlagen nicht an Dritte weitergegeben. Unternehmensberater gewähren keinen generellen Konkurrenzausschluss.

6. Unterlassung von Abwerbung

Unternehmensberater bieten Mitarbeitern ihrer Klienten weder direkt noch indirekt Positionen bei sich selbst oder anderen Klienten an. Unternehmensberater erwarten, dass auch ihre Klienten während der Zusammenarbeit mit ihnen mit keinem ihrer Mitarbeiter Einstellungsverhandlungen führen und ihre Mitarbeiter nicht abwerben.

7. Fairer Wettbewerb

Unternehmensberater erbringen mit Ausnahme der Erarbeitung und Abgabe von Angeboten keine unentgeltlichen Vorleistungen, noch bieten sie Arbeitskräfte oder andere Leistungen zur Probe an. Unternehmensberater achten das geistige Urheberrecht an Vorschlägen, Konzeptionen und Veröffentlichungen anderer und verwenden solches Material nur mit Quellenangabe.

8. Angemessene Preisbildung

Unternehmensberater berechnen Honorare, die im richtigen Verhältnis zu Art und Umfang der durchgeführten Arbeit stehen und die vor Beginn der Beratungstätigkeit mit dem Klienten abgestimmt worden sind. Unternehmensberater geben Festpreisangebote nur für Projekte ab, deren Umfang zu überblicken ist und bei denen nach honorarpflichtigen Voruntersuchungen Umfang und Schwierigkeitsgrad der zu lösenden Probleme präzise und für beide Vertragsparteien überschaubar und verbindlich herausgearbeitet worden sind.

9. Seriöse Werbung

Unternehmensberater verpflichten sich zu seriösem Verhalten in der Werbung und der Akquisition und präsentieren ihre Qualifikation einzig im Hinblick auf ihre Fähigkeiten und ihre Erfahrung.

[Gekürzte Fassung]

Insert 1-6:   Berufsgrundsätze des BDU e.V.

Ebenso wie seine Mitglieder unterliegt auch der BDU einem permanenten Wandel. So spaltete sich Anfang der 1990er Jahre mit der Fachgruppe „Informationstechnik" der größte BDU-Fachverband ab und gründete den Bundesverband Informationstechnik **BVIT** e.V., dem sich alle maßgebenden IT-Dienstleistungsunternehmen in Deutschland anschlossen. Aufgrund ihrer besonderen Herausforderungen – auch und besonders in ihrer Position zu den damaligen Hardware-Herstellern – fanden sich diese IT-Beratungs-unternehmen durch den aus ihrer Sicht sehr „unternehmens- und personalberatungslas-tigen" BDU nicht mehr ausreichend repräsentiert. Dem BVIT war allerdings keine lange Lebensdauer vergönnt, denn bereits 10 Jahre nach seiner Gründung schloss er sich dem ebenfalls neugegründeten „Bundesverband Informationswirtschaft, Telekommunika-tion und neue Medien" **BITKOM** e.V. an.

Abbildung 1-6 gibt einen Überblick über den „Verschmelzungsprozess" der Verbände im Umfeld der Kommunikations- und Informationstechnik.

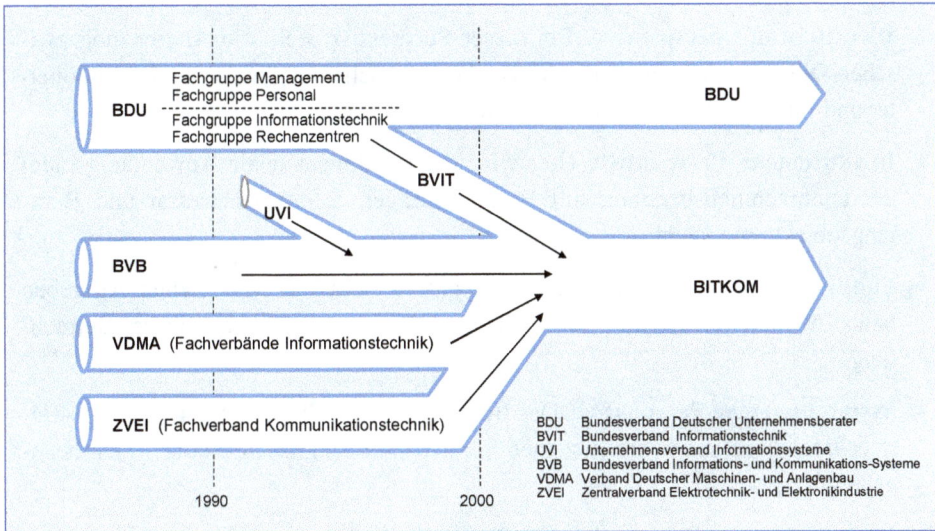

Abb. 1-6:   Gründungsverbände des BITKOM

2. Perspektiven und Dimensionen der Beratung

Um die zentralen Wesensmerkmale der Unternehmensberatung zu „clustern", ist es erforderlich, die verschiedenen Perspektiven, die die unterschiedlichen Aspekte des Consultings strukturiert zusammenfassen, herauszuarbeiten. Unter *Perspektiven* sind die (z.T. auch theoretischen) Sichtweisen auf den Untersuchungsgegenstand *Unternehmensberatung* zu verstehen. Sie sollen einen möglichst strukturierten Einblick in die verschiedenen Dimensionen der Profession *Unternehmensberatung* liefern. Unterschieden werden folgende Perspektiven [siehe auch Hesseler 2011, S. 22 ff.]:

- **Dienstleistungsperspektive.** Bei dieser Perspektive steht die Abgrenzung zwischen Dienst- und Sachleistung sowie die Unterscheidung zwischen institutioneller und funktioneller Dienstleistung im Vordergrund.

- **Institutionelle Perspektive.** Hier wird der dreidimensionale Anwendungsraum der Unternehmensberatung mit Beratungsträger, Beratungsadressat und Beratungsobjekt untersucht.

- **Funktionale Perspektive.** Diese Perspektive stellt die eigentlichen Aufgaben bzw. Tätigkeitsfelder einer Unternehmensberatung den Mittelpunkt der Betrachtung.

- **Systembezogene Perspektive.** Das Beratungssystem als Ganzes, die Kunden-Berater-Beziehung sowie die einzelnen Beraterrollen kennzeichnen die systembezogenen Perspektive.

- **Prozessbezogene Perspektive.** Die Phasen des Beratungsprozesses sowie die Unterscheidung zwischen Prozess- und Inhaltsberatung bestimmen die Sichtweise dieser Perspektive.

- **Technologische Perspektive.** Drei Ausprägungen der Beratungstechnologie (flexible, standardisierte und starre Technologie) werden hinsichtlich ihrer Vor- und Nachteile bzw. ihrer Konsequenzen beim Beratereinsatz untersucht.

- **Theoretische Perspektive.** Diese Perspektive befasst sich mit den Theorien der (neuen) Institutionenökonomik und deren Beschreibung bestimmter Gesetzmäßigkeiten der Dienstleistung Unternehmensberatung.

2.1 Dienstleistungsperspektive

Es besteht allgemeiner Konsens darüber, dass Beratungsleistungen im Rahmen eines interaktiven, problemlösungsbezogenen und auftragsindividuellen Beratungsprozesses von qualifizierten Personen unter Einbeziehung der Mitarbeiter des Kundenunternehmens erbracht werden [vgl. Jeschke 2004, S. 18].

Beratungsleistungen sind demnach professionelle Dienstleitungen (engl. *Professional Services*) und damit **People Business**. Da auch die IT-(Beratungs-)Dienstleistungen zum Untersuchungsgegenstand gehören, drängt sich die Frage auf, wie sich Dienstleistungen von Produkten (besonders) im IT-Umfeld abgrenzen.

2.1.1 Dienstleistungen vs. Sachleistungen

Dienstleistungen werden häufig anhand der folgenden drei Merkmale gekennzeichnet [vgl. stellvertretend Meffert/Bruhn 1995, S. 23 ff.]:

- **Potenzialorientierung.** Die Dienstleistung besteht aus der Vermarktung von Leistungsversprechen (im Sinne von Fähigkeit und Bereitschaft zur Erbringung einer Dienstleistung);

- **Prozessorientierung.** Der Leistungserstellungsprozess ist gekennzeichnet durch die Integration von internen und externen Produktionsfaktoren sowie durch die Synchronisation von Erbringung und Inanspruchnahme einer Tätigkeit;

- **Ergebnisorientierung.** Das Leistungsergebnis ist immateriell und intangibel.

Die Abgrenzung zwischen Dienstleistungen und Sachleistungen auf dieser Grundlage ist allerdings nicht unproblematisch, da alle drei Kriterien bestimmte Ausnahmen nicht erfassen bzw. auch für Sachleistungen zutreffen. Aber auch die von Mugler und Lampe [1987, S. 478] vorgelegte und von Hagenmeyer [2002, S. 362 f.] übernommene Definition der Unternehmensberatung als eine *„ Dienstleistung, die durch (I) Externalität, (II) Unabhängigkeit und (III) Professionalität gekennzeichnet ist "* kann unter Einbeziehung und besonderer Berücksichtigung der IT-Beratung *nicht* immer zielführend sein, denn:

- **Externalität** bedeutet, dass das Inhouse Consulting zwangsläufig aus der Betrachtung des Untersuchungsgegenstands *Unternehmensberatung* ausscheiden müsste. Sicherlich ist es erstrebenswert, wenn der Berater dem Kundenunternehmen eine Sichtweise anbieten kann, die sich von der üblichen und notwendigerweise vorhandenen „Betriebsblindheit" unterscheidet, dennoch können unzählige (IT-)Beratungsfälle aufgezählt werden, bei denen „Betriebsblindheit" für die Beauftragung keine Rolle spielt.

- **Unabhängigkeit** ist ebenfalls nicht in jedem Fall für den Berater erforderlich. Wie kann bspw. ein SAP-Berater unabhängig bzw. neutral sein, wenn er vielleicht doch nur die SAP-Software kennt und beherrscht? Sicherlich, für die *Auswahlberatung* eines ERP-Systems (ERP = Enterprise Resource Planning) sollte möglichst ein Berater beauftragt werden, der seine Sichtweise unabhängig von persönlichen und organisationsinternen Interessen, d. h. ausschließlich zum Wohle des Kunden aus einer objektiven Position formulieren kann. Doch wenn es um die *Einführungsbera-tung* von konkreter ERP-Software geht, kann der Berater seine Neutralität gegen-über anderen, vielleicht konkurrierenden Softwaresystemen durchaus ablegen.

- **Professionalität** ist für den Berater in der Tat unentbehrlich, denn sie macht die Kernkompetenz eines Beraters aus. Unter Professionalität sind *„das Wissen und die Fähigkeit zu verstehen, die man – weitgehend unabhängig vom konkreten Bearbei-tungsthema – zur Mitgestaltung und Steuerung von Beratungsprozessen benötigt, um sich und dem Klienten die notwendigen Freiräume zur Problembearbeitung zu sichern"* [Titscher 2001, S. 31].

Somit bleibt festzuhalten, dass eine vollständige und überschneidungsfreie Abgrenzung von Dienst- und Sachleistungen anhand von rein definitorischen Ansätzen auf der Grundlage von sogenannten *konstitutiven Merkmalen* doch erhebliche Probleme auf-wirft. Im Sinne eines geschlossenen Theoriegebäudes ist dagegen der **typologische An-satz** eher geeignet, das Abgrenzungsproblem zwischen Dienst- und Sachleistungen transparent zu machen. Im Unterschied zu den rein definitorischen Ansätzen besteht der Vorteil der Typologie darin, dass die als relevant erachteten Ausprägungen eines Merk-mals nicht eineindeutig bestimmt werden müssen, sondern als Kontinuum zwischen ih-ren Extremausprägungen dargestellt werden können. Typologien verwenden somit keine konstitutiven Beschreibungsmerkmale sondern Kriterien, die für das jeweilige Ziel der Typologiebildung die höchste Aussagekraft besitzen [vgl. Meffert/Bruhn 1995, S. 30 f.].

2.1.2 Leistungstypologien

Auf Grundlage dieser Überlegungen haben Engelhardt et al. [1993, S. 416] eine Leis-tungstypologie vorgelegt, die auf zwei Dimensionen beruht und die zu vier Grundtypen von Leistungen führt (siehe Abbildung 2-1). Die beiden Dimensionen sind:

- **Integrationsgrad**, d.h. die Integration des externen Faktors in den betrieblichen Leistungsprozess
- **Immaterialitätsgrad** des Leistungsergebnisses.

Auf der *Integrativitätsachse* geht es um die Gestaltung des **Leistungsprozesses**. Sie be-schreibt die *Prozessdimension*. Danach sind Leistungen integrativ, wenn der *Kunde* an der Erstellung der Leistung in irgendeiner Form mitwirkt. Man spricht dabei auch von der Notwendigkeit zur Integration eines *externen Faktors* als Grundlage der Leistungs-erstellung. Ein solcher externer Faktor kann der Kunde selbst, ein Gegenstand des Kun-den oder auch nur ein Kundenwunsch sein, der für die Erstellung der Dienstleistung wesentlich ist.

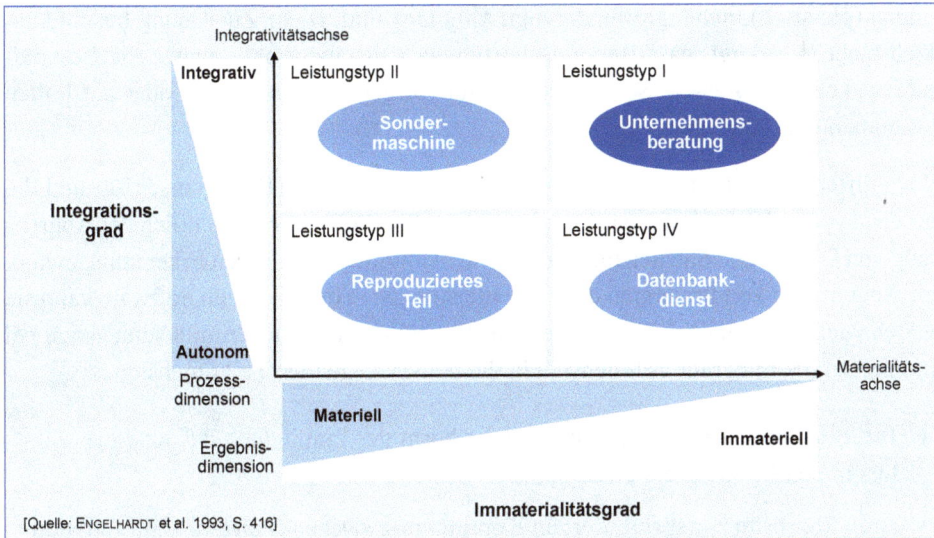

Abb. 2-1: *Leistungstypologie nach Engelhardt et al.*

Auf der *Materialitätsachse* geht es um das **Leistungsergebnis**. Sie beschreibt die *Ergebnisdimension*. Leistungen sind dann immateriell, wenn die Leistungsergebnisse nicht „greifbar" sind.

Die **Extremfälle** dieser Typologie können wie folgt charakterisiert werden [vgl. Meffert/Bruhn 1995, S. 31]:

- Der erste Leistungstyp beschreibt Problemlösungen, die nahezu ausschließlich immaterielle Leistungsergebnisse beinhalten und die unter starker Integration des externen Faktors erstellt werden (z. B. Unternehmensberatung).

- Der zweite Leistungstyp beinhaltet demgegenüber in hohem Maße materielle Leistungsergebnisse, die vom Anbieter unter Mitwirkung externer Faktoren erstellt werden (z. B. eine im Kundenauftrag erstellte Sondermaschine).

- Beim dritten Leistungstyp handelt es sich um Problemlösungen, die durch ein materielles Leistungsergebnis bei gleichzeitig weitgehend autonom gestaltetem Leistungserstellungsprozess gekennzeichnet sind (z. B. die klassischen Konsumgüter von Automobilen bis hin zu Lebensmittelprodukten).

- Für den vierten Leistungstyp sind ebenfalls autonome Prozesse bei der Leistungserstellung kennzeichnend, wobei das Leistungsergebnis hier jedoch immaterieller Natur ist (z.B. Datenbankdienste oder Softwareprodukte).

Beratungsleistungen sind somit in hohem Maße *immateriell* und *integrativ*. **Integrativ** deshalb, weil die Problemlösungen im engen Kontakt mit den Kundenunternehmen (als externer Faktor) erarbeitet werden. **Immateriell** deshalb, weil Beratungsleistungen nun

einmal (physisch) nicht „greifbar" (engl. *tangible*) sind. Diese Zuordnung bedeutet jedoch nicht unbedingt, dass Beratungsleistungen vollständig ohne materielle Bestandteile auskommen müssen. So können Beratungsergebnisse auf Papier oder auf Folien
zusammengefasst werden.

Noch differenzierter ist die Leistungstypologie, die Meffert [1994] vorschlägt und die
auf der Typologie von Engelhardt et al. aufsetzt. Sie führt zwar hinsichtlich der Abgrenzung von Dienst- und Sachleistungen zu keinem unmittelbar höheren Erkenntnisgewinn,
zur Abgrenzung von Produkten und Dienstleistungen in der IT-nahen Software kann sie
jedoch wichtige Anhaltspunkte liefern. Meffert behält die Immaterialitätsdimension bei
und zerlegt die Integrationsdimension in die beiden folgenden Teildimensionen:

- **Interaktionsgrad**, der sich auf jegliche Form der Einbindung des externen Faktors in den Leistungserstellungsprozess bezieht, und

- **Individualisierungsgrad**, der ein Kontinuum zwischen Standard- und Individu-
  alleistungen aufspannt.

Lässt man den bereits diskutierten Immaterialitätsgrad unberücksichtigt, so ergibt die
Leistungstypologie von Meffert die in Abbildung 2-2 gezeigte Darstellung. Auch in dieser Typologie nimmt die Unternehmensberatung eine Extremposition ein. Beratung ist
hiernach eine Leistung, die durch eine hohe *Interaktivität* und gleichzeitig durch eine
hohe *Individualität* gekennzeichnet ist.

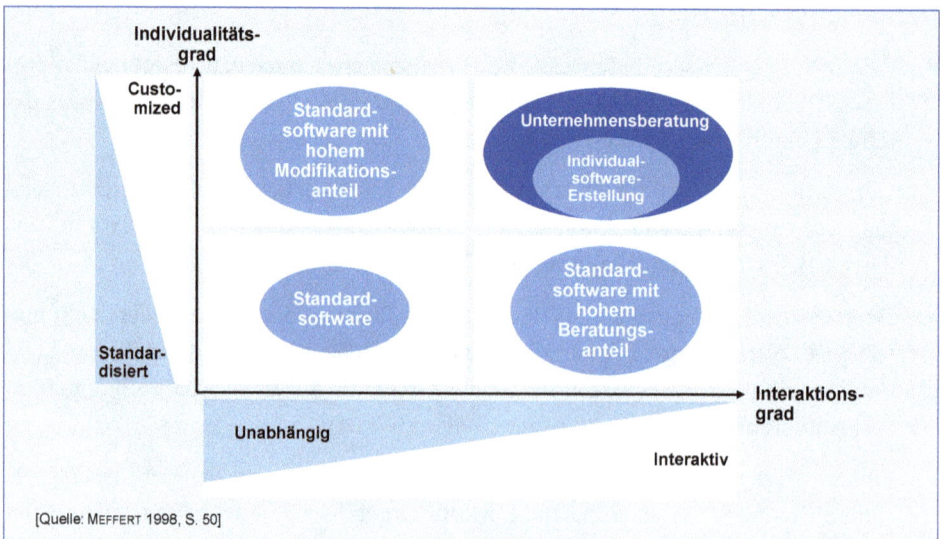

Abb. 2-2:   Leistungstypologie im Softwareumfeld

Auf der Grundlage dieser Leistungstypologie lassen sich nun auch relativ unproblematisch Produkte und Dienstleistungen im **Softwareumfeld** abgrenzen. Ob es sich bei einer Softwareentwicklung um ein Produkt oder um eine Dienstleistung handelt, hängt

davon ab, ob der Kunde als externer Faktor in den Softwareerstellungsprozess eingebunden ist oder nicht. Bei der individuellen Softwareentwicklung handelt es sich regelmäßig um eine **Dienstleistung**, da hier einerseits die *Interaktion* mit dem Kunden und andererseits die *individuelle* Kundenorientierung im Sinne einer „Customization" wesentlich sind. Standardsoftware oder auch „Packaged Software" zeichnet sich dagegen durch (Kunden-)Unabhängigkeit und ein hohes Maß an Standardisierung aus, weil sie weitestgehend ohne Zutun des Kunden erstellt wird. Damit ist Standardsoftware eine **Sachleistung** oder ein IT-Produkt. Wird Standardsoftware mit einem hohen Modifikationsanteil oder mit einem hohen Beratungsanteil (Installationsberatung) installiert, so handelt es sich nach dieser Darstellung um eine Mischform.

2.1.3 Funktionelle vs. institutionelle Dienstleistungen

In diesem Zusammenhang ist noch auf den für das Beratungsgeschäft wichtigen Unterschied zwischen *funktioneller* und *institutioneller* Dienstleistung hinzuweisen. Als **funktionelle Dienstleistungen** sind jene immateriellen und integrativen Leistungen zu verstehen, die ein Unternehmen zur Absatzförderung seiner selbsterstellten Sachgüter – quasi als „Neben"-Funktion – zusätzlich anbietet und erbringt. Beispiele für solche „Auch-Dienstleister" sind Softwarehäuser, die im Umfeld ihrer Standardsoftwareprodukte auch Beratungsleistungen wie Hotline-Service oder Einsatzunterstützung anbieten. Demgegenüber werden **institutionelle Dienstleistungen** von „Nur-Dienstleistern" (z. B. Beratungsunternehmen) erbracht – und zwar als Hauptfunktion zum Absatz von Sachleistungen, Nominalgütern und Dienstleistungen. Insofern liegt für Standardsoftware (im B2B-Bereich) das Verständnis einer investiven Sachleistung mit funktionellen Dienstleistungsanteilen zugrunde. Die Entwicklung von Individualsoftware ist dagegen eine institutionelle Dienstleistung. Beratungsleistungen, die im Umfeld von Standardsoftware erbracht werden (z. B. Einsatzberatung, Installationsunterstützung, Modifikationsservice), können sowohl funktionelle Dienstleistungen (wenn sie vom Softwareproduzenten durchgeführt werden) als auch institutionelle Dienstleistungen sein (wenn sie von einem Beratungsunternehmen erbracht werden). „Entwicklungsgeschichtlich" betrachtet haben sich die allermeisten Softwarehäuser von einem institutionellen Dienstleister zu einem funktionalen Dienstleister entwickelt, denn sehr häufig werden kundenbezogene Individuallösungen, die besonders leistungsfähig und funktional von allgemeinem Interesse sind, standardisiert und als Softwareprodukte einem größeren Kundenkreis zugänglich gemacht [vgl. Lippold 1998, S. 35 f. unter Bezugnahme auf Forschner 1988, S. 14 ff.].

2.2 Institutionelle Perspektive

Zur Charakterisierung des Gegenstandsbereichs *Unternehmensberatung* wird zumeist zwischen einer *institutionellen* und einer *funktionalen* Perspektive unterschieden. Institutionelle Aspekte befassen sich einerseits mit dem Träger der Beratung – also dem Berater bzw. dem Beratungsunternehmen – und andererseits mit dem Adressaten der Beratungsleistung, also dem Kunden. Um den „dreidimensionalen Anwendungsraum der Unternehmensberatung" zu vervollständigen, kommt neben Beratungsträger und Beratungsadressat schließlich noch das Beratungsobjekt als inhaltlicher Gegenstand der Beratungsdienstleistung hinzu [vgl. Hesseler 2011, S. 25 f.].

2.2.1 Beratungsträger

Beratungsträger sind diejenigen Personen bzw. Organisationen, die die Beratungsleistung anbieten und durchführen. Konstitutives Merkmal der Beratungsträger ist deren spezifische Qualifikation bzw. Sachverstand, obgleich das Kriterium der Qualifikation – aufgrund fehlender rechtlicher Grundlagen für die anerkannte Berufsausbildung – häufig nur schwer zu operationalisieren ist [vgl. Jeschke 2004, S. 21].

Aufgrund des freien Marktzugangs hat sich in Deutschland eine Vielzahl von Beratungsträgern etabliert. Die bislang vorgelegten Systematiken zur Strukturierung der Angebotsseite beziehen sich in der Regel auf *quantitative* oder zumindest leicht abgrenzbare Ordnungskriterien, die dann auch in den einschlägigen Marktstudien verwendet werden. Dies sind hauptsächlich **Träger- bzw. organisationsbezogene Kriterien** wie

– Zielmarktbezogene Unternehmensgröße (z. B. Mittelstandsberatung, regionale Beratung, nationale Beratung, internationale Beratung)

– Unternehmensträger (z. B. Unternehmensberatung, Wirtschaftsprüfung, Steuerberatung, Verbandsberatung, studentische Beratung, Institutsberatung, Inhouse Beratung)

– Organisationsform (z. B. Einzelberater, Beratungsunternehmen, Corporate Consulting Company, Entrepreneurial Consulting Company, Semi-public Consulting Company)

– Rechtsform (z. B. GmbH, AG, KG, OHG).

Mindestens ebenso interessant und aussagekräftig können mehr *qualitative* Kriterien sein. Solche Merkmale beziehen sich eher auf **Leistungsinhalte** bzw. Portfolioinhalte wie

– Beratungsumfang (Spezialist, Generalist, Full-Service-Beratung)

– Funktionale Ausrichtung (z. B. Marketing-, Controlling-, HR- oder Logistikberatung)

– Branchenorientierte Ausrichtung (z. B. Bankenberatung, Speditionsberatung)

– Querschnittsorientierte Beratung (z. B. Strategieberatung, IT- und Technologieberatung, Organisations- und Prozessberatung, Sanierungsberatung, Innovationsberatung, Nachfolgeberatung).

Damit ergibt sich die Darstellung in Abbildung 2-3, in der die verschiedenen Ausprägungen der Beratungsträger nach Unternehmensmerkmalen und nach Leistungsmerk-
malen aufgeführt sind.

Anmerkung: Bisher vorgelegte Systematiken differenzieren im Wesentlichen entweder
in *funktions-/bereichsspezifische* und in *funktionsübergreifende* Beratung [vgl. Caroli
2007, S. 111] oder in *Beratungsträger der Kernbranche* bzw. in *Wettbewerber als Beratungsträger* [vgl. Niedereichholz 2010, S. 16] und können damit lediglich nur einen
Teilausschnitt aller Beratungsträger-Bezeichnungen erfassen.

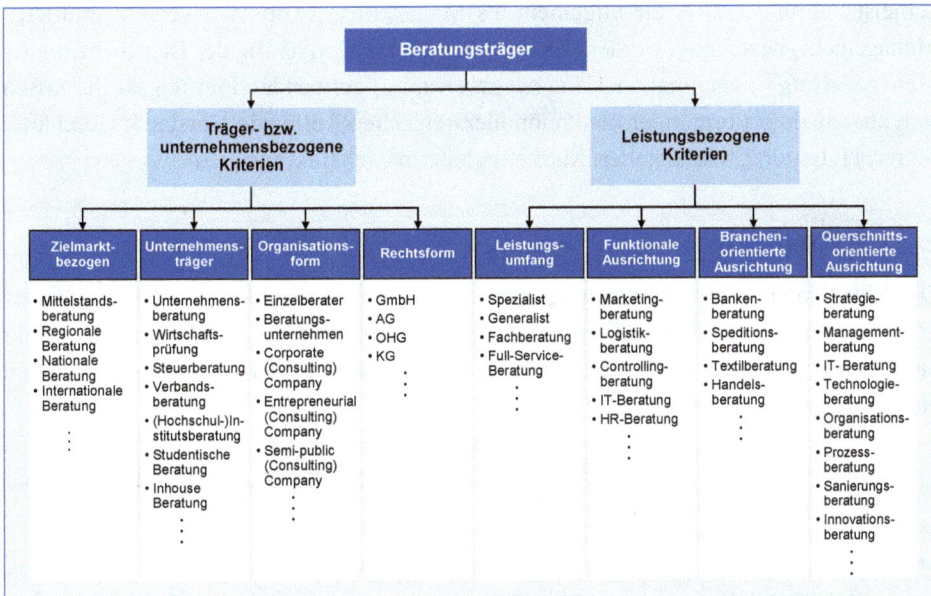

Abb. 2-3: Systematisierung der Beratungsträger

2.2.2 Beratungsadressaten

Als **Beratungsadressaten** werden alle Arten von Unternehmen bzw. Organisationen,
privat- oder nicht-privatwirtschaftlicher Natur, verstanden, die Beratungsleistungen beauftragen oder beauftragen können. Diese Unternehmen bzw. Organisationen lassen
sich – ähnlich wie die Beratungsträger – nach Betriebsgröße, Branche, Rechtsform etc.
klassifizieren. Sie bilden die **Zielgruppe** der Beratungsträger. Eine gewichtige Zielgruppe können **Klein- und Mittelunternehmen** (KMU) sein, die sich durch relativ
leicht erfassbare quantitative Merkmale wie Umsatz- und Mitarbeiterzahlen beschreiben
lassen. Hier ist dann lediglich die immer wieder zu Diskussionen führende Unter-, vor

allem aber Obergrenze von KMUs zu definieren. Solche quantitativen Merkmale beschreiben allerdings nur Symptome, die – trotz objektiven Bedarfs – die geringe Nachfrage nach Beratungsleistungen (vor allem IT-Beratung und Nachfolgeberatung) nicht erklären können. Zumeist handelt es sich dabei um Familienunternehmen, die sich durch nur schwer erfassbare qualitative Wesensmerkmale (z. B. patriarchalischer Führungsstil, ausgeprägtes Preisbewusstsein, Zusammengehörigkeitsgefühl und gemeinsame Geisteshaltung sowie Wertstabilität der Unternehmerfamilie) auszeichnen und die zu einer höheren *Beratungsresistenz* führen können. Insofern ist es vor allem die Analyse der qualitativen Kriterien, die ein bedarfsgerechtes Beratungsangebot initiieren kann [vgl. Hesseler 2011, S. 25 f.].

Innerhalb eines jeden Unternehmens sind es wiederum verschiedene **Zielpersonen**, die dem Berater als Interaktionspartner und Auftraggeber dienen. Solche Zielpersonen sind zumeist Führungskräfte, die allgemein als Management (Top-Management, mittleres Management) bezeichnet werden. Entsprechend wird auch häufig der Begriff **Managementberatung** (manchmal auch *Führungsberatung*) verwendet. Führungskräfte lassen sich aber auch in Form einer konkreten hierarchischen Rolle wie Vorstand, Geschäftsführer, IT-Leiter, Einkaufsleiter, Marketingleiter etc. charakterisieren.

2.2.3 Beratungsobjekte

Die dritte Dimension im Anwendungsraum *Unternehmensberatung* sind die **Beratungsobjekte**, die den Gegenstand der Problemlösung beschreiben. Das Beratungsobjekt kann sehr eng mit dem Beratungsträger korrelieren, weil es dem Träger häufig seinen Namen verleiht. Beispiele hierfür sind:

- Beratungsobjekt: Nachfolgemanagement ↔ Beratungsträger: Nachfolgeberater bzw. -Nachfolgeberatung;

- Beratungsobjekt: Strategie bzw. strategisches Management ↔ Beratungsträger: Strategieberater bzw. Strategieberatung;

- Beratungsobjekt: Logistik bzw. Logistikmanagement ↔ Beratungsträger: Logistikberater bzw. Logistikberatung.

Neben der möglichen Verwechslungsgefahr zwischen Beratungsträger und Beratungsobjekt kommen noch die Vielfältigkeit, Interdependenz und Veränderbarkeit der Beratungsfelder bzw. Beratungsthemen hinzu, so dass es schwerfällt, fest abgrenzbare Objekte im Anwendungsraum der Beratungsleistungen zu definieren.

Der Bundesverband Deutscher Unternehmensberater **BDU** e. V. sucht einen pragmatischen Ausweg, in dem er seine **Fachverbände** nach den Auftragsschwerpunkten seiner Mitgliedsfirmen ausrichtet und auf diese Weise zu einer Auflistung vorwiegend relevanter Beratungsobjekte gelangt [vgl. Hesseler 2011, S. 31 f.]:

- Unternehmensführung + Controlling
- Management + Marketing
- Informationsmanagement + Logistik
- Personalmanagement
- Change Management
- Integrative Unternehmensprozesse
- Finanzierung
- Gründung, Entwicklung, Nachfolge
- Sanierung und Insolvenz
- Outplacement
- Öffentlicher Sektor
- Healthcare.

Die Liste der BDU-Fachverbände vervollständigt noch die *Personalberatung*, die hier aber nicht Gegenstand der Betrachtung ist.

2.3 Funktionale Perspektive

Warum gibt es die Unternehmensberatung? Was sind ihre Aufgaben? Was ist die Existenzberechtigung der Beratungsunternehmen? Was macht das Spezifische einer Beratungsleistung aus? Was erwartet der Kunde, wenn er einen Berater hinzuzieht?

2.3.1 Klassische Beratungsfunktionen

Die Beratungsforschung beantwortet diese Fragen im Wesentlichen mit folgenden sieben Funktionen [vgl. Kraus/Mohe 2007, S. 268 und 271 sowie Jeschke 2004, S. 50 ff.]:

- **Wissenstransferfunktion.** Diese Funktion dominiert in der Beraterliteratur und entspricht im Wesentlichen auch der Selbstbeschreibung der Branche. Der Berater verfügt über das erforderliche Fakten-, Erfahrungs- und Methodenwissen und setzt dieses zur Lösung von Problemen beim Kunden ein.

- **Prüfungsfunktion.** Mit der Transferfunktion einher geht häufig die Prüfungsfunktion. So wird der Unternehmensberater zur quasi-empirischen Überprüfung von Annahmen, Realitätsnähe und Exaktheit praktisch-normativer Handlungen (z. B. als Gutachter) eingesetzt.

- **Kapazitätsausgleichsfunktion.** Dabei geht es um abrufbare Beratungskapazitäten, die das Kundenunternehmen selbst nicht hat bzw. kurzfristig nicht wirtschaftlich aufbauen kann.

- **Impulsfunktion.** Von der Beratungspraxis gehen zunehmend Impulse auf betriebswirtschaftliche Entwicklungsrichtungen aus. Unternehmensberater setzen sich frühzeitig mit einzel- und gesamtwirtschaftlichen Trends auseinander, erfassen anwendungsorientierte Anforderungen der Kundenunternehmen an betriebswirtschaftliche Modelle und IT-Technologien und geben so Impulse zur Initiierung von Innovationen.

- **Politikfunktion**. Diese (latente) Funktion spielt immer dann eine Rolle, wenn der Berater zur Unterstützung des Auftraggebers bei der Durchsetzung bereits feststehender Vorstellungen herangezogen wird.

- **Durchsetzungsfunktion**. Im Rahmen dieser Funktion wird der Berater zur aktiven Mobilisierung von Unterstützung und zur Konsensfindung bei noch nicht feststehenden Vorstellungen des Kunden eingesetzt.

- **Legitimationsfunktion**. Hier werden insbesondere sehr namhafte Beratungshäuser beauftragt, um bestimmten Ideen oder Projekten ihren guten Ruf bei der Durch- und Umsetzung zu verleihen.

- **Interpretationsfunktion**. Im Rahmen dieser Funktion bietet der Berater als Gesprächspartner („soundboard") neue Interpretationsweisen an und hilft, die Aktionen des Managements zu reflektieren.

Innerhalb dieser Auflistung ist die *Wissenstransferfunktion*, die den Berater als Vermittler fundierten (theoretischen) Wissens (an die Praxis) kennzeichnet, von zentraler Bedeutung. Neben dieser dominierenden Funktion des Wissenstransfers sind die übrigen Funktionen eher latente Funktionen, die kaum im Mittelpunkt der Außendarstellung stehen, aber dennoch zur Inanspruchnahme von Beratungsleistungen motivieren können [vgl. Kraus/Mohe 2007, S. 271].

2.3.2 Zielbezogene Beratungsfunktionen

In diesem Kontext sind auch die fünf grundsätzlichen **Beratungsansätze** von Unternehmensberatern aufgeführt. Diese Beratungsansätze sind im Einzelnen [vgl. Sommerlatte 2004, S. 2 f.]:

- **Capacity-based Consulting**. Häufig werden Leistungen, die nicht zur Beherrschung des laufenden Geschäfts gehören und für die das Unternehmen über keine oder nur geringe eigenen Kapazitäten verfügt, an Externe verlagert. Berater erfüllen hierbei die Funktion abrufbarer Bearbeitungskapazitäten. Das Projektmanagement, für das kein eigener Manager abgestellt werden kann, ist ein typisches Beispiel. Letztlich zählt aber auch die SAP-Einführungsunterstützung, die aus Kapazitätsgründen zeitlich begrenzt in Anspruch genommen wird, zu diesem Dienstleistungsansatz, der vorwiegend dem Beratungstyp *instrumentelle Beratung* zuzuordnen ist.

- **Content-based Consulting.** Bei diesem Ansatz geht es um die Beschaffung von Kenntnissen und Expertisen, über die man selber nicht verfügt. Typische Beispiele sind Methodenberatung, Benchmarkings, Aufbau eines E-Business-Systems, Customer Relationship Management etc. Das Content-based Consulting zählt zum Beratungstyp der *konzeptionellen Beratung*.

- **Experience-based Consulting.** Hierbei handelt es sich um die Einbringung von Erfahrungen bei der Lösung von Aufgaben und Problemen und der Realisierung neuer Vorhaben. Dazu zählen insbesondere Restrukturierungsvorhaben, Umgestaltung oder Roll-out von ERP-Systemen, Akquisitions- und Fusionsvorhaben. Dieser Beratungsansatz wird ebenfalls überwiegend zum Beratungstyp der *konzeptionellen Beratung* gezählt.

- **Process-based Consulting.** Will das Unternehmen schließlich einen beschlossenen Veränderungsprozess unter zuverlässiger, externer Führung realisieren, so werden regelmäßig Berater beauftragt, die sich auf Problemlösungs-, Interaktions- und Moderationsmethoden spezialisiert haben. Auch das Process-based Consulting ist ein gutes Beispiel für die *konzeptionelle Beratung*.

- **Arbitration-based Consulting.** Besteht Unsicherheit bei der Bewertung bestimmter Entscheidungen, wird häufig eine neutrale Sichtweise gesucht. In solchen Fällen wird auf das unabhängige und neutrale Urteil eines externen Beraters gesetzt. Das Arbitration-based Consulting ist eindeutig dem Beratungstyp der *symbolischen Beratung* zuzuordnen.

In Abbildung 2-4 sind die verschiedenen Dienstleistungsansätze des Beratungsgeschäfts im Überblick dargestellt.

Beratungsansatz	Situation beim Kundenunternehmen	Mehrwert durch Unternehmensberater	Beispiele
Content-based Consulting	Methodische, organisatorische, IT- oder sonstige Expertise ist für bestimmte Aufgabenstellungen nur unzureichend vorhanden	Spezifische Kenntnisse und kreative Impulse von außen	• Methodenberatung • Benchmarkings • Aufbau eines E-Business-Systems • Customer-Relationship-Management
Experience-based Consulting	Bestimmte Erfahrungen bei der Realisierung neuer Vorhaben nur unzureichend vorhanden	Spezifische Erfahrungen für bestimmte Vorhaben von außen	• Restrukturierungsvorhaben • Roll-out von ERP-Systemen • Akquisitions- und Fusionsvorhaben
Capacity-based Consulting	Eigene Mitarbeiter können den Ressourcenbedarf für bestimmte Projekte nicht oder nur unzureichend abdecken	Abbau von Kapazitätsengpässen	• Projektmanagement • Wartung und Pflege von ERP-Systemen • Business Process Outsourcing
Arbitration-based Consulting	Entscheidungssituationen/ Veränderungsprozesse sollen ohne Betriebsblindheit oder Interessenkonflikte bewältigt werden	Objektivität des Unparteiischen	Auswahl- und Entscheidungsprozesse für den Einsatz neuer IT-Systeme
Process-based Consulting	Wichtige Entscheidungs-, Führungs- und Veränderungsprozesse sollen begleitet und kritisch hinterfragt werden	Kritische Begleitung des Veränderungsprozesses	Alle Veränderungsprozesse

[Quelle: in Anlehnung an Sommerlatte 2004, S. 2 f.]

Abb. 2-4:   Dienstleistungsansätze im Beratungsgeschäft

Darüber hinaus soll nicht verschwiegen werden, dass es auch gute Gründe geben kann, warum in manchen Situationen der Einsatz von Unternehmensberatern nicht sinnvoll ist bzw. ernsthaft in Frage gestellt werden sollte. Hierzu zählen bspw. Situationen, wenn sich der Ruf nach Beratern so eingebürgert hat, dass kaum noch ein Vorhaben ohne externe Hilfe entschieden und umgesetzt werden kann. Dadurch verliert die eigene Unternehmensführung an Akzeptanz, ja es entsteht bei den Mitarbeitern sogar der Eindruck der Degradierung. Auch in jenen Situationen, wenn die jeweils laufenden Projekte durch die Berater dazu benutzt werden, immer neue Problemstellungen zu identifizieren und ins Bewusstsein der Kunden zu rücken, um damit Folgeaufträge zu generieren, ist zumindest Vorsicht seitens der Kundenunternehmen geboten [vgl. Sommerlatte 2004, S. 10 f.].

2.4 Systembezogene Perspektive

Die systembezogene Perspektive befasst sich mit dem Beratungssystem, mit der Kunden-Berater-Beziehung sowie mit den Beraterrollen und die Erwartungen der Kunden an diese Rollen.

2.4.1 Beratungssystem

Das **Beratungssystem** setzt sich aus Interaktion und Kommunikation von Beratungsträger (Berater) und Beratungsadressat (Kunde bzw. Interessent) zusammen. Das Zusammenwirken zwischen Beratungsträger und Beratungsadressat ist zugleich maßgebend für den Beratungserfolg. Folgende Teilsysteme des Beratungssystems sind zu unterscheiden [vgl. Hesseler 2011, S. 36 f.]:

Das **Beratungssystem im weiteren Sinne** setzt sich zusammen aus den Beziehungen zwischen dem

−   **Kunden-/Interessentensystem**, das aus der Organisation des Kunden insgesamt und vor allem auch aus der Organisation des Kunden (Interessenten) in der Akquisitionsphase z.B. als Buying Center (Influencer, Gatekeeper, Decider, Buyer, User) besteht und dem

−   **Beratersystem im Allgemeinen**, das die Organisation des Beratungsunternehmens insgesamt sowie seine vertriebliche Organisation (z. B. in Form eines Selling Centers) in der Akquisitionsphase meint.

Das **Beratungssystem im engeren Sinne** ist eingebettet in das Beratungssystem im weiteren Sinne und bezieht sich auf die konkrete Systemumgebung des Beratungsprojekts. Es besteht aus dem

−   **Kunden-/Auftraggebersystem**, das sich aus den in das Beratungsprojekt eingebundenen Personen des Auftraggebers (Projektleiter, Projektmitarbeiter, User etc.) zusammensetzt und dem

−   **Beratersystem**, zu dem alle Personen/Berater zählen, die in das Beratungsprojekt eingebunden sind (z. B. Projektmanager, Projektmitarbeiter, Berater etc.).

In Abbildung 2-5 sind die entsprechenden Teilmengen und Beteiligten am Beratungssystem dargestellt.

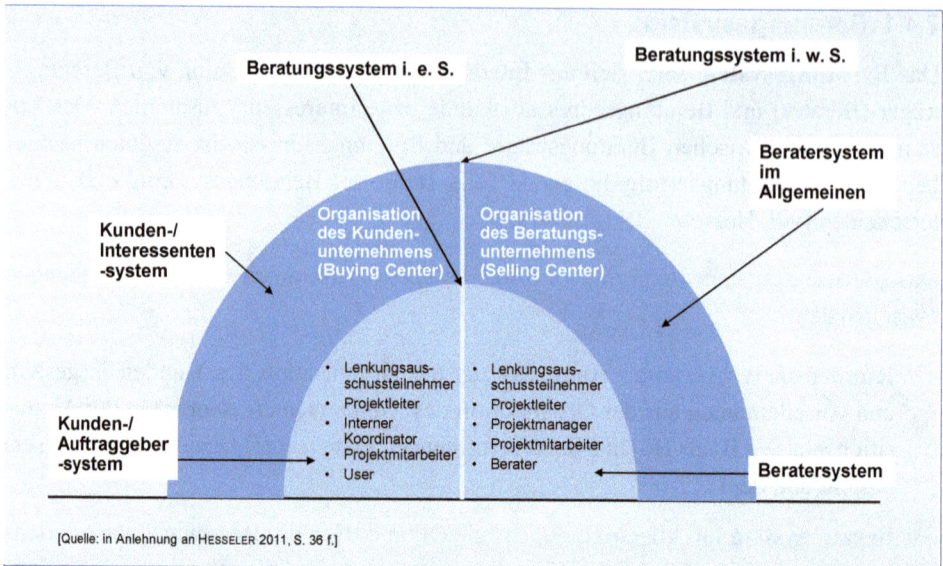

[Quelle: in Anlehnung an Hesseler 2011, S. 36 f.]

Abb. 2-5:   Das Beratungssystem und seine Teilmengen

Der Grad der Wechselbeziehung zwischen den Teilsystemen untereinander und der Austausch der Beziehungen zwischen Beratungssystem und Beratungsumgebung sind ebenfalls Teil des gesamten Beratungssystems und mitverantwortlich für den letztendlichen Beratungserfolg. Dabei ist anzumerken, dass sich sowohl inhaltliche als auch formale Aspekte der Kunden-Berater-Beziehung im Zeitablauf verändern können.

2.4.2 Beraterrollen und Kundenerwartungen

Ein Teil des Beratungssystems sind die Erwartungen des Kunden an die beauftragte Leistung. Werden die Kundenerwartungen erfüllt oder gar übertroffen, spricht man von *Kundenzufriedenheit*. Die Erwartungen des Kunden sind somit der Ausgangspunkt der Beratungsleistung. Insofern ist es nur konsequent, dass der Berater den *Erwartungswert* seiner Leistungen hinterfragt. Da bei einer Dienstleistung die Erwartungen immer an bestimmte Personen gerichtet sind, ist es anschaulicher, die Erwartungen an bestimmten Rollen festzumachen und den Mehrwert dieser Rollen zu hinterfragen. Folgende Rollen sollen hier beispielhaft erläutert werden [vgl. überwiegend Eichen/Stahl 2004, S. 3 ff.]:

Der Irritierende. In der Rolle des Irritierenden unterbricht der Berater Routinen und stört Bestehendes. Das können Strukturen, Weltbilder, mentale Modelle, soziale Schemata, Einstellungen, Normen oder Regeln sein, kurz alles, was der Berechenbarkeit der Organisation dient. Seinen Mehrwert stiftet der Irritierende durch Perspektiven, die das Kundenunternehmen selbst vielleicht nie verfolgt hätte.

Der Mentor. Mit der Rolle des Mentors verbindet man einen erfahrenen Ratgeber und Helfer. Er führt das Kundenunternehmen durch schwierige Themen (Markt, Technologie) und besticht durch das breite Spektrum seiner Kompetenzen. Er hilft, wahrgenommene Komplexität zu bewältigen. Sein Mehrwert entsteht aus intensiver Beobachtung, aktivem Zuhören und gemeinsamer Reflexion.

Der Konzeptlieferant. Der Konzeptlieferant bietet Werkzeuge (engl. *Tools*) an, die – sofern sie zu den Problemen passen – als kostengünstige Lösung einen erheblichen Mehrwert bieten können. Allerdings ist beim Konzeptlieferanten die Versuchung groß, dass das Verkaufen der Tools über die Beratung gestellt wird.

Der Schamane. Der Schamane ist Mittler zwischen der gruppengemeinsamen Alltagsrealität und der transzendenten Welt. Er steht besonders den beiden Problemfeldern von Organisationen sehr nahe: der Zukunft und der Kultur. Sein Mehrwert kann darin liegen, dass er die Kräfte jenseits der Ratio zu wecken weiß.

Der Benchmarker. Benchmarking, d. h. das Lernen von den Besten und das Gucken über den Tellerrand, ist die ureigene Disziplin des Beraters. Aufgrund seiner Branchenkenntnisse verfügt keiner über so viel Benchmark-Know-how wie der Berater. Der Mehrwert des Benchmarkers liegt darin, dass das Kundenunternehmen Einsicht in das Wettbewerbumfeld bekommt und von den Besten lernen kann.

Der Umsetzer. Der Umsetzer stellt sein Handeln über das Denken. Er ist der Macher unter den Beratern. Im Gegensatz zum Konzeptlieferanten kann das Konzept beim Macher durchaus auch vom Kunden selbst oder ggfs. auch von anderen Beratern kommen. Und anders als beim Mentor pocht er auf eine rasche Umsetzung, die den Mehrwert seiner Aktivitäten darstellt.

Der Spiegel. Von Zeit zu Zeit ist es unumgänglich, dass Organisationen einen Blick in den Spiegel werfen. Berater halten diesen Spiegel sehr gerne vor, weil sich im Spiegelbild einer Organisation immer Abweichungen vom Idealzustand finden lassen. Die Rolle des Spiegels hat insbesondere den Mehrwert, dass ein Problembewusstsein in der Organisation geschaffen wird.

Der Legitimator. Häufig gibt es Ideen im Kundenunternehmen, die weder auf fremden Konzepten beruhen noch einer Umsetzung durch andere bedürfen. Doch da der „Prophet im eigenen Lande" nichts zählt, ist es sehr schwierig, solche Ideen umzusetzen. Hier springt der Berater als Legitimator ein. Sein Mehrwert liegt darin, dass er der Idee oder dem Projekt seinen guten Ruf leiht.

Der Change Agent. Unternehmen auf neue Trends und Zukunftsmärkte vorzubereiten, das ist die Aufgabe von Change Agents. Mit dieser Rolle wird der Berater zum Brückenbauer zwischen Wissenschaft und Praxis. Mit seinen profunden IT-Kenntnissen spürt er neue Entwicklungen auf und hilft dabei, den Anwendungsbezug verständlich zu machen und diese Trends in Innovationsfelder und neue Produkte zu transferieren.

Der Zeitarbeiter. Zeitweise geht es den Kundenunternehmen einfach nur darum, vorhandene Kapazitätsspitzen abzudecken bzw. auszugleichen, ohne gleich neue Mitarbeiter, die man nach Projektabschluss nicht mehr benötigt, einstellen zu müssen. Hier ist die Rolle des Beraters als Zeitarbeiter gefragt. Dieser arbeitet zwar nicht konzeptionell, sein Mehrwert liegt aber in der Beseitigung von Kapazitätsengpässen.

Der Moderator. Die Rolle des Beraters als Moderator ist mehr auf der Managementebene angesiedelt. Der Moderator hat nicht den Ehrgeiz und Willen, dem Kunden neues Wissen beizubringen. Ihm geht es vielmehr um eine neutrale Einflussnahme und Steuerung, um Arbeitsgruppen in die Lage zu versetzen, effektiv und effizient zu arbeiten.

Der Coach. Coaching ist ein Mittel zur Förderung der Entwicklung von Führungskräften und Mitarbeitern und vereinfacht in der Regel dadurch angestoßene Veränderungsprozesse. Der *Coach* zieht diverse Gesprächstechniken und seine professionelle Erfahrung heran, um den *Coachee* dabei zu unterstützen, dessen gesetzten Ziele zu erreichen.

Der Gutachter. Der Gutachter wird besonders in Zweifelsfällen herangezogen. Er bewertet Geschäftsvorfälle und stellt so etwas wie eine letzte, unumstößliche Instanz dar. Sein Mehrwert besteht hauptsächlich darin, Projektergebnisse gegenüber einem interessierten Kreis zu plausibilisieren und zu evaluieren.

Alle hier aufgeführten Rollen sind nicht überschneidungsfrei und damit häufig auch nicht isoliert zu sehen. So kann ein Berater durchaus in mehrere Rollen schlüpfen. Ein *Change Agent* kann irritieren, spiegeln oder umsetzen. Oder er kann als Mentor, Schamane oder Legitimator agieren.

2.5 Prozessbezogene Perspektive

Da die Wettbewerbsfähigkeit von Unternehmen von der schnellen, fehlerfreien, flexiblen und effizienten Abwicklung der auf den **Kunden** gerichteten Geschäftsprozesse abhängt, gewinnt die **Prozessorientierung** in allen Branchen zunehmend an Bedeutung – so auch in der Beratungsbranche.

Die grundlegende **Prozessidee** besteht darin, einen 90-Grad-Shift der Organisation vorzunehmen. Durch den Wechsel der Perspektive dominieren bei der Prozessorganisation nicht mehr die Abteilungen mit ihren Abläufen, sondern der Fokus liegt auf Vorgangsketten bzw. Prozessen, die auf den Kunden ausgerichtet sind (siehe dazu ausführlich Insert 2-1).

Prozesse wiederum bilden eine Folge von weiteren Prozessen im Unternehmen und werden durch Anforderung des Kunden für den Kunden umgesetzt. Unter Kunden sind dabei sowohl **externe als auch interne Kunden** zu verstehen. Jeder Prozess liefert Ergebnisse, mit denen der anschließende Prozess weiterarbeitet. Das Verhältnis zwischen aufeinander folgenden Prozessen ist eine **Kunde-Lieferant-Beziehung**. Mit dem letzten

Prozess der Prozesskette erfolgt die Erstellung der betrieblichen Leistung für den Kunden.

Insert

Die Prozessidee – eine Idee, die viele Unternehmen veränderte

Die Prozessidee hat über das Business Process Reengineering in den 1990er Jahren Eingang in die moderne Managementlehre gefunden. Doch während das Reengineering bald zum Synonym für Personalabbau wurde und bereits fünf Jahre nach der ersten Veröffentlichung von den meisten Unternehmen als Managementtrend abgelehnt wurde, erfreut sich die Prozessidee im Rahmen des Geschäftsprozessmanagements großer Beliebtheit. Doch was ist eigentlich der Kern der Prozessidee? Warum hat sie einen solchen Einfluss auf die Organisationsentwicklung? Warum hat sie das Business Process Reengineering überlebt? Wie verträgt sie sich mit der agilen Organisation? Und schließlich: Wer profitiert am meisten davon?

Ein Prozess ist eine Struktur, deren Aufgaben durch **logische Folgebeziehungen** miteinander verknüpft sind. Jeder Prozess wird durch einen Input initiiert und führt zu einem Output, der einen Wert für den Kunden schafft. Innerhalb des Prozesses werden Vorgaben (= Input) in Ergebnisse (= Output) umgewandelt. Geschäftsprozesse betrachten die einzelnen Funktionen in Unternehmen also nicht isoliert, sondern als wertsteigernde Abfolge von Funktionen und Aufgaben, die über mehrere organisatorische Einheiten verteilt sein können. Prozesse wiederum bilden eine Folge von Prozessen im Unternehmen und werden durch Anforderungen des Kunden für den Kunden umgesetzt. Unter Kunden sind dabei sowohl externe als auch interne Kunden zu verstehen. Jeder Prozess liefert Ergebnisse, mit denen der anschließende Prozess weiter arbeitet. Das Verhältnis zwischen aufeinander folgenden Prozessen ist eine **Kunde-Lieferant-Beziehung**. Mit dem letzten Prozess der Prozesskette erfolgt die Erstellung der betrieblichen Leistung für den Kunden. Die Prozesskette ist linear und Teil der betrieblichen Wertschöpfungskette. Die Durchführung von Prozessschritten wird durch Informationen gesteuert. Die Verbesserung der Prozesse wird heutzutage durch betriebswirtschaftliche Software vorgenommen.

Jedem Prozess kommen damit drei verschiedene Rollen zu:
- Der betrachtete Prozess ist **Kunde** von Materialien und Informationen eines vorausgehenden Prozesses.
- Der betrachtete Prozess ist **Verarbeiter** der erhaltenen Leistungen.
- Der betrachtete Prozess übernimmt die Rolle eines **Lieferanten** gemäß den Anforderungen des nachfolgenden Prozesses und gibt die erstellten Ergebnisse weiter.

Kundenorientierung ist also die zentrale Leitlinie des Geschäftsprozessmanagements. Je besser und effizienter ein Unternehmen seine Geschäftsprozesse beherrscht und die Kundenanforderungen erfüllt, umso wettbewerbsfähiger wird es sein. Prozesse in Unternehmen müssen schnell, kundenorientiert und qualitativ hochwertig ablaufen. Lag in der Vergangenheit das Hauptaugenmerk des Managements auf leicht quantifizierbaren und vor allem finanziellen Elementen, so bietet die Prozessanalyse eine Plattform für einen ganzheitlichen und integrativen Ansatz, der sich auch als **Transformation** bezeichnen lässt.

Transformation ist die Neugestaltung der „genetischen Struktur" eines Unternehmens. Dabei gibt es kein Patentrezept. Jede Transformation erfordert einen spezifischen Weg, einen individuellen Transformationspfad. Das bedeutet, dass unterschiedliche Unternehmensbereiche auch unterschiedlich stark von Veränderungen betroffen sind.

Agilität und Geschäftsprozesse sind kein Widerspruch. Im Gegenteil, eine Agilität der Geschäftsprozesse bedeutet, Ad-hoc-Änderungen an dessen Aktivitäten ausführen zu können. Agilität im Geschäftsprozessmanagement kommt vor allem dann ins Spiel, wenn es um die Bewältigung von komplexen Aufgabenstellungen, um höhere Reaktionsgeschwindigkeit und mehr Flexibilität geht. Daher nutzen Organisationen für die innovative Prozessgestaltung agile Methoden wie z.B. **Scrum** (für die agile Softwareentwicklung) oder **Design Thinking**, das Prototypen für eine Prozessinnovation, die ein Kundenbedürfnis wirklich erfüllen kann, liefern kann.

Eine besondere Form des Geschäftsprozessmanagements ist das **Business Process Reengineering (BPR)**, dem geistigen Kind der Amerikaner Michael Hammer und James Champy. BPR bedeutet fundamentales Umdenken und radikales Neugestalten von Geschäftsprozessen, um dramatische Verbesserungen bei bedeutenden Kennzahlen wie Kosten, Qualität, Service und Durchlaufzeit zu erreichen. Beim Business Process Reengineering geht es nicht um marginale Veränderungen, sondern um **Quantensprünge**. Verbesserungen von 50 Prozent und mehr sind gefordert. Allerdings wurde die Reengineering bald schnell zum Synonym für Entlassungen, da fast alle Reengineering-Projekte mit einem Personalabbau einhergingen. So haftete diesem Managementtrend bereits nach wenigen Jahren ein so schlechter Ruf an, dass sich sogar seine Schöpfer von ihm in Teilen distanzierten.

Amerikanische und deutsche Unternehmensberatungen trugen wesentlich dazu bei, das Prozessbewusstsein zu verbreiten. So hat fast jedes Beratungsunternehmen zwischenzeitlich seine eigenen Methoden und Techniken zur Prozessorganisation entwickelt. Es verwundert daher auch kaum, dass sich die Organisations- und Prozessberatung zum umsatzstärksten Beratungstrend entwickelt hat. Jeder dritte Euro, den die Beratungsbranche heutzutage umsetzt, kommt aus der Organisations- und Prozessberatung. Neben den Unternehmen sind es also die Beratungshäuser, die am stärksten von der Prozessidee profitieren.   [Quelle: Lippold 2017d]

Insert 2-1:   Die Prozessidee

Die Dienstleistungsproduktion in der Beratung, also die Erstellung der Problemlösung, ist ein *Prozess*, der durch einige Besonderheiten charakterisiert ist.

Ein Kennzeichen ist die Unbestimmtheit des Erstellungsprozesses, die unmittelbaren Einfluss auf den Phasenverlauf einer Beratung ausübt. Die Interdependenzen zwischen Unbestimmtheit und Phasenkonzept des Beratungsprozesses sollen im Folgenden aufgezeigt werden.

2.5.1 Unbestimmtheit als Charakteristikum von Beratungsprozessen

Die relevanten Komponenten der Dienstleistungsproduktion (also des Leistungserstellungs- bzw. Beratungsprozesses) sind [vgl. Schade 2000, S. 88]

– der **Input**,

– der **Transformationsprozess** (individuelle Beratungstechnologien sowie Wirkung der Zusammenarbeit zwischen Berater und Kundenunternehmen) und

– der **Output**.

Eine Besonderheit bei Beratungsprozessen ist nun, dass diese Bestandteile in der Regel *indeterminiert* sind, d. h. die Komponenten der Dienstleistungsproduktion im Beratungsbereich können noch verschiedene, im Voraus nicht bekannte Ausprägungen annehmen und sind daher in hohem Maße unbestimmt [vgl. Schade 2000, S. 88 ff. und Gerhard 1987, S. 105 ff.]:

- Die Unbestimmtheit des **Inputs** ist u. a. darin begründet, dass möglicherweise bestimmte Informationen, die für den Projektverlauf von Bedeutung sind, bei Projektbeginn noch nicht bekannt sind bzw. vorliegen oder auch (sowohl auf der Berater- als auch auf der Kundenseite) zurückgehalten werden.

- Die Indeterminiertheit des **Transformationsprozesses** ist in erster Linie auf die hohe Flexibilität der Beratungsdurchführung, auf die Unwägbarkeiten bei der Zusammenarbeit zwischen Kunden- und Beraterteams, auf Einflüsse des Umfeldes sowie auf mögliche Erkenntniszuwächse während des Projektablaufs zurückzuführen.

- Die Unbestimmtheit des **Outputs** ist wiederum Folge des indeterminierten Inputs und des flexiblen Transformationsprozesses, d. h. auch der Output kann *ex ante* nicht exakt geplant werden, wenn Input und Transformationsprozess unbestimmt sind.

Die Unbestimmtheit des Beratungsprozesses kann sich negativ, aber auch positiv auf den Beratungsauftrag auswirken. Die negative Sicht besteht darin, dass der Transformationsprozess schlecht steuerbar ist. Die positive Sicht bezieht sich auf den Vorteil einer höheren Flexibilität.

2.5.2 Phasen des Beratungsprozesses

Beratungsprojekte bestehen regelmäßig aus mehreren, technologisch unterschiedlichen und aufeinander aufbauenden Phasen. In Theorie und Praxis wird eine Vielzahl von Phasenmodellen vorgestellt, diskutiert und gehandhabt. Letztendlich liegen die Unterschiede dieser Prozessmodelle im Wesentlichen in der Anzahl der Phasen und weniger in inhaltlichen Überlegungen. Hier soll ein idealtypischer Beratungsprozess, der aus vier Prozessphasen und acht Prozessschritten besteht und damit einem Modellvorschlag von Schade [2000] sehr ähnelt, als Grundlage für die Diskussion der Prozess-Perspektive dienen:

- **Akquisitionsphase** mit den Prozessschritten Kontakt und Information und Angebots- und Vertragsgestaltung

- **Analysephase** mit den Prozessschritten Ist-Analyse und Zielformulierung

- **Problemlösungsphase** mit den Prozessschritten Soll-Konzept und Realisierungsplanung

- **Implementierungsphase** mit den Prozessschritten Realisierung/Umsetzung und Evaluierung/Kontrolle.

Das so beschriebene Phasenmodell (siehe Abbildung 2-6) zeichnet sich gegenüber anderen Modellansätzen dadurch aus, dass hier die Akquisitionsphase, deren Aktivitäten in aller Regel nicht fakturiert werden können, mit zum Beratungsprozess gezählt wird.

Prozess-phase	Informationsphase (Akquisitionsphase)		Analyse-phase		Problemlösungs-phase		Implementierungs-phase	
Prozess-schritt	Kontakt- und Information	Angebots- und Vertrags-gestaltung	Ist-Analyse	Ziel-formulierung	Soll-Konzept	Realisierungs-planung	Realisierung/ Umsetzung	Evaluierung/ Kontrolle

• Information, Orientie-rung, Recherchen • Vorkontakte • Kontaktgespräch • Akquisitionsgespräch • Identifikation Problembereich • Angebotslegung • Angebotspräsentation • Auftragsentscheidung • Beratungsvertrag	• Planung • Informationsbeschaf-fung und -vertiefung • Zielformulierung • Zwischenpräsentation Lösungsalternativen • Auswahl Lösungs-alternativen	• Konzeptentwicklung • Entwicklung, Diskus-sion, Bewertung von Problemlösungs-alternativen • Erarbeiten Aktionsplan • (Abschluss-) Präsentation • Entscheidung nach Umsetzungs-bedingungen	• Umsetzungsplanung • Umsetzungsdurch-führung • Praxiserprobung • Optimierung • Einführung • Erfolgskontrolle • Zufriedenheitscheck
* Der häufigste Fall	** Manchmal bleibt es dabei	*** Vielfach noch die Regel	**** Trend

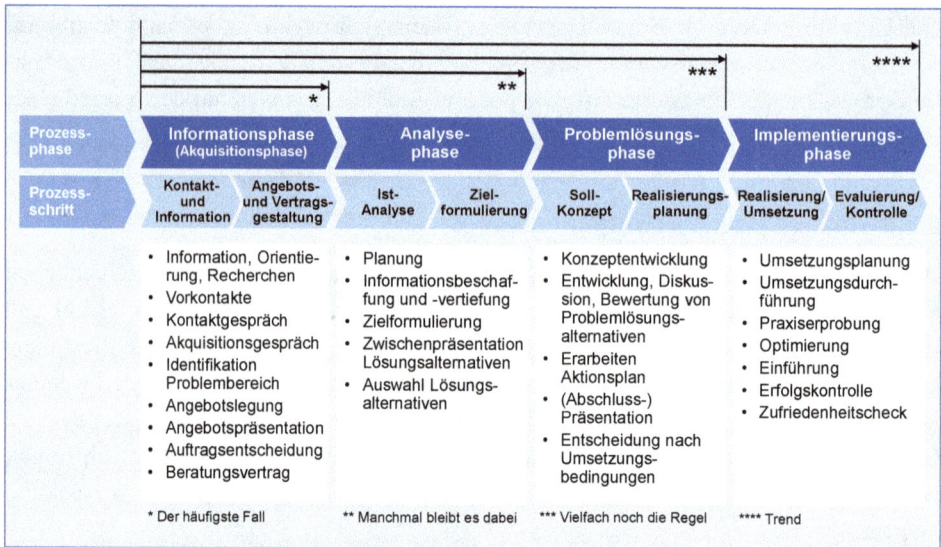

Abb. 2-6:   Phasenmodell eines idealtypischen Beratungsprozesses

Das Prozessmodell hat u. a. die Aufgabe, der oben skizzierten Unbestimmtheit des Beratungsprozesses und den damit verbundenen Informationsproblemen gerecht zu werden. Konkret bedeutet dies, dass das Kundenunternehmen nach Abschluss einer Phase die zusätzliche Option hat, das Beratungsunternehmen zu wechseln oder insgesamt aus dem Projekt auszusteigen. Das führt dann in der Praxis dazu, dass ein großer Prozentsatz der so definierten Beratungsprojekte naturgemäß bereits nach der Akquisitionsphase beendet ist, da das Beratungsunternehmen den Zuschlag nicht erhält.

Innerhalb der fakturierten Phasen kommt es durchaus vor, dass das Projekt bereits nach der Analysephase beendet wird. Sehr viel häufiger ist aber ein Projektende nach Abschluss der Problemlösungsphase anzutreffen. So sind in der Praxis immer wieder Kundenunternehmen anzutreffen, die für den strategischen Teil eines Projektes eine **Managementberatung** und für die Realisierung eine **Umsetzungsberatung** (engl. *Transformation Consulting*) beauftragen. Um diesem „hybriden" Projektvergabeverhalten entgegenzuwirken, sind namhafte Strategie- und Managementberatungen dazu übergegangen, auch die Umsetzungsberatung in ihr Beratungsportfolio aufzunehmen. Ebenso bauen größere IT-Beratungsgesellschaften, deren Kernkompetenz bislang ausschließlich die IT-basierte Umsetzung war, verstärkt das Angebot an strategischer Beratung aus. Gleichzeitig sehen diese Beratungsgesellschaften in der verstärkten Bearbeitung von strategischen Komponenten die Möglichkeit, auch den Vertriebsweg über die Geschäftsleitungen und nicht nur ausschließlich über den CIO (Chief Information Officer) zu beschreiten.

2.5.3 Prozessberatung vs. Inhaltsberatung

Ein weiterer Aspekt der prozessbezogenen Perspektive ist die Unterscheidung zwischen Inhalts- und Prozessberatung. Bei der *inhaltsbezogenen* Beratung besteht die Aufgabe des Beraters zumeist darin, die inhaltliche Lösung eines Problems zu entwickeln und dem Kundenunternehmen in Form eines *Gutachtens* zur Implementierung zu übergeben. Durch die Einbindung inhaltsorientierter Berater erlangt der Kunde unmittelbaren Zugriff zu neuem Wissen und einen Vorschlag zur Problemlösung. Der Berater nimmt somit die Rolle eines *Lösungsfinders* ein. Im Gegensatz dazu wird in der *Prozessberatung* die inhaltliche Lösung des zugrundeliegenden Problems von der Kundenorganisation selbst entwickelt und implementiert. Der Berater übernimmt in diesem Fall lediglich die Funktion des *Moderators* und bringt Methoden und Denkweisen in den Prozess ein. Bei der prozessorientierten Beratung geht es also letztlich darum, die Lernfähigkeit der Kundenorganisation zur selbständigen Findung von Problemlösungen zu entwickeln (Transferfunktion). In der Praxis wird es im Rahmen eines Beratungsprojektes häufig zu einer Vermischung beider Beratungsarten kommen [vgl. Bamberger/Wrona 2012, S. 16 ff.].

2.6 Technologische Perspektive

Unter **Beratungstechnologie** werden alle Tool- und Know-how-Komponenten zusammengefasst, die Berater nutzen, um ihre Kunden zu beraten. Dies schließt auch das Erfahrungswissen des Beraters mit ein.

Hinsichtlich des *Standardisierungsgrades* lässt sich Beratungstechnologie unterteilen in

- individuelle, flexible Technologie (Beratungskonzepte)
- standardisierte Technologie (Beratungsmethoden)
- starre Technologie (Beratungsprodukte).

Sicherlich ist kein Faktor im Beratungsgeschäft so schwer zu beschreiben und zu erklären wie die *Beratungsleistung* an sich und daraus resultierend die **Problemlösung**. Zu unterschiedlich sind die Beratungsinhalte und die Beratungsprozesse. Zu verschieden ist das Zusammenspiel von Leistungspotenzial, Leistungsprozess und Leistungsergebnis von Beratungsauftrag zu Beratungsauftrag. **Beratungstools** dagegen sind eine wesentliche **Konstante** im Leistungserstellungsprozess einer Unternehmensberatung.

2.6.1 Individuelle, flexible Beratungstechnologie: Beratungskonzepte

Problemlösungen als Ziel des Beratungsprozesses sind zumeist eingebettet in **Beratungskonzepte**. Beispiele für erfolgreiche Beratungskonzepte auf Strategieebene sind die Leitgedanken des *Shareholder Value*, die Konzepte des *Portfoliomanagements*, der *Kernkompetenzen* oder der *Mergers & Acquisitions*, das Konzept des *Outgrowing,* die Ideen des *Lean Management* oder des *Business Process Reengineering*. Solche Beratungskonzepte, die aufgrund ihrer Zielpersonen auch als Managementkonzepte bzw.

-ansätze bezeichnet werden, haben gerade in den letzten Jahren Hochkonjunktur. In diesem Zusammenhang ist auch von **Managementmoden**, die in der Literatur zum Teil heftig kritisiert werden, die Rede [vgl. Fink 2009, S. 7 und Jeschke 2004, S. 52 f.].

Insert 2-2 macht die „inflationäre" Entwicklung der Beratungs- bzw. Managementkonzepte in den letzten Jahrzehnten deutlich. Obendrein widersprechen sich diese Ansätze zum Teil oder es handelt sich um „alten Wein in neuen Schläuchen".

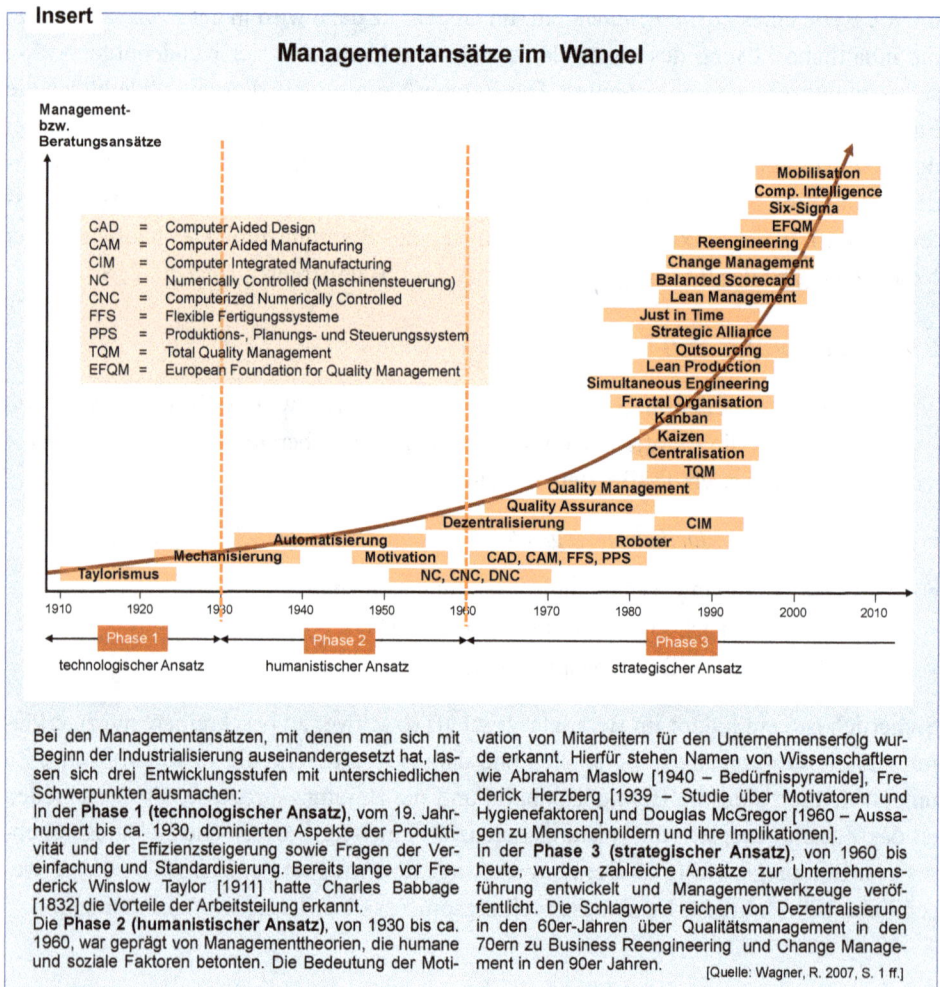

Insert

Managementansätze im Wandel

Management-
bzw.
Beratungsansätze

CAD =	Computer Aided Design
CAM =	Computer Aided Manufacturing
CIM =	Computer Integrated Manufacturing
NC =	Numerically Controlled (Maschinensteuerung)
CNC =	Computerized Numerically Controlled
FFS =	Flexible Fertigungssysteme
PPS =	Produktions-, Planungs- und Steuerungssystem
TQM =	Total Quality Management
EFQM =	European Foundation for Quality Management

Mobilisation
Comp. Intelligence
Six-Sigma
EFQM
Reengineering
Change Management
Balanced Scorecard
Lean Management
Just in Time
Strategic Alliance
Outsourcing
Lean Production
Simultaneous Engineering
Fractal Organisation
Kanban
Kaizen
Centralisation
TQM
Quality Management
Quality Assurance
Dezentralisierung   CIM
Automatisierung   Roboter
Mechanisierung   Motivation   CAD, CAM, FFS, PPS
                                      NC, CNC, DNC
Taylorismus

1910   1920   1930   1940   1950   1960   1970   1980   1990   2000   2010

Phase 1	Phase 2	Phase 3
technologischer Ansatz	humanistischer Ansatz	strategischer Ansatz

Bei den Managementansätzen, mit denen man sich mit Beginn der Industrialisierung auseinandergesetzt hat, lassen sich drei Entwicklungsstufen mit unterschiedlichen Schwerpunkten ausmachen:
In der **Phase 1 (technologischer Ansatz)**, vom 19. Jahrhundert bis ca. 1930, dominierten Aspekte der Produktivität und der Effizienzsteigerung sowie Fragen der Vereinfachung und Standardisierung. Bereits lange vor Frederick Winslow Taylor [1911] hatte Charles Babbage [1832] die Vorteile der Arbeitsteilung erkannt.
Die **Phase 2 (humanistischer Ansatz)**, von 1930 bis ca. 1960, war geprägt von Managementtheorien, die humane und soziale Faktoren betonten. Die Bedeutung der Motivation von Mitarbeitern für den Unternehmenserfolg wurde erkannt. Hierfür stehen Namen von Wissenschaftlern wie Abraham Maslow [1940 – Bedürfnispyramide], Frederick Herzberg [1939 – Studie über Motivatoren und Hygienefaktoren] und Douglas McGregor [1960 – Aussagen zu Menschenbildern und ihre Implikationen].
In der **Phase 3 (strategischer Ansatz)**, von 1960 bis heute, wurden zahlreiche Ansätze zur Unternehmensführung entwickelt und Managementwerkzeuge veröffentlicht. Die Schlagworte reichen von Dezentralisierung in den 60er-Jahren über Qualitätsmanagement in den 70ern zu Business Reengineering und Change Management in den 90er Jahren. [Quelle: Wagner, R. 2007, S. 1 ff.]

Insert 2-2:   Managementansätze im Zeitablauf

Die Individualität der Beratungsleistung und die damit unmittelbar verbundene Orientierung des Beraters an der spezifischen Situation des Kunden ist ein wichtiger Baustein erfolgreicher Unternehmensberatung. Eine hohe Individualität, die mit einer situationsspezifischen Arbeitsweise des Beraters einhergeht, lässt sich dann erreichen, wenn das

Wissen nicht und nur sehr schwer *kodiert* werden kann. Nicht-kodierbares Wissen bezeichnen Berater auch als „stilles" Wissen, das – wenn überhaupt – nur durch persönliche Kommunikation, Demonstration oder „learning by doing" übertragbar ist [vgl. Schade 2000, S. 255 unter Bezugnahme auf Teece 1986, S. 29].

Zum „stillen" Wissen einer Unternehmensberatung zählen die Erfahrungen, die mit Mitarbeitern eines bestimmten Unternehmens oder in einer bestimmten Branche oder in einem bestimmten Funktionsbereich gemacht worden sind. „Stilles" Wissen ist nicht so leicht kopierbar. Dies stellt im Innenverhältnis zwar einen Nachteil dar, da so neue Mitarbeiter nicht so leicht an die angebotenen Leistungsprogramme herangeführt werden können. Im Außenverhältnis ist dies jedoch ein erheblicher Vorteil, denn die Nicht-Imitierbarkeit führt zu Alleinstellungen und spart Entwicklungskosten (für Produkte und Tools). Mit dem Einsatz einer flexiblen Technologie sichert sich der Unternehmensberater Handlungsspielräume bei der Auftragsdurchführung. Konkret bedeutet dies, dass es bei Zieldefinitionen, bei der Personaleinsatzplanung, bei Projektfortschrittskontrollen und auch bei den Honorarzahlungen relativ hohe Freiheitsgrade gibt.

2.6.2 Standardisierte Beratungstechnologie: Beratungsmethoden

Ideen und Konzepte reichen häufig allerdings nicht aus, um konkrete Aufträge bearbeiten zu können. Hierzu bedarf es spezifischer **Beratungsmethoden**, also bestimmter Verfahren, die dazu geeignet sind, die in den Beratungskonzepten propagierten Ideen zu operationalisieren. Dabei stehen dem Berater grundsätzlich zwei Vorgehensweisen zur Verfügung: Er kann für jeden Kunden einen individuellen Lösungsweg entwickeln oder auf standardisierte Problemlösungsverfahren zurückgreifen. Bei einer individuellen Problemlösung wird – salopp formuliert – das Rad in jedem Projekt aufs Neue erfunden, während bei einer standardisierten Lösung bewährte Aktivitätsfolgen (Routinen) auf ein nächstes Projekt übertragen und genutzt werden. Bei der Standardisierung greift der Berater zur Problemlösung auf ein vorstrukturiertes methodisches Instrumentarium im Sinne eines **Methodenbaukastens** (engl. *Toolbox*) zurück. **Tools** sind standardisierte Analyse-Werkzeuge, die zu teilstandardisierten Beratungsleistungen führen. Beispiele sind die *Wettbewerbsanalyse* nach Porter, das *Lebenszykluskonzept*, *Portfoliomodelle* oder die *Stärken-/Schwächenanalyse* [vgl. Fink 2009, S. 7 f.].

Diese Instrumente bestimmen oftmals die Art der Problemlösung mit, indem sie die Aufmerksamkeit auf ganz bestimmte Aspekte richtet. Durch den jeweilig benötigten Informationsbedarf dieser Techniken ist zugleich oftmals auch die Vorgehensweise vorbestimmt. Insofern lässt sich im Zusammenhang mit dem Einsatz von Tools auch von einer **teilstandardisierten Beratungsleistung** sprechen [vgl. Schade 2000, S. 254].

2.6.3 Starre Beratungstechnologie: Beratungsprodukte

Die Vorteile standardisierter Beratungsmethoden liegen zunächst in der Verkürzung der Beratungsdauer und damit in der Senkung der Beratungskosten, ohne dass es zu (nennenswerten) Qualitätseinbußen kommt. Standardisierte Beratungsleistungen weisen zudem eine vergleichsweise geringe Personenbindung auf, so dass neue Mitarbeiter schneller eingearbeitet und kreative Fähigkeiten an anderer Stelle effektiver eingesetzt werden können. Standardisierte Beratungsleistungen lassen sich darüber hinaus leichter positionieren und kommunizieren als individuelle Leistungen. Auf diese Weise ist bei den Beratungsunternehmen eine Vielzahl von standardisierten **Beratungsprodukten** entstanden. Beratungsprodukte sind die ausgeprägteste Form der Standardisierung und ermöglichen es dem Berater, für bestimmte Problemlösungen eine Art „Marke" aufzubauen und sich vom Wettbewerb abzuheben. Beispiele dafür sind die *Gemeinkostenwertanalyse (GWA)* von McKinsey, die *4-Felder-Matrix* der Boston Consulting Group oder das *Economic Value Added-Modell* (EVA) von Stern Stewart [vgl. Rüschen 1990, S. 53, Schade 2000, S. 254 und Fink 2009, S. 8].

Die Nachteile standardisierter Beratungsansätze können darin gesehen werden, dass sie zumeist erhebliche Forschungs- und Entwicklungskosten verursachen und zudem Konjunktur- und Modezyklen unterliegen. Beratungsprodukte folgen einem ausgeprägten Lebenszyklus und veralten in aller Regel schneller als eine Beratungsspezialisierung auf Branchen oder Funktionsbereiche [vgl. Fink 2009, S. 7 f. und Schade 2000, S. 263].

Abbildung 2-7 versucht Beratungskonzepte, -methoden und -produkte anhand von Charakteristika und Beispielen voneinander abzugrenzen.

	Beratungskonzept	Beratungsmethode	Beratungsprodukt
Charakteristika	• Gedankengerüst • Konditionales, normatives Denkmodell • Dient der Ideologiebildung	• Beratungsverfahren • Operationalisierung des Beratungskonzeptes • Toolbox	• Standardisierter Beratungsansatz zur Problemlösung • Positionierung als „Marke"
Beispiele	Shareholder Value-Konzept	Finanzwirtschaftliches Instrumentarium zur wertorientierten Unternehmensführung	Economic Value Added (EVA) als eingetragenes Warenzeichen von STERN STEWART
	Portfoliokonzept	• Lebenszyklusmodelle • Portfolio-Matrix • Erfahrungskurve • Ableitung von Normstrategien	• BCG-Matrix (4 Felder) • McKINSEY-Matrix (9 Felder) • ARTHUR D. LITTLE-MATRIX (20 Felder)

[Quelle: in Anlehnung an Fink 2009a, S. 7 ff.]

Abb. 2-7:   Charakteristika/Beispiele für Beratungskonzept, -methode und -produkt

2.6.4 Auswirkung der Beratungstechnologie auf Wettbewerbskonzepte

Der Schlüssel zu einem erfolgreichen Wettbewerbskonzept für Unternehmensberater liegt in einem genauen Verständnis des Beratungsprozesses, also der *Dienstleistungsproduktion*.

Neben **Marketing- und Wachstumsaspekten** hat der Standardisierungsgrad der Beratungstechnologie Auswirkungen auf die **Anreizstruktur**. So sind Zurechnungs- und Anreizprobleme umso geringer, je starrer die Technologie ist. Ein Beratungsprodukt ist in hohem Maße selbstbindend und erzeugt beim Berater eine hohe Identifikation mit dem Produkt. Je starrer die Technologie des Beraters ist, desto leichter sind Zielsetzungen, Personaleinsatzplanungen, Projektfortschrittskontrollen und Ergebniszurechenbarkeiten durchzuführen.

Beratungsprodukte und teilstandardisierte Leistungen erreichen im Allgemeinen eine deutlich höhere **Effizienz** als individuelle, flexible Technologien, die wiederum in aller Regel die Zielsetzung der **Effektivität** besser sicherstellen. Individualisierung und Standardisierung müssen sich im Hinblick auf den gewünschten Kundenerfolg nicht unbedingt im Konflikt befinden.

Die wichtigsten Vor- und Nachteile dieser unterschiedlichen Beratungstechnologien *(Technologietypen)* sollen anhand der Kriterien Kommunizierbarkeit, Imitierbarkeit, Handlungsspielraum, Wachstum und Preisniveau kurz dargestellt werden [vgl. Schade 2000, S. 256 ff.]:

- **Kommunizierbarkeit.** Beratungsprodukte sind aufgrund ihres Signalcharakters in jedem Fall besser zu kommunizieren als individuelle, weitgehend namenlose Leistungen. Der potentielle Kunde erhält ein konkreteres Bild, als dies bei flexibleren Leistungsangeboten der Fall ist. Auch stellen Beratungsprodukte (sowie auch Zertifizierungen) ein glaubwürdiges Signal für die Qualität der Leistung und des Beratungsunternehmens dar.

- **Imitierbarkeit.** Beratungsprodukte und Tools sind immer besser kopierbar als „stilles" Wissen. Dies stellt im Innenverhältnis einen beträchtlichen Vorteil dar, da so neue Mitarbeiter leichter an die angebotenen Leistungsprogramme herangeführt werden können. Im Außenverhältnis ist dies allerdings ein erheblicher Nachteil, denn die Imitierbarkeit durch Wettbewerber ist leichter möglich.

- **Handlungsspielraum.** Mit dem Einsatz einer starren Technologie (ein Beratungsprodukt) verzichtet der Unternehmensberater freiwillig auf Handlungsspielräume. Konkret bedeutet dies, dass es bei Zieldefinitionen, bei der Personaleinsatzplanung, bei Projektfortschrittskontrollen und auch bei den Honorarzahlungen kaum Freiheitsgrade gibt.

- **Wachstum.** Ohne kodiertes Wissen können Beratungsunternehmen nur sehr schwer wachsen. Insbesondere bei der Suche und Einstellung neuer, noch nicht qualifizierter Berater ist die Übertragung kodierten Wissens nicht so langwierig und schwierig wie bei der Übertragung stillen Wissens.

- **Preisniveau.** Grundsätzlich steigt die Preisbereitschaft des Kunden mit der Effizienz der Beratungstechnologie, mit seiner Wertschätzung für diese Beratungsleistung und mit den Opportunitätskosten der eigenen Mitarbeiter. Daher kann man vereinfachend davon ausgehen, dass Unternehmensberater ein umso höheres durchschnittliches Preisniveau erzielen können, je standardisierter ihre Problemlösungstechnologien sind.

In Abbildung 2-8 sind die Konsequenzen dieser drei Technologietypen auf verschiedene Kriterien optisch zusammengefasst.

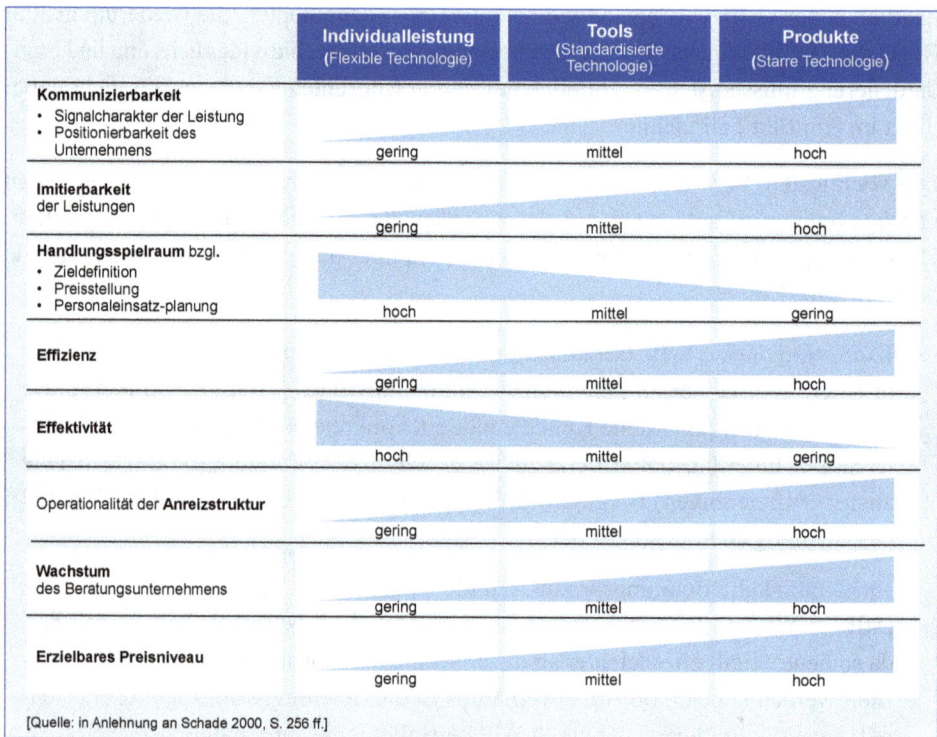

	Individualleistung (Flexible Technologie)	Tools (Standardisierte Technologie)	Produkte (Starre Technologie)
Kommunizierbarkeit • Signalcharakter der Leistung • Positionierbarkeit des Unternehmens	gering	mittel	hoch
Imitierbarkeit der Leistungen	gering	mittel	hoch
Handlungsspielraum bzgl. • Zieldefinition • Preisstellung • Personaleinsatz-planung	hoch	mittel	gering
Effizienz	gering	mittel	hoch
Effektivität	hoch	mittel	gering
Operationalität der **Anreizstruktur**	gering	mittel	hoch
Wachstum des Beratungsunternehmens	gering	mittel	hoch
Erzielbares Preisniveau	gering	mittel	hoch

[Quelle: in Anlehnung an Schade 2000, S. 256 ff.]

Abb. 2-8:   Konsequenzen unterschiedlicher Beratungstechnologien

Strategieberatungen haben früher damit begonnen, auftragsindividuell entwickelte Vorgehensweisen als **Beratungsprodukte** zu entwickeln und zu vermarkten als IT-Beratungsgesellschaften. Zu solchen Beratungsprodukten zählen – neben den klassischen Beratungs- bzw. Managementansätzen der BCG-Matrix, McKinsey-Matrix und der ADL-Matrix – folgende Beratungsansätze [siehe Fink 2004]:

- **Economic Value Added (EVA)** von Stern Stewart
- **Value Building Growth** von A. T. Kearney
- **Business Transformation** von Capgemini Consulting
- **CRM-Value-Map** von Deloitte Consulting.

Zwischenzeitlich werden aber auch von den **IT-Beratungsgesellschaften** gezielt Beratungsprodukte entwickelt, die aber – mit wenigen Ausnahmen – noch bei weitem nicht den Bekanntheitsgrad und Einfluss erzielt haben wie Produkte der großen Strategieberater. Das bekannteste Beispiel in diesem Bereich ist das Prozessmodellierungstool ARIS der Software AG [vgl. Nissen/Kinne 2008, S. 95 f.].

Die Entwicklung, Speicherung und Diffusion des „Kernrohstoffes" Information bzw. Wissen ist die Grundlage und Voraussetzung der erfolgreichen Beratungsleistung. Um diese Leistung einerseits abzusichern und andererseits – und das ist der entscheidende Punkt – effizienter zu gestalten, setzt der Berater **Tools** ein.

2.7 Theoretische Perspektive

Um Zusammenhänge und Wirkungsweisen im Beratungsgeschäft erkennen zu können, sind gedankliche Gebilde von Bedeutung, die geeignet sind, Phänomene der Realität zu erklären. Solche Gedankenkonstrukte werden als Theorien bezeichnet. **Theorien** treffen Aussagen über Ursache-Wirkungsbeziehungen und identifizieren Gesetzmäßigkeiten, die über den Einzelfall hinausgehen [vgl. Kuß 2013, S. 47 und Lippold 2015a, S. 17].

So will man in der Beratung eben verstehen, wie eine Auftragserteilung zustande gekommen ist, wie verstärktes Marketing ankommt und wie sich Kundenzufriedenheit auf Nachfolgeaufträge auswirkt. Entsprechend lassen sich dann Maßnahmen planen und realisieren, die zu den angestrebten Wirkungen führen. Theorie wird hier nicht als reine, zweckfreie Erkenntnisgewinnung auf hohem Abstraktionsniveau verstanden, sondern als *empirisch-realistische* Theorie, also als *angewandte* Wissenschaft. Ihr Abstraktionsgrad ist entsprechend geringer als der einer reinen Theorie [vgl. Lippold 2015b, S. 2].

Für eine ökonomische Beschreibung bestimmter Gesetzmäßigkeiten der Dienstleistung *Unternehmensberatung* gibt die (Neue) Institutionenökonomik wesentliche Anhaltspunkte. Im Gegensatz zur neoklassischen Theorie befasst sich die **Institutionenökonomik** (engl. *Institutional Economics*) mit der Unvollkommenheit realer Märkte und mit den Einrichtungen (Institutionen), die zur Bewältigung dieser Unvollkommenheit geeignet sind. *Institutionen* sind gewachsene oder bewusst geschaffene Einrichtungen, die quasi die Infrastruktur einer arbeitsteiligen Wirtschaft bilden. Märkte, Unternehmen, Haushalte, Verträge und Gesetze sind ebenso Institutionen wie Handelsbräuche, Kaufgewohnheiten, Geschäftsbeziehungen oder Netzwerke [vgl. Kaas 1992b, S. 3].

Eine aus Sicht der Institutionenökonomik grundlegende Unterscheidung ist die in *Aus-tauschgüter und Kontraktgüter*. Diese Differenzierung, die auf Kaas [1992a] zurück-geht, ist wichtig für die Beschreibung und das Verständnis der Dienstleistung *Unterneh-mensberatung*. **Austauschgüter** sind fertige, standardisierte Produkte, die auf Vorrat gefertigt werden. Im Gegensatz dazu liegen bei **Kontraktgütern** zum Zeitpunkt des Vertragsabschlusses die Leistungen noch nicht vor, d. h. das Kontraktgut existiert zum Zeitpunkt des Kaufes noch nicht. Daher kann Qualität und Eignung von Kontraktgütern für die Lösung des Kundenproblems häufig nur unzureichend eingeschätzt werden. In der Regel handelt es sich dabei um hochspezifische und komplexe Leistungen. Bera-tungsleistungen zählen in geradezu idealtypischer Weise zu Kontraktgütern [vgl. Schade 2000, S. 26f. unter Bezugnahme auf Alchian/Woodward 1988 und Schade/Schott 1993].

Vereinfachend werden folgende Teildisziplinen zur Institutionenökonomik gezählt:

- Property-Rights-Theorie
- Principal-Agent-Theorie
- Transaktionskostentheorie
- Informationsökonomik.

2.7.1 Property-Rights-Theorie

Die Property-Rights-Theorie setzt sich – angesichts der Knappheit von Gütern – mit der Regelung von Handlungs- und Verfügungsrechten über Ressourcen auseinander. Die Theorie besagt, dass nicht die physischen Eigenschaften eines Gutes, sondern die beste-henden Rechte an diesem Gut und seiner Nutzung für dessen Wert und Austauschrela-tion maßgeblich sind. Somit beschäftigt sich dieser Ansatz mit der Übertragung von Rechten, ein Gut zu benutzen, dessen Form zu verändern, sich den Ertrag aus der Nut-zung zu sichern und die genannten Rechte zu veräußern [vgl. Gümbel/Woratschek 1995, Sp. 1010 f.].

Die Handlungs- und Verfügungsrechte zwischen Berater und Kunde werden durch Be-ratungsverträge geregelt. Ihre Gestaltung ist eine zentrale Aufgabe der Angebots- und Vertragsgestaltung (siehe Abschnitt 3.6.7). Besonders bei Beratungsleistungen, die in der Zusammenarbeit zwischen Berater und Kundenunternehmen entstehen, kann es zu Zurechnungsproblemen kommen. Hier kann die Property-Rights-Theorie als ein Instru-ment der Analyse und Effizienzbeurteilung von Beratungsverträgen zu definierten Leis-tungsversprechen und den damit verbundenen Verfügungsrechten ebenso herangezogen werden wie zur Begrenzung der Gefahren individueller Nutzenmaximierung durch op-portunistisches Verhalten [vgl. Jeschke 2004, S. 141 f.].

Für das Kundenunternehmen ist die zentrale Frage, wie es seine spezifischen Investiti-onen vor opportunistischem Verhalten der Berater schützen kann. Hierfür bieten sich vier *Institutionen* an [vgl. Kaas/Schade 1995, S. 1072]:

- **Vertragliche Regelungen.** Diese Institution kann Risiken verteilen, Reaktionsweisen auf zukünftige Ereignisse festlegen sowie erfolgsabhängige Mechanismen bei Termin- oder Budgeteinhaltung vorsehen.

- **Langfristige Geschäftsbeziehungen.** Auf Dauer angelegte Kontakte führen zu Erfahrungen, die opportunistisches Verhalten eindämmen und Transaktionskosten senken können, da die Risiken aus Geschäftsbeziehungen mit immer neuen Beratern ausgeschlossen werden können.

- **Reputation.** Auf Kontraktgütermärkten stellt die Reputation eine zentrale Institution dar. Sie wird als Signal für Kompetenz interpretiert und kann durch schlechte Nachrede beschädigt werden. Berater müssen daher massiv an ihrer Aufrechterhaltung interessiert sein.

- **Netzwerk von Geschäftsfreundschaften.** Die von Vertrauen geprägte Beziehung mit geschäftlichem Interesse kann als weitere Institution zur Verbreitung von Reputation und zur Reduzierung von Ungewissheit interpretiert werden, denn für den Unternehmensberater wird opportunistisches Verhalten in einem solchen Falle deutlich unattraktiver.

2.7.2 Principal-Agent-Theorie

Die Principal-Agent-Theorie behandelt mögliche Zielkonflikte, die aus einem Vertragsverhältnis zwischen mindestens zwei Personen hervorgehen. Es kann sich dabei um Arbeits- oder Kaufverträge, aber auch um Beziehungen handeln. Typische Beispiele sind die Vertragsverhältnisse von Eigentümer und Manager, von Arbeitgeber und Arbeitnehmer oder von Käufer und Verkäufer. Eine Principal-Agent-Beziehung ist gekennzeichnet durch **asymmetrisch verteilte Informationen** und **opportunistisches Verhalten**. Das zentrale Problem dieses Ansatzes ist die Berücksichtigung von Kooperationsrisiken und die Gestaltung von geeigneten Anreiz- und Kontrollsystemen.

Aus der Sicht der Principal-Agent-Theorie, die auch maßgebend für die Entwicklung des *Kontraktgütermarketings* ist, wird ein Beratungsprojekt als Kooperation zwischen *Prinzipalen* (= Kunde) und *Agenten* (= Berater) aufgefasst. Dabei geht es für den Kunden darum, gemeinsam *„mit dem Beratungsunternehmen vertragliche Regelungen zu finden, die neben der Definition konkreter Beratungsziele auch Reaktionsformen auf nicht erwartete Entwicklungen eines Beratungsprojekts festschreiben sowie Vertragsbestandteile zu vereinbaren, die ein Beratungsunternehmen durch Vertragsstrafen oder erfolgsorientierte Honorarzahlungen an dem Risiko sowie den Chancen eines Beratungsprojekts beteiligen"* [Jeschke 2004, S. 146].

Von besonderer Bedeutung für eine solche Vertragsgestaltung ist das Konzept der **Informationsasymmetrie**, bei dem vier unterschiedliche Konstellationen unterschieden werden können [vgl. Stock-Homburg 2013, S. 479]:

- **Verdeckte Eigenschaften** (engl. *Hidden characteristics*), d. h. dem Prinzipal sind wichtige Eigenschaften des Agenten bei Vertragsabschluss unbekannt;

- **Verdeckte Handlungen** (engl. *Hidden action*), d. h. der Prinzipal kann die Leistungen des Agenten während der Vertragserfüllung nicht beobachten bzw. die Beobachtung ist mit hohen Kosten verbunden;

- **Verdeckte Informationen** (engl. *Hidden information*), d. h. der Prinzipal kann die Handlungen des Agenten zwar problemlos beobachten, aufgrund fehlender Kenntnisse oder Informationen jedoch nicht hinreichend beurteilen;

- **Verdeckte Absichten** (engl. *Hidden intention*), d. h. dem Prinzipal sind Absichten und Motive des Agenten in Verbindung mit der Vertragserfüllung verborgen.

Bei den Konstellationen *Hidden action* und *Hidden information* besteht das Problem des subjektiven Risikos (engl. *Moral hazard*). Das Problem gründet sich darin, dass der Prinzipal auch nach Vertragserfüllung nicht beurteilen kann, ob das Ergebnis durch qualifizierte Anstrengungen des Agenten erreicht wurde, oder ob (bzw. wie sehr) andere Faktoren das Ergebnis beeinflusst haben.

Um die Vertragsprobleme zwischen den Akteuren – also bspw. zwischen Hersteller und Zulieferer, zwischen Hersteller und Händler, zwischen Hersteller und Handelsvertreter oder zwischen Hersteller und Hersteller – grundsätzlich zu lösen, bieten sich drei Möglichkeiten an [vgl. Göbel 2002, S. 110]:

- Reduktion der Informationsasymmetrie
- Auflösung von Zielkonflikten
- Aufbau vertrauensbildender Maßnahmen.

Abbildung 2-9 zeigt beispielhaft, welche Maßnahmen zur Lösung von Agency-Problemen in der vor- und der nachvertraglichen Phase zur Verfügung stehen.

	Informationsasymmetrie senken		Ziele harmonisieren		Vertrauen bilden	
	Prinzipal	Agent	Prinzipal	Agent	Prinzipal	Agent
Vorvertragliche Phase	Screening = Informationsgewinnung, die von der weniger informierten Seite ausgeht	Signaling = Informationsangebot, das von der (besser) informierten Seite ausgeht	Verträge zur Auswahl vorlegen	Self-Selection Reputation	Screening in Bezug auf Vertrauenswürdigkeit	Reputation signalisieren
Nachvertragliche Phase	Monitoring	Reporting	Anreizverträge gestalten	Commitment/ Bonding Reputation	Vertrauensvorschuss, Extrapolation guter Erfahrungen	Sozialkapital aufbauen

[Quelle: Göbel 2002, S. 110]

Abb. 2-9:   Lösung von Agency-Problemen

Allerdings ist die Anreiz- und Kontrollstruktur bei der Durchführung von Beratungspro-
jekten, an denen ja zum Teil (ganze) Teams sowohl auf der Kunden- als auch auf der
Beraterseite beteiligt sind, häufig wesentlich komplizierter als die Delegationsbezie-
hung zwischen einem einzelnen Agenten und einem einzigen Prinzipal, die in den klassischen Agency-Modellen unterstellt wird. Dies ist vor allem auf das **Informationspa-
radoxon** zurückzuführen. Es besagt, dass der Kunde den Nutzen einer Beratungsleistung erst dann beurteilen kann, wenn er diese in Anspruch genommen hat. Eine Rück-
gabe der Beratungsleistung bei Unzufriedenheit ist nicht möglich [vgl. Schade 2000, S.
47 und 51].

2.7.3 Transaktionskostentheorie

Der Kerngedanke des **Transaktionskostenansatzes** ist die effiziente Bewertung und
Koordination dauerhafter Austauschbeziehungen *(„Transaktionen")*, wobei ökonomische Fragestellungen als Probleme der Aushandlung und Durchsetzung von Verträgen
formuliert werden. Als Transaktionskosten werden jene Kosten bezeichnet, die im Vor-
feld und/oder im Verlauf einer Austauschbeziehung entstehen. Transaktionskosten können in *externe* Kosten (Kosten der Marktinanspruchnahme) und in *interne* Kosten (Kosten der Organisationsnutzung) unterteilt werden. Überwiegen für die Transaktionen zwischen Wirtschaftssubjekten die externen Transaktionskosten, so entstehen Unternehmen. Insofern versucht man mit dem Transaktionskostenansatz auch die Existenz von
Unternehmen und Märkten zu erklären. Die Entscheidung eines Unternehmens für oder
gegen den Einsatz eines externen Beraters ist bspw. eine typische *Make-or-buy*-Ent-
scheidung [vgl. Gümbel/Woratschek 1995, Sp. 1013 f.].

In Abhängigkeit von der Vertragsphase einer Geschäftstransaktion kann zwischen folgenden **Arten von Transaktionskosten** unterschieden werden [vgl. Jeschke 2004, S.
143 unter Bezugnahme auf Williamson 1990, S. 59 ff.]:

- **Anbahnungskosten** sind aus Sicht der Unternehmensberatung sämtliche Kosten,
  die mit der Suche und Gewinnung attraktiver Kunden verbunden sind.

- **Vereinbarungskosten** treten für beide Vertragsparteien in der Vertragsabschluss-
  phase auf und resultieren aus der Notwendigkeit, Verträge aushandeln zu müssen.

- **Abwicklungskosten** fallen in Verbindung mit der Umsetzung von Verträgen bzw.
  von Verhandlungsergebnissen an.

- **Kontrollkosten** fallen ebenfalls für beide Vertragspartner an und entstehen durch
  die Überprüfung der Einhaltung von Verträgen und vereinbarter Bedingungen innerhalb der Durchführungsphase einer Transaktion.

- **Anpassungskosten** schließlich können für beide Partner während der Durchführungsphase anfallen, weil Verträge ex-ante nicht alle vertragsrechtlichen Risiken

berücksichtigen können. Kosten für *Change Requests* sind demnach typische Anpassungskosten.

Die **Make-or-buy-Entscheidung** ist die eigentliche Domäne des Transaktionskostenansatzes. Der Ansatz empfiehlt, diese Entscheidung durch einen Vergleich der Produktions- und Transaktionskosten abzusichern. Beim Kauf fallen die Transaktionskosten in Form der Marktbenutzungskosten an, beim Selbstmachen in Form von Hierarchie- oder Bürokratiekosten. Weiterhin nimmt der Theorieansatz an, dass die Transaktionskosten mit zunehmender Spezifität ansteigen, da *spezifische* Güter und Dienstleistungen in gewisser Weise einmalig und nicht ohne weiteres austauschbar sind, wie etwa das Technologie-Knowhow einer bestimmten Unternehmensberatung. Solange es um austauschbare Güter und Dienstleistungen geht, für die es viele Anbieter gibt, überwacht der Markt die Agenten ausreichend. Die Prinzipale können durch einen Vergleich der Agenten die Informationsasymmetrie senken, der Agent hat starke Anreize sich zufriedenstellend zu verhalten, weil er sonst ausgetauscht werden kann. Dann sollte man die Leistungen kaufen. Bei spezifischen Leistungen gestaltet sich die Suche am Markt deutlich aufwendiger, die Verhandlungen sind komplizierter, weil möglicherweise kein Marktpreis vorliegt. Hier befürchtet Williamson ein nachvertragliches „Hold up", also einen Erpressungsversuch des Agenten. Ist der Abnehmer auf diesen einen Lieferanten angewiesen („Lock-in"-Effekt), könnte dieser in Nachverhandlungen versuchen, die Vertragskonditionen zu seinen Gunsten zu ändern. Unter diesen Umständen sollte die Leistung besser selbst erbracht werden [vgl. Göbel 2002, S. 14 f. unter Bezugnahme auf Williamson 1990, S. 60 ff.].

2.7.4 Informationsökonomik

Die ‚**Neue Informationsökonomik**' durchdringt den Property-Rights- und den Transaktionskostenansatz, in dem sie sich mit der Frage befasst, wie Märkte funktionieren, die durch Unsicherheit und asymmetrische Informationen unter den Marktteilnehmern charakterisiert sind. So befasst sich die Informationsökonomik vor allem mit den Voraussetzungen und Konsequenzen der Marktunsicherheit. Diese ist dadurch gekennzeichnet, dass die Anbieter nur unvollkommene Informationen über die Zukunftserwartungen, Bedürfnisse und Restriktionen der Nachfrager haben und dass diese wiederum nicht alle Produkte, Qualitäten und Preise der Anbieter kennen [vgl. Kaas 1995, Sp. 972].

Informationsunsicherheit bzw. Informationsasymmetrie kommt aus Sicht der anbietenden Beratungsunternehmen dadurch zum Ausdruck, dass ihnen nur unvollkommene Informationen über aktuelle und zukünftige Beratungsbedarfe sowie über die Entscheidungsstrukturen innerhalb der Kundenunternehmen vorliegen. Aus Sicht der nachfragenden Kundenunternehmen sind die Informations- und Unsicherheitsprobleme Ausdruck unvollständiger Informationen über die Qualität und Leistungsfähigkeit der Anbieter von Beratungsleistungen [vgl. Jeschke 2004, S. 139].

Angesichts dieser – zugegebenermaßen – sehr verkürzt wiedergegebenen Grundgedanken der ‚Neuen Institutionenökonomik' können Beratungsunternehmen als *Institutionen* bezeichnet werden, die sich in Märkten, die durch *Informationsasymmetrie* gekennzeichnet sind, auf die Beschaffung, Erstellung und den Vertrieb von Unsicherheit reduzierenden Informationen spezialisiert haben. Aufgrund dieser Spezialisierung und der Übertragbarkeit von Informationen sind Berater in der Lage, diese Leistungen wirtschaftlicher als andere Institutionen anzubieten. Durch die Nutzung der *Informationsprodukte* wird das Kundenunternehmen in eine bessere Umweltsituation versetzt. Aber nicht der Eintritt einer bestimmten Umweltsituation wird verhindert. Vielmehr wird die Wahrscheinlichkeit verringert, dass sich eine bestimmte Handlungsalternative nicht realisieren lässt. Das Kundenunternehmen wird durch die zusätzlichen entscheidungsrelevanten Informationen davor bewahrt, Handlungsalternativen auszuwählen, deren Realisierungswahrscheinlichkeit nicht sehr hoch ist. Die Informationsprodukte der Berater tragen insofern zur Steigerung des Kundenunternehmenswertes bei [vgl. Höselbarth/ Schulz 2005, S. 201 f.].

3. Entwicklung und Struktur der Beratungsbranche

3.1 Entwicklungsstadien der Beratungsbranche

Die Beratungsbranche – und hier ist zunächst die Branche der Managementberatungen gemeint – hat im Laufe ihres Bestehens fünf wesentliche Entwicklungsstadien durchlebt [vgl. auch Fink 2009a, S. 14 ff.]:

- Initialisierung
- Professionalisierung
- Internationalisierung und Differenzierung
- Boom und Überhitzung
- Konsolidierung und Erholung.

Die wesentlichen Eckpfeiler und Firmengründungen in diesen Phasen sind in Abbildung 3-1 dargestellt.

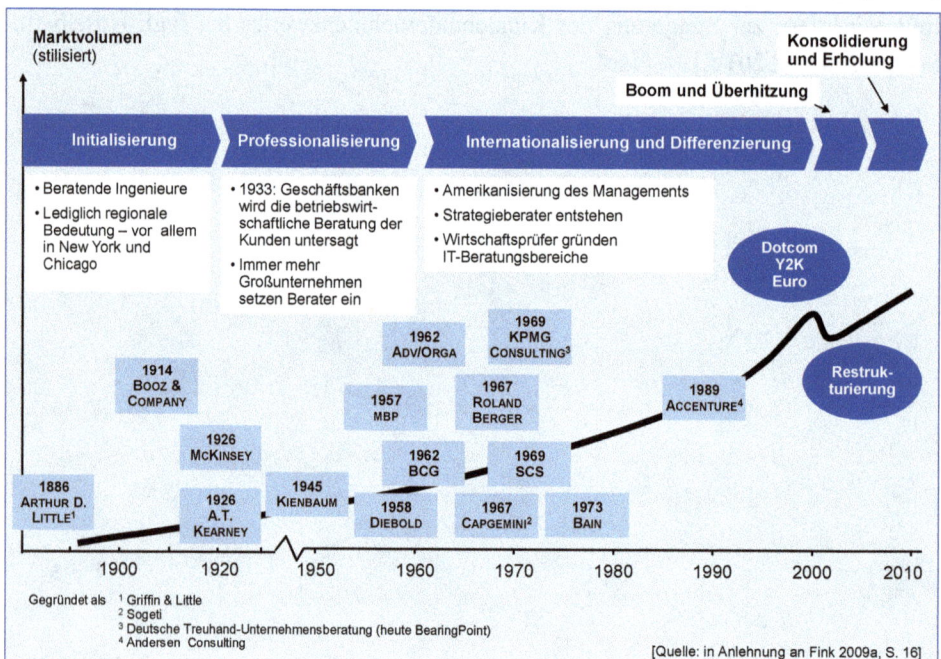

Abb. 3-1:   Historie der Beratungsbranche

3.1.1 Initialisierung und Professionalisierung

Historisch betrachtet sind Unternehmensberatungen das Ergebnis arbeitsteiliger Prozesse, die sich in Wirtschaftssystemen mit zunehmender Komplexität herausbilden. Entsprechend schnell ist die Beratungsbranche vor allem in der zweiten Hälfte des vorigen

Jahrhunderts gewachsen. Ihre Ursprünge reichen bis zum Ende des 19. Jahrhunderts zurück, als in den USA die ersten Unternehmensberatungen entstanden [vgl. Berger 2010, S. 1].

Als **Geburtsjahr** der heutigen Unternehmensberatung gilt das Jahr 1886. Es ist das Gründungsjahr der Firma Arthur D. Little, die sich später zu einer Managementberatung im heutigen Sinn entwickelte und allgemein als das älteste Beratungsunternehmen gilt. 1886 ist aber auch das Gründungsjahr von Unternehmen, die heute noch Weltgeltung haben: Sears Roebuck, Coca-Cola und Johnson & Johnson. Begonnen hatte der Bostoner Chemiker Arthur Dehon Little gemeinsam mit seinem Partner Roger Griffin zunächst mit chemischen und technischen Analysen von Farben, Ölen, Fetten, Seifen und Nahrungsmitteln, bevor es dann – viele Jahre später – auch betriebswirtschaftliche Beratungsleistungen anbot. So nimmt neben Arthur D. Little auch die 1914 in Chicago als Spezialist für Marktstudien gegründete Firma Booz & Company für sich in Anspruch, das älteste Beratungsunternehmen zu sein. Es ist historisch gesehen allerdings kaum möglich, den Beginn der Initialisierungsphase exakt festzulegen. Auch andere Pionierunternehmen wie McKinsey oder A. T. Kearney, die das Feld der Managementberatung in den 1920er erschlossen und später ab den 1930er Jahren dominieren sollten, gingen nahezu ausnahmslos aus kleinen Partnerschaften und Kanzleien hervor [vgl. Fink 2009a, S. 14 f. und Fink/Knoblach 2006, S. 38].

Mit Beginn der anschließenden **Professionalisierungsphase** hat ein Datum eine besondere Bedeutung erlangt: Am 9. April 1930 erschien in der Business Week ein Artikel, der die Leser des Magazins zum ersten Mal auf eine neue Branche hinwies. James O. McKinsey, Wirtschaftsprofessor an der University of Chicago, wies in dem Beitrag darauf hin, dass ein neuer Typ des Management-Helfers benötigt werde, der die Unternehmen sicher durch das Dickicht professioneller Dienstleistungen führen könne – der *Management Consultant*. Doch die Managementberater dieser Zeit verzeichneten noch verhaltene Wachstumsraten. Der Grund lag darin, dass Beratungsleistungen in den USA zunächst eine Domäne der Banken waren. Das sollte sich ab 1933 ändern. Die US-Regierung reagierte auf den großen Börsencrash mit einem Verbot der Universalbanken. Mit dieser gesetzlichen Trennung von Geschäfts- und Investmentbanken war es den Banken nun nicht mehr möglich, ihre bisherigen betriebswirtschaftlichen Beratungs- und Reorganisationsaktivitäten fortzuführen. In der Folge prosperierte das Geschäft vieler junger Beratungsfirmen, da sich die Kundenunternehmen mit entsprechenden Aufgabenstellungen nun nicht mehr an die Banken, sondern an Berater wandten. Während des zweiten Weltkriegs übernahmen viele Berater Projekte der amerikanischen Regierung bzw. der US Navy. Inhaltlich betätigten sich Berater wie Frederick Taylor und viele Nachfolger als externe Experten für Effizienz im Arbeitsprozess. Im Mittelpunkt standen Zeit- und Bewegungsstudien, mit denen sie Arbeitsabläufe analysierten und die Wirtschaftlichkeit vieler Unternehmen verbesserten [vgl. McKenna 1995, S. 51 ff.].

In den 1950er Jahren wurde diese Form der Unternehmensberatung, die sich vornehmlich an die Fertigungsbereiche produzierender Unternehmen wandte, durch Beratung abgelöst, die sich auf die Unternehmensorganisation als Ganzes sowie auf strategische Fragen konzentrierten. Auf der Grundlage dieses ganzheitlichen Ansatzes bildete sich in der Beratungsbranche eine klare Hierarchie heraus, die von drei Unternehmen angeführt wurde: Booz, Allen & Hamilton sowie Cresap, McCormick & Partner und McKinsey & Company. Alle drei Firmen hatten ihren Ursprung in Chicago, alle drei Firmen rekrutierten ihre Nachwuchskräfte unter den besten Absolventen der Harvard Business School [vgl. Fink 2004, S. 7 und Armbrüster/Kieser 2001, S. 689].

3.1.2 Internationalisierung und Differenzierung

Ende der 1950er/Anfang der 1960er Jahre begannen die führenden US-Managementberatungen ihre Aktivitäten auch auf den europäischen Markt auszuweiten. Im Zuge dieser **Internationalisierung** von Beratungsleistungen stießen sie in Deutschland auf bis dahin insgesamt 2.000 bis 3.000 Berater und damit auf keinen nennenswerten Wettbewerb (siehe Abbildung 1-03). Einzig die Unternehmensberatung Kienbaum, die im Oktober 1945 von Gerhard Kienbaum in Gummersbach gegründet wurde, verfügte bereits 1960 über mehrere Geschäftsstellen im Bundesgebiet und ein Auslandsbüro in Wien. Die verzögerte Entwicklung des europäischen Beratungsmarktes und die dadurch immer noch geringe Beratungsintensität ist vornehmlich auf folgende Gründe zurückzuführen [vgl. Berger 2004, S. 2]:

- In Europa dominierten lange Zeit Banken und unternehmensbezogene Dienstleister wie Wirtschaftsprüfer, Steuerberater oder Rechtsanwaltskanzleien den Beratermarkt.

- In einzelnen europäischen Ländern bestimmten Verbände das Beratungsgeschehen, in Deutschland bspw. die REFA-Organisation.

- Die Unternehmenslandschaft ist in vielen Ländern Europas – im Gegensatz zu den USA – durch mittelständische Familienunternehmen und andere nicht börsenorientierte Unternehmensformen geprägt. Diese Struktur begünstigt nicht unbedingt die Inanspruchnahme von Beratungsleistungen.

Durchschlagskräftiger und erfolgreicher als die Managementberatungen waren in Deutschland zu dieser Zeit die DV-orientierten Beratungsunternehmen, allen voran der 1957 von Hoesch gegründete Mathematische Beratungs- und Programmierdienst (kurz: MBP) in Dortmund und die ADV/ORGA in Wilhelmshaven, die Friedrich A. Meyer im Jahr 1962 gründete. Aufgrund ihrer Größe und ihrer bundesweiten Geschäftsstellenstruktur konnten diese beiden Unternehmen einen beachtlichen Teil der seinerzeit von deutschen Unternehmen vergebenen individuellen Programmieraufträge auf sich vereinigen. Wesentliche Erfolgsfaktoren und zugleich Akquisitionshilfen für diese Programmierprojekte waren die in den Projekten eingesetzten Programmiertools: „Vorelle"

(Vorübersetzer für Entscheidungstabellen) von MBP und „NPG" (Generator für normierte Programmierung) von ADV/ORGA, die in kurzer Zeit mehrere Hundert Installationen aufweisen konnten. Mit den beiden Produkten, die zur Kategorie der *systemnahen Software* zählen und die zu Beginn der 1970er Jahre die Installationslisten mit deutlichem Vorsprung anführten, waren MBP und ADV/ORGA die Protagonisten für die später so erfolgreichen Standardsoftwareprodukte.

Der eigentliche Durchbruch gelang allerdings nicht mit Systemsoftwareprodukten, die zu dieser Zeit von den Hardwareherstellern immer noch im *Bundling* (also zusammen mit der Hardware) angeboten wurden, sondern mit *Anwendungssoftwareprodukten* wie R/2 bzw. R/3 von SAP [vgl. Leimbach 2011; S. 373 ff.].

Später gesellte sich die Scientific Control Systems (SCS) dazu, die von der British Petrol (BP) 1969 in Hamburg ins Leben gerufen wurde. Diese „Großen Drei" dominierten in den 1970er Jahren die DV-Beratungsszene und waren nahezu auf jeder „Short List" für größere Planungs- und Realisierungsaufträge in der boomenden Datenverarbeitung vertreten. Doch trotz dieser Erfolge wuchs der Beratungsmarkt in Deutschland von 1970 bis 1980 um lediglich 1.500 auf 5.000 Berater. Dagegen hat sich die Anzahl der Berater von 1980 bis 2020 um das 37-Fache auf rund 185.000 erhöht (siehe Abbildung 3-2).

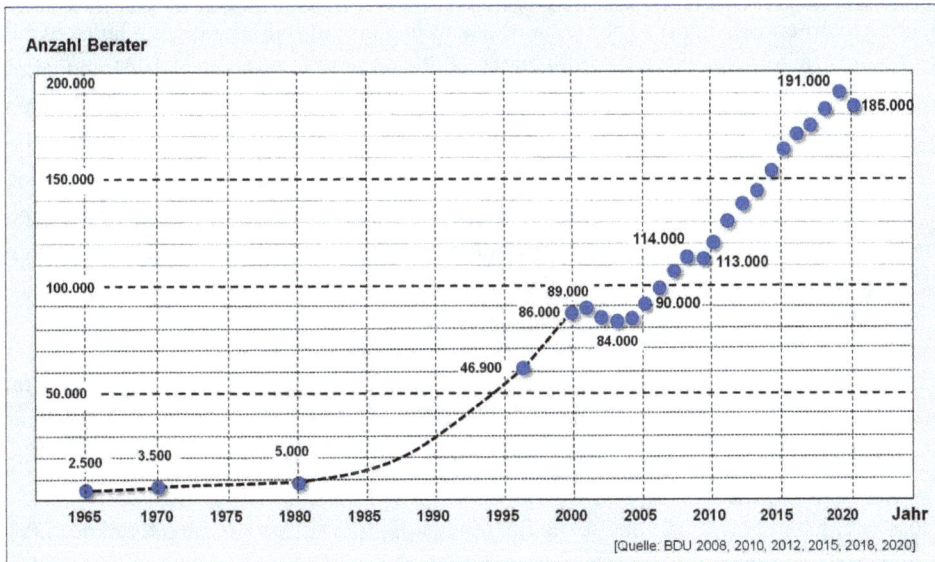

Abb. 3-2:   Entwicklung der Berateranzahl in Deutschland

Weitere Beratungsunternehmen, die in den 1970er und 1980er signifikante Marktanteile im DV- bzw. IT-Markt erzielen konnten, waren die Organisation Plaut (Lugano), die Münchner Softlab, das Wiesbadener EDV Studio Ploenzke, die Berliner PSI sowie die beiden Stuttgarter Firmen IKOSS und ACTIS. Ihre jeweilige Geschäftsidee ist eine „Gratwanderung" zwischen Software und Beratung.

Langfristig konnten sich die drei großen DV-Dienstleister der 1970er Jahre (MBP, ADV/ORGA und SCS) allerdings nicht durchsetzen. Das hing vornehmlich damit zusammen, dass sich diese Unternehmen sowohl im IT-Beratungsgeschäft mit Schwerpunkt Individualsoftwareentwicklung als auch im Standardsoftwaregeschäft, das sich zunehmend als höchst attraktives Geschäftsfeld entwickelte, gleichermaßen positionieren wollten. Da beiden Geschäftsarten sehr unterschiedliche Geschäftsmodelle zugrunde liegen, gerieten diese Anbieter mehr und mehr zwischen die Stühle. Unternehmen, die diese „Stuck-in-the-middle"-Position vermieden, waren die Gewinner. Zu ihnen zählten auf der einen Seite die „reinen" Softwarehäuser wie SAP oder die Software AG, die sich ausschließlich auf die Entwicklung und Vermarktung von Standardsoftware konzentrierten, und auf der anderen Seite die von den großen Wirtschaftsprüfungs- und Steuerberatungsgesellschaften ins Leben gerufenen IT-Beratungsabteilungen, die sich wiederum in der Hauptsache auf die Einführung der großen Anwendungssoftwaresysteme (vor allem der SAP) konzentrierten und sich aus der Standardsoftwareentwicklung vollständig heraushielten [vgl. Lippold 1998, S. 259].

Zurück zu den amerikanischen Managementberatungen: Einer der ersten amerikanischen Unternehmensberater, der seine Präsenz in Europa und speziell in Deutschland ausbaute, war John Diebold. Er gründete 1958 die Diebold Group, die er 1991 an Daimler-Benz verkaufte und die heute unter Detecon firmiert. Deutlich erfolgreicher waren aber die namhaften US-Managementberatungen (vor allem McKinsey, Booz Allen Hamilton, Athur D. Little, A. T. Kearney sowie die Boston Consulting Group), die ab den 1960er Jahren den weltweiten Markt für Beratungsleistungen dominierten. Damit trugen sie in erheblichem Maße dazu bei, dass sich die amerikanischen Managementpraktiken in aller Welt verbreiteten und es in der Folge auch zur *Amerikanisierung* des europäischen Managements kam [vgl. Fink 2004, S. 8].

Parallel zur Internationalisierung der amerikanischen Managementberatungen wurden auch die ersten kontinentaleuropäischen Beratungsunternehmen gegründet – darunter Roland Berger und Sogeti, die Vorgängergesellschaft von Capgemini. Die beiden Firmengründer verfolgten allerdings unterschiedliche Sachziele: Während Roland Berger die Strategieberatung anstrebte, setzte Serge Kampf als Gründer von Sogeti auf das DV-orientierte Beratungsgeschäft. An dem unterschiedlichen Geschäftsmodell dieser beiden Unternehmen, die im selben Jahr (1967) gegründet wurden, wird die **Differenzierung** des Leistungsangebotes im Beratungsmarkt besonders deutlich.

Zwei weitere Unternehmen stehen stellvertretend für die Differenzierungsbestrebungen sowohl im deutschen, als auch im internationalen Beratungsmarkt: die Boston Consulting Group (BCG) und Accenture, das Nachfolgeunternehmen von Andersen Consulting.

Die BCG – 1962 in Boston gegründet – vertraute auf gut ausgebildete Berater. Im Gegensatz zu den meisten Wettbewerbern, die einen Ansatz als Generalist verfolgten, versuchten die BCG-Berater nicht, vorgefertigte Managementmethoden auf die spezifische Situation eines Kunden zu übertragen. Vielmehr wurde jedes Kundenproblem grundlegend analysiert und – gemeinsam mit dem Kunden – individuell gelöst. Der Berater wurde zum Partner des Kunden, Problemlösungen wurden in gemeinsamen Teams erarbeitet. „Soft skills" wie Präsentations- und Moderationstechniken gewannen an Bedeutung [vgl. Fink 2009b, S. 12].

Doch nicht nur junge Strategieberatungsgesellschaften mit neuen Beratungsansätzen wurden von der Attraktion des Beratungsgeschäfts angezogen. Auch die großen, teilweise bereits weltweit tätigen „reinen" Wirtschaftsprüfer richteten zunehmend Beratungsabteilungen ein und folgten damit dem Siegeszug der Computertechnologie. Bereits 1954 etablierte Arthur Andersen als erste Wirtschaftsprüfungsgesellschaft eine „IT-Practice", die den Elektrokonzern General Electric bereits im selben Jahr bei der Einführung einer computergestützten Gehaltsabrechnung unterstützte. In den 1980er Jahren überstieg das Wachstum des Beratungsgeschäfts von Arthur Andersen das der Wirtschaftsprüfung deutlich. So kam es 1989 zu einem für die Prüfungsbranche bedeutsamen Schritt: Arthur Andersen wurde unter dem Dach der neugeründeten Holding Andersen Worldwide in zwei Geschäftsbereiche aufgeteilt – in einen Wirtschaftsprüfungsbereich, der weiterhin unter Arthur Andersen firmierte, und in einen Beratungsbereich namens Andersen Consulting (AC). Zwischenzeitlich hat sich AC vollständig von den ehemaligen Mutter- und Schwestergesellschaften, die im Jahre 2000 als Folge der Bilanzmanipulationen des Energiekonzerns Enron („Enron-Skandal") zerschlagen wurden, gelöst und firmiert heute mit seinen weltweit über 600.000 Mitarbeitern unter dem Namen Accenture [vgl. Fink 2009a, S. 25 f.].

3.1.3 Boom und Überhitzung

Die Entstehung der Europäischen Union, die Globalisierung der Wirtschaft sowie die Möglichkeiten der neuen Informations- und Kommunikationstechnologien und die damit verbundene Restrukturierung ganzer Branchen – nicht zuletzt auch im Auftrag der Treuhandanstalt im wiedervereinigten Deutschland – führten in den 1990er Jahren zu einem prosperierenden Geschäft für die Beratungsbranche. Auf diesen Veränderungsdruck reagierten die Consultingunternehmen mit innovativen Ansätzen wie Portfoliomanagement oder Business Process Reengineering [vgl. Berger 2004, S. 7].

Zu diesen günstigen Umweltfaktoren kam dann Ende des Jahrzehnts der Aufstieg der *New Economy*, die Neuausrichtung zahlreicher Computersysteme auf das neue Jahrtausend und die Umstellungsvorbereitungen der europäischen Wirtschaft auf den Euro hinzu. Kaum eine Branche wurde so nachgefragt wie der Beratungsbereich und hier ganz besonders das IT-nahe Consulting. Dies führte zu überschwänglichem Optimismus bei vielen Beratungsunternehmen und hatte ein Ansteigen der Tagessätze und der Gehälter zur Folge. Außerdem reagierte die Branche mit einem massiven Ausbau der Beratungskapazitäten. So hatte sich das Beratungsvolumen in Deutschland innerhalb eines einzigen Jahrzehnts von rund 20.000 auf 60.000 Berater verdreifacht (siehe Abbildung 1.14). Während die deutsche Beratungsbranche in diesen Boomjahren eine durchschnittliche jährliche Wachstumsrate von 10 Prozent verzeichnen konnte, wuchs die deutsche Wirtschaft im gleichen Zeitraum lediglich um jährlich drei Prozent.

3.1.4 Konsolidierung und Erholung

Als die Börsenblase platzte und die Weltwirtschaft zu Beginn des neuen Jahrtausends in eine tiefe Krise fiel, hatte auch die Beratungsbranche dieser Entwicklung wenig entgegenzusetzen. Im Gegenteil, führende Consulting-Firmen mussten erhebliche Umsatzeinbußen und z. T. sogar Verluste hinnehmen. Sie wurden von ausbleibenden Aufträgen, von Budgetkürzungen und von vorübergehenden Vertrauensverlusten hart getroffen. Der Wegfall der Euro- und der Jahrtausend-Umstellungsprojekte konnte nicht durch neue Projekte kompensiert werden. Für viele Beratungsunternehmen war dies eine völlig neue Erfahrung. Nun galt es, entsprechende Strategien, die den Kundenunternehmen in solchen Situationen immer wieder aufgezeigt wurden, für das eigene Unternehmen umzusetzen [vgl. Fink 2009a, S. 26].

Die ersten Maßnahmen zielten auf den nachhaltigen Abbau von Kapazitäten. Da die Beratungsunternehmen bezüglich der Unternehmensgröße quasi mit ihren Mitarbeitern „atmen", wurde innerhalb kürzester Zeit die auf Hochtouren laufende Recruiting-Maschine abgestellt und ein Einstellungsstopp verkündet. Gleichzeitig wurde in den größeren Beratungseinheiten ein Großteil der in der Probezeit befindlichen Mitarbeiter gekündigt.

Neben den wirtschaftlichen Zwängen kam der Druck zur **Konsolidierung** aber noch aus einer anderen Richtung: Die amerikanische Börsenaufsichtsbehörde SEC hatte wiederholt die Unvereinbarkeit von Prüfung und Beratung angemahnt. Um hier nicht in einen Zugzwang zu geraten, trennten sich die großen Wirtschaftsprüfungsgesellschaften von ihren Beratungstöchtern. So übernahm Capgemini die Beratungssparte von Ernst & Young mit weltweit rund 18.000 Mitarbeitern und einem Jahresumsatz von 3,6 Mrd. Euro. PricewaterhouseCoopers verkaufte seine Tochter PwC Consulting mit rund 30.000 Beratern an IBM, nachdem zuvor eine Übernahme durch Hewlett Packard und auch ein IPO gescheitert waren. KPMG schließlich führte ein Management-Buy-Out für seine Consulting-Tochter unter dem neuen Namen BearingPoint durch.

Ab 2005 erholte sich die Wirtschaft auf breiter Front, so dass sich die Investitionsstaus auflösten. Insbesondere die zurückgestellten Einführungen von ERP-Systemen kamen wieder auf die Agenda der Unternehmen. Die Begleitung und Umsetzung weltweiter

SAP- oder Oracle-Rollouts bestimmten die Leistungserbringung (engl. *Delivery*) der großen, global agierenden IT-Dienstleister wie Accenture, IBM und Capgemini.

Aber auch im Bereich der Strategieberatung machte sich die **Erholung** der Wirtschaft bemerkbar. Die Industrie investierte wieder vermehrt in Wachstums- und Effizienzprojekte. Hinzu kamen erhöhte Aktivitäten im Mergers & Acquisitions-Bereich – seit je her eine Domäne der Strategieberater in enger Zusammenarbeit mit den Wirtschaftsprüfern. Im Vordergrund der Erholungsphase standen Maßnahmen, die einen messbaren ökonomischen Nutzen für das Kundenunternehmen liefern. Wertorientierung und damit die Identifizierung der erfolgsrelevanten Werttreiber in Verbindung mit einer starken Prozessorientierung waren und sind die Erfolgsfaktoren im neuen Jahrtausend.

Auf die Ende 2008 folgende Bankenkrise mit ihren gesamtwirtschaftlichen negativen Auswirkungen war die Beratungsbranche dann deutlich besser vorbereitet. Die Beratungsunternehmen hatten aus der letzten Krise in den Jahren 2002/2003 gelernt und die eigenen Strukturen wesentlich effizienter und flexibler auf die Marktveränderungen eingestellt. Personalentlassungen konnten daher weitestgehend vermieden werden, es wurde aber durch Kurzarbeit flexibilisiert. Darüber hinaus wurden Einstellungsstopps ausgesprochen bzw. Einstellungen nur bei Ersatzbedarf vorgenommen. Um die Kosten im Griff zu halten, wurden besonders bei den großen Consulting-Firmen verstärkt Bestandteile des Beratungsprozesses – zum Beispiel Anwendungsmodifikationen, Knowledge Management, Research oder Benchmarking – nach Indien oder Osteuropa ausgelagert. Obwohl bestimmte Aufgabenfelder von der Krise weniger berührt wurden oder sogar Konjunktur hatten (Outsourcing, Restrukturierung (z. B. Roland Berger bei Opel)), hat das schwierige Marktumfeld zu einer gewissen Marktbereinigung geführt, bei der 2009 die Zahl der Branchenteilnehmer um 2,5 Prozent auf rund 13.260 (2008: 13.600) zurückgegangen ist. Der überwiegende Teil der Marktaustritte war im Segment der Beratungsfirmen mit weniger als 250.000 Euro Umsatz (Einzelberater) zu verzeichnen [Quelle: BDU 2010, S. 6].

Deutlich schneller und dynamischer als erwartet, hat die deutsche Consultingbranche nach dem Krisenjahr 2009 wieder ein nahezu zweistelliges Umsatzplus erzielt und damit den Anschluss an die Phase mit kräftiger Branchenkonjunktur und zweistelligen Wachstumsraten – speziell der Jahre 2004 bis 2008 – erreicht. Die Beratungsbranche profitierte dabei stark von der Sonderrolle der deutschen Wirtschaft als Konjunkturlokomotive in Europa. Gute Exportzahlen, eine weiter verbesserte Binnenkonjunktur sowie ein belebter Arbeitsmarkt haben in den letzten beiden Jahren für ein günstiges Investitionsklima in deutschen Firmen gesorgt. Auch der in Europa schwächelnde Automobilabsatz konnte den positiven Gesamteindruck nicht trüben, da die Nachfrage nach den Modellen deutscher Hersteller in den USA und Asien zum Teil kräftig angezogen hat. Der gute Zustand der deutschen Industrie und Wirtschaft und die damit einhergehenden Erfolgsfaktoren haben weltweit mittlerweile Vorbildcharakter.

In vielen Branchen standen Beratungsprojekte im Vordergrund, in denen es bei den Kundenunternehmen einerseits um die Verteidigung der Gewinne und andererseits um die gezielte Festigung oder Ausdehnung der Marktposition ging. Die Kundenunternehmen haben den guten Konjunkturverlauf in Deutschland mit vielfach vollen Auftragsbüchern strategisch genutzt, um mit gezielten Produkt- und Prozessinnovationen die Zukunftsfähigkeit zu sichern und Wettbewerbsvorteile auszubauen. Unternehmensberater unterstützen ihre Kunden dabei durch strukturierte Analysen, um die durch den enormen Anstieg der Informationsvielfalt entstandene Komplexität abzubauen oder die Geschäftschancen in Auslandsmärkten strategisch und operational zu erhöhen [vgl. BDU 2013, S. 4 f.].

Abbildung 3-3 zeigt den Umsatzverlauf der deutschen Beratungsbranche seit 1997. Es wird deutlich, dass nach der *Konsolidierung* in der Phase der *Erholung* fast wieder an die Wachstumsraten des *Booms* (trotz eines kurzfristigen Einbruchs im Zuge der Bankenkrise) angeknüpft wird und dass 2019 mit 36,2 Mrd. Euro Umsatz ein vorläufiges Maximum erreicht wurde. Allerdings wird auch deutlich, dass 2020 – bedingt durch die Corona-Pandemie – ein Rückgang von 1,6 Mrd. Euro (-4,4 Prozent) gegenüber dem Vorjahr zu verzeichnen ist.

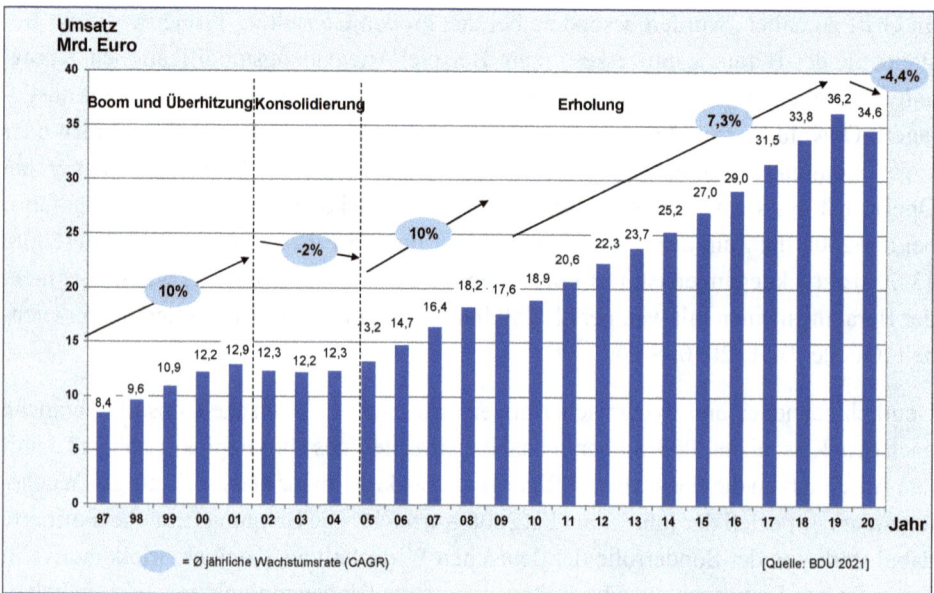

Abb. 3-3:   *Entwicklung des Branchenumsatzes von 1997 – 2020*

3.2 Consulting 4.0

„Vier-Punkt-Null" gibt es inzwischen zu genüge: Arbeit 4.0, Technologie 4.0, Mittelstand 4.0, ja sogar Deutschland 4.0. Und jetzt auch noch Consulting 4.0? Alles begann mit Industrie 4.0 und das hat seinen Grund: Die Dampfmaschine brachte die erste industrielle Revolution. Elektrizität und Fließband läuteten die zweite Revolution ein und die Automatisierung durch IT und Elektronik löste die dritte industrielle Revolution aus. Als Fortsetzung dieser Entwicklung wurde in Deutschland mit der kommenden Verschmelzung von Industrie und Informationstechnik der Begriff Industrie 4.0 als vierte industrielle Revolution eingeführt. Auch wenn solche einschneidenden Entwicklungsschritte im Consulting bei weitem nicht so klar definierbar oder abgrenzbar sind, so existieren doch **Erklärungsversuche**, warum man jetzt auch gerne von Consulting 4.0 sprechen möchte [vgl. Lippold 2017a].

3.2.1 Erklärungsansätze zu Consulting 4.0

Der einfachste Erklärungsansatz definiert Consulting 4.0 als Inhaltsberatung für Industrie 4.0. Doch was ist dann mit Consulting 2.0 und 3.0? Ein erster „sprungfixer" Erklärungsansatz über vier Entwicklungsfolgen hinweg könnte wie folgt aussehen:

- Consulting 1.0 für den klassischen Lösungsberater
- Consulting 2.0 für den Prozessberater
- Consulting 3.0 für den heutigen Prozess- und Fachberater mit hoher sozialer Kompetenz
- Consulting 4.0 steht dann für alles, was mit digitaler Transformation, Big Data, Analytics und Expertise Industrie 4.0 zu tun hat.

Das halten viele jedoch für zu kurz gesprungen. Etwas mehr technologisches Knowhow verknüpft mit rudimentärer Strategieexpertise, aber sonst weitermachen wie bisher – das rechtfertigt doch nicht einen so anspruchsvollen Begriff wie Consulting 4.0.

Also kommt noch eine weitere „sprungfixe" Entwicklungsfolge für den Beratungsbereich ins Spiel – diesmal jedoch deutlich digitaler [vgl. Werth et al. 2016, S. 59]:

- Consulting 1.0 ist die computergestützte Beratung (mit Excel, PowerPoint etc,)
- Consulting 2.0 meint die computerunterstützte Beratung (z.B. mit branchenspezifischen Softwaretools)
- Consulting 3.0 als computergesteuerte Beratung, d.h. der Consultant berät zwar weiter beim Kunden, aber der Computer sagt ihm, was und wie er zu beraten hat
- Consulting 4.0: Der Computer übernimmt die digital erbrachte Beratung total auf Knopfdruck – digitale Überwachung, Steuerung und Durchführung, eben wie bei Industrie 4.0 mit der Smart Factory.

Da es seit Jahren bei einem Großteil der Beratungsfälle immer um dieselben Fragen wie Bestands- und Kostensenkung, Prozessoptimierung, Mergers & Acquisitions, Strukturänderungen etc. geht, lassen sich solche Aufträge auch immer häufiger durch einen

Computer erledigen. Der Trend zum **„Productized Consulting"**, also dort wo Standardisierung und Modularisierung die Dienstleistung zu einem Produkt machen, ist demnach in vollem Gange. Und was ist mit der **Remote-Beratung,** die eine deutlich flexiblere Arbeitsgestaltung erlaubt und dadurch die bislang für untrennbar gehaltene Beziehung von Reisetätigkeit und Beraterdasein aufweicht?

Doch Consulting 4.0 sollte mehr sein, als die Digitalisierung der Beratungsbranche nach innen und außen. Die Frage ist doch, ob das Consulting angesichts der digitalen Transformation nicht auch vor einer **größeren Umwälzung** steht. Sicher, die neuen technologischen Entwicklungen machen auch vor den Beratungsunternehmen nicht halt, aber das war immer so.

Diesmal sind Berater gefragt, die erkennen und vor allem wissen, dass durch die neuen technologischen Möglichkeiten **disruptive Geschäftsmodelle** oder wenigstens doch neue attraktive Anwendungsfelder bei den Kundenunternehmen entstehen. Gefragt ist ein **Berater-Typ,** der es den Kundenunternehmen ermöglicht, innovative Lösungen, die größtenteils durch die digitale Transformation möglich werden, zu einem angemessenen Preis-Leistungsverhältnis anzubieten und umzusetzen. Aber rechtfertigt dieser Beratertyp bereits die Bezeichnung Consulting 4.0, obwohl es streng genommen zuvor gar kein Consulting 2.0 oder 3.0 gab? Vielleicht warten wir auf den **RoboConsultant,** der mit Zugriff auf alle Datenbestände der Welt Business-Prozesse und -Strategien automatisiert perfekt plant und umsetzt.

Nein, aber unter dem Aspekt, dass immer mehr Kunden digitale und datenbasierte Geschäftsmodelle entwickeln und auch die Steuerung von Prozessen insgesamt an Komplexität zunimmt, müssen sich Beratungen noch stärker mit Technologie auseinandersetzen. Beratungen sind daher gefordert, sich ganz besonders dem Thema **„Big Data"** zu öffnen, ihre bisherigen Geschäftsmodelle zu überprüfen und ihre Technologiekompetenz massiv zu erhöhen. Ganz besonders erwarten die Kundenunternehmen von ihren Beratungsdienstleistern den Einsatz modernster Analysetechnologien, um die komplexen Zusammenhänge in ihren Märkten verstehen zu können und Antworten auf die Herausforderung **„digitaler Wandel"** zu erhalten. Und die damit verbundene Veränderung der Beratungsbranche erfolgt unter der Überschrift „Consulting 4.0" [vgl. Lünendonk-Studie 2016].

Die Berater sind also für ihre Kunden das Werkzeug zur Digitalisierung. Somit liegt die Frage nahe, warum das Werkzeug nicht selbst digitalisiert ist. Zwar können wir uns kaum Berater ohne Laptop, Tablet oder Smartphone und schon gar nicht ohne Power-Point-Präsentation vorstellen, aber dadurch hat sich die Ausführung von Beratungsleistungen bislang nicht grundlegend verändert [vgl. Greff/Werth 2015, S. 31].

Doch kann die Digitalisierung nicht auch zur (grundlegenden) Transformation der Beratung beitragen? Besonders deshalb, weil für den Kunden die Leistung des Beraters, also die Problemlösung entscheidend ist und nicht der Berater selbst. Schließlich entwickeln sich aus vielen „traditionellen" Dienstleistungsformen vermehrt neue, auf Informationstechnologie basierende Dienstleistungen mit neuen Wertschöpfungskomponenten. Warum soll das nicht auch in einer Branche möglich sein, die seit Jahren Digitalisierung in anderen Branchen initiiert, fördert und begleitet? Warum sollen die Berater mit solchen Technologien nicht auch die eigenen Prozesse optimieren und die für die Entwicklung neuer Geschäftsideen verwenden?

Auf dem Weg zur digitalen Beratung müssen letztendlich verschiedene Dimensionen unterschieden werden [vgl. Braun 2017; Werth et al. 2016].

3.2.2 Wege zur digitalen Beratung

Digitalisierung der Beratungsthemen. In diesem Schritt geht es für die Berater darum, die neuen Technologien (E-Business, Web 2.0, Industrie 4.0, Big Data etc.) für die Kundenunternehmen nutzbar zu machen und damit deren Wachstum und Effizienz zu steigern. Besonders die klassischen Strategie- und Prozessberater laufen hier Gefahr, die lukrativen Digitalisierungsthemen an IT-Berater und spezialisierte Beratungen zu verlieren. Einige Strategieberatungen haben daher mit dem Aufbau von digitalen Geschäftsbereichen und Joint Ventures reagiert, um ihre digitale Kompetenz zu erweitern.

Digitalisierung der Beratungsprozesse. Berater sollten auch im eigenen Unternehmen für eine durchgängige Unterstützung der Geschäftsprozesse unter Einsatz moderner IT-Technologien sorgen. Hier liegt ein großes Optimierungspotenzial durch die Digitalisierung. So existiert oft kein zeitgemäßes CRM-System zur effizienten Ansprache und Verfolgung der Kundenkontakte. Auch erfolgt keine einfache Zeiterfassung auf dem iPhone mit automatisierter Schnittstelle zur Reisekostenabrechnung. Viele Prozesse im Consulting könnten heute mit Hilfe von Apps deutlich effizienter und eleganter ablaufen, um wertvolle Beraterzeit einzusparen. Auch ist es heute möglich, passende Beraterprofile einfach anhand relevanter Skills und Branchenkompetenzen über eine App direkt auf dem Smartphone zu selektieren.

Digitalisierung des Beraterwissens. Wissen ist eine der Hauptressourcen von Beratern. Es ist zunehmend verfügbar und über Smartphones und Tablets von jedem jederzeit nutzbar. Somit werden auch die Kundenunternehmen deutlich besser informiert sein und den Consultant stärker herausfordern. Wissen wird immer mehr zu Commodity. Anbieter wie Amazon, Apple, Facebook, SAP und insbesondere Google verfügen über exzellente Daten, die früher nur durch aufwändige Forschung gesammelt werden konnten. Für die Unternehmensberatung stellt sich allerdings die Frage, ob die Wissensträger auch unbedingt im Unternehmen vorhanden sein müssen. Im Gegenteil, die Leistungstiefe kann auch bei Beratungen gesenkt werden, denn durch das Entstehen von Beratermarktplätzen und digitalen Consulting-Plattformen eröffnen sich auch für klassische Unternehmensberatungen ganz neue Möglichkeiten.

Digitalisierung der Beratungsgeschäftsmodelle. Unabhängig davon, dass in der Beratung digitale Content-Plattformen und Auswahl-Portale inzwischen zu deutlich mehr Transparenz führen, bringt die Digitalisierung auch neue Wettbewerber und damit u.U. auch neue Geschäftsmodelle für klassische Consultants. So kann das Modell der **Peer2Peer-Beratung** aufgrund einer besseren Expertenvernetzung an Einfluss gewinnen. Hierbei kann sich bspw. der Geschäftsführer eines mittelständischen Unternehmens mit anderen Geschäftsführern austauschen und beraten lassen. Online-Plattformen für Freelancer mit speziellem Know-how erleichtern Unternehmensberatern den Sprung in die Selbstständigkeit durch höhere Transparenz. Überhaupt entwickelt sich **Freelance-Consulting** zu einer Arbeitsform, die sich etablieren und den Markt dauerhaft ergänzen kann. Eine weitere Angebotsform ist die Idee des **Crowd-Consulting**, bei dem sich Berater zu Netzwerken zusammenschließen. Durch die Möglichkeiten der modernen IT können solche Netzwerke zu professionellen virtuellen Unternehmensberatungen heranreifen und damit in Zukunft ein ernsthafter Wettbewerb zur klassischen Unternehmensberatung darstellen. Schließlich können auch neue Mitspieler wie Google, Amazon oder Facebook den Beratungsmarkt betreten. Diese Firmen verfügen über sehr gute Informationen zu Kaufverhalten, Demographie, Logistikströmen etc. Es ist denkbar, dass solche Daten aggregiert genutzt werden können, um sie Unternehmen zum Beispiel zur Optimierung ihrer Werbung oder Marketingplanung zur Verfügung zu stellen.

Die Digitalisierung bietet also einerseits viele neue Betätigungsfelder für Consultants, andererseits müssen sich klassische Beratungsunternehmen mit den Folgen der Digitalisierung für die eigene Organisation auseinandersetzen.

Digitalisierung der Beratungsleistungen. Es gibt verschiedene Ausprägungen der digitalen Beratung. Ein bekannter, bereits realisierter Ansatz ist die **Remote-Beratung**. Internet-basierte Kommunikation ermöglicht dabei eine durchgängige Erreichbarkeit unabhängig von Zeit und Ort. Ein typisches Beispiel ist **Videoconferencing**. **Remote-Beratung** bietet insbesondere eine Möglichkeit zur Einsparung von Reisekosten und Reisezeiten. Ein weiteres Beispiel sind die **McKinsey Solutions**, die eine Sammlung von Software as a Service Lösungen darstellen und als eine der disruptivsten Neuerungen im Beratungsgeschäft gelten. Ihr Hauptfokus liegt auf einer breiten Datenbereitstellung und Datenanalyse. Ein großer Schritt in Richtung digitaler Beratungsdienstleistungen ist die Entwicklung eines **eConsulting Store**. Hierbei handelt es sich um einen Online-Shop als vollintegrierte Weblösung, die sowohl den Verkauf als auch das Fulfillment (also die Disposition und Abwicklung) digitaler Beratungsdienstleistungen ermöglichen soll. Die besondere Herausforderung liegt hierbei in der Abbildung des Fulfillmentprozesses, der im Vergleich zum Verkaufsprozess deutlich aufwändiger zu gestalten ist. Das Konzept des eConsulting Store wurde prototypisch für den Bereich des ARIS-Prozessmodellierungstools implementiert [vgl. Werth et al. 2016, S. 62 ff.].

Unabhängig davon, ob das Digitalisierungs-Know-how nun für den Einsatz beim Kundenunternehmen oder für den Eigenbedarf benötigt wird, der Kampf um die digitalen Beratungstalente ist in vollem Gange (siehe dazu ausführlich Abschnitt 7.3).

3.3 Struktur der Beratungsbranche

3.3.1 Allgemeine Branchenkennzahlen

Auftragsbezogene Kennzahlen zum Beratungs- und IT-Markt auf internationaler Ebene liefern in mehr oder weniger regelmäßigen Abständen Analysten- und Research-Unternehmen wie Forrester, Gartner, PAC oder IDC.

Speziell für den *deutschen* Beratungsmarkt führt der Bundesverband Deutscher Unternehmensberater BDU jährliche Marktumfragen zur Struktur und Entwicklung der Beratungsbranche durch. Die Ergebnisse dieser Marktstudien fließen in die vom BDU veröffentlichten „Facts & Figures" ein. Sie bilden auch die Grundlage der nachfolgenden Strukturanalyse.

Inhaltlich gesehen zeigt die Einteilung des Consultingmarktes in die „klassischen" vier Beratungsfelder allerdings eine wesentliche Schwäche auf, denn unter den vielen funktionalen Beratungsfeldern (wie z. B. Marketingberatung, Controlling-Beratung, Logistik-Beratung etc.) wird hier lediglich die Human-Resources-Beratung aufgeführt.

Es ist ausgesprochen schwierig, „harte" Zahlen für den Beratungsmarkt zu ermitteln. Zum einen beruhen die Umfragen auf individuellen, kaum überprüfbaren Angaben der Unternehmen. Zum anderen sind die einzelnen Beratungsfelder nur sehr schwer abgrenzbar. Auch hängen die Zuordnungen der Umsätze sehr häufig vom jeweiligen wirtschaftlichen Schwerpunkt des Beratungsunternehmens ab.

Der Gesamtumsatz des Unternehmensberatungsmarktes betrug 2020 rund **34,6 Milliarden Euro**. Etwa 25.000 Beratungsgesellschaften bieten in Deutschland „klassische" Beratungsleistungen an. Die Mehrzahl aller Berater ist als Einzelberater tätig. 2020 waren insgesamt rund 227.500 Mitarbeiter in der „klassischen" Consultingbranche beschäftigt. Die Zahl der eigentlichen Berater („Professionals") betrug in diesem Bereich rund **185.000** (siehe Abbildung 3-4).

	Unternehmensberatung			
	ab 50 Mio. € Umsatz	1 bis 50 Mio. € Umsatz	bis 1 Mio. € Umsatz	Gesamt
Umsatz in Mrd. Euro	14,9	12,9	6,8	**34,6** (-4,4%)
Anzahl Unternehmen	175	3.475	21.375	25.000
Anzahl Mitarbeiter	79.000	83.000	65.500	227.500
Anzahl Berater	65.000	70.000	50.000	185.000

[Quelle: BDU 2021]

Abb. 3-4:   Wichtige Kennzahlen zum Beratungsmarkt 2020

Mit diesen Branchenkennzahlen ist zugleich auch eine wesentliche strukturelle Schwäche der deutschen Beratungsbranche aufgezeigt. Über 85 Prozent aller „klassischen" Beratungsunternehmen erzielen nicht einmal einen Jahresumsatz von einer Millionen Euro, d. h. der Anbietermarkt für Unternehmensberatung ist so stark zersplittert, dass man von einer *„atomistischen"* Konkurrenz sprechen kann. Im Gegenzug kann für den „klassischen" Unternehmensberatungsmarkt eine extrem *hohe Konzentration* festgestellt werden. So erzielen die 175 größten Beratungsunternehmen – das sind weniger als ein Prozent aller Beratungsunternehmen – allein 43 Prozent des gesamten „klassischen" Branchenumsatzes.

3.3.2 Struktur der Nachfrageseite – Branchenanalyse

Die größte Nachfragegruppe im Markt für Beratungsleistungen ist das verarbeitende Gewerbe, gefolgt vom Finanzdienstleistungssektor und dem Öffentlichen Bereich. Gut ein Drittel des Gesamtumsatzes der „klassischen" Unternehmensberaterbranche entfällt 2020 auf die verschiedenen Branchen des **verarbeitenden Gewerbes**. Absolut entspricht dies einem Umsatz von 11,1 Milliarden Euro. Den größten Anteil hat dabei der Fahrzeugbau mit einem Auftragsvolumen von 4 Milliarden Euro.

Auf das verarbeitende Gewerbe folgt der **Finanzdienstleistungsbereich** mit einem Anteil von 24,5 Prozent. Die Anteile der beiden Hauptgruppen dieses Bereichs – die Banken- und die Versicherungsbranche – halten sich in etwa die Waage. Zusammen wurden im Finanzdienstleistungsbereich Beratungsleistungen im Wert von mehr als acht Milliarden Euro beauftragt.

Nachfrageimpulse gehen für die Unternehmensberater auch vom **Public Sector** aus. Mit 9,9 Prozent ist der öffentliche Bereich der drittgrößte Auftraggeber im Rahmen dieser Branchenanalyse. Es folgen die **Energie- und Wasserversorger** mit 8,5 Prozent und **die TIMES**-Branche (Times = **T**elekommunikation, **I**nformationstechnik, **M**edien, **E**ntertainment und teilw. **S**ecurity) mit 8,2 Prozent.

Abbildung 3-5 gibt einen Überblick über die Anteile der Kundenbranchen am beauftragten Beratungsvolumen im Jahr 2020.

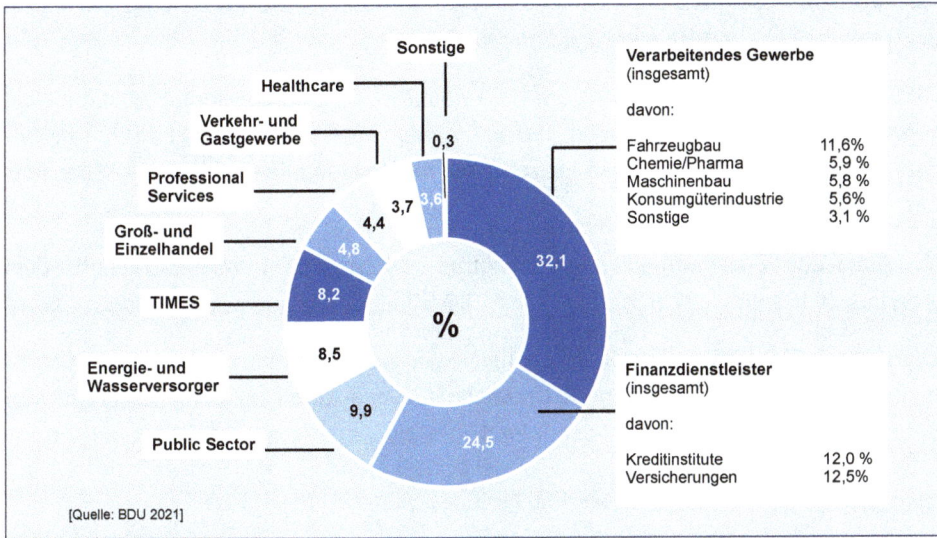

Abb. 3-5: Aufteilung des Beratungsmarktes nach Kundenbranchen 2020

3.3.3 Struktur der Angebotsseite – Beratungsfelder

Das größte Beratungsfeld ist die Organisations- und Prozessberatung mit einem Anteil von 43,7 Prozent, gefolgt der Strategieberatung mit 25 Prozent und der IT-Beratung (Softwareentwicklung/Systemintegration) mit 22,4 Prozent.

Abbildung 3-6 liefert einen Überblick über die Anteile der wichtigsten Beratungsfelder am Gesamtmarktumsatz 2020.

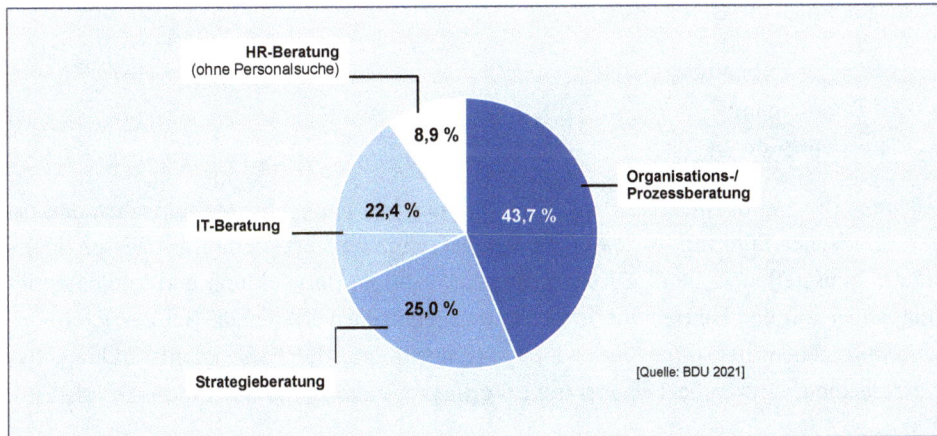

Abb. 3-6: Aufteilung des Gesamtmarktumsatzes nach Beratungsfeldern 2020

Bedingt durch die Corona-Pandemie ist der Umsatz des Beratungsfeldes **Organisati-ons- und Prozessberatung** um 3,5 Prozent gegenüber dem Vorjahr zurückgegangen. Gestiegen sind lediglich die Teilbereiche Finanz- und Prozess Controlling (+5,5 Prozent) sowie CRM und Vertrieb (+6,5 Prozent).

Der Anteil der **Strategieberatung** am Gesamtumsatz der Beratungsbranche ist mit zwei Prozent ebenfalls zurückgegangen. Gefragt waren hier – verständlicherweise – besonders die Sanierungsberatung (+15 Prozent) und die Beratung für nachhaltiges Wirtschaften (CSR) (+9,5 Prozent).

Der Anteil der **IT-Beratungsleistungen** betrug 22,4 Prozent (-1 Prozent gegenüber dem Vorjahr). In absoluten Zahlen waren dies 7,8 Milliarden Euro.

Die **Human-Resources-Beratung**, die hier – wie bereits erwähnt – als einziges funktionales Beratungsfeld aufgeführt ist, verzeichnete einen Anteil am Branchenumsatz von 8,9 Prozent (-12,5 Prozent) und damit ein Umsatzvolumen von 3,1 Milliarden Euro.

3.4 Das Consulting-Kontinuum

Es hat immer wieder Versuche gegeben, den Unternehmensberatungsmarkt mit seinen verschiedenen Beratungsfeldern so zu strukturieren, dass eindeutige Zuordnungen bzw. Abgrenzungen möglich sind. Diese Abgrenzungen werden aber immer schwieriger. Das ist vor allem auf die besondere Dynamik der IT-nahen Beratungsbereiche zurückzuführen.

3.4.1 Dreiteilung des Unternehmensberatungsmarktes

Am bekanntesten ist die **Dreiteilung** des Unternehmensberatungsmarktes. Danach unterscheidet man die Bereiche

- Managementberatung,
- IT-Beratung und
- Personalberatung.

Während die *Managementberatung* Unternehmen im Bereich der strategischen und organisatorischen Führung sowie bei der Realisierung von Veränderungsprozessen unterstützt, fokussiert sich die *IT-Beratung* auf die Planung, Entwicklung und Implementierung sowie auf den Betrieb von informationstechnischen Systemen. Bei der *Personalberatung* stehen die Akquisition von Führungskräften, die Personalentwicklung, das Outplacement sowie die Gehalts- und Vertragsgestaltung im Mittelpunkt [vgl. Fink 2009a, S. 3 ff.].

Abbildung 3-7 zeigt die Dreiteilung des Unternehmensberatungsmarktes.

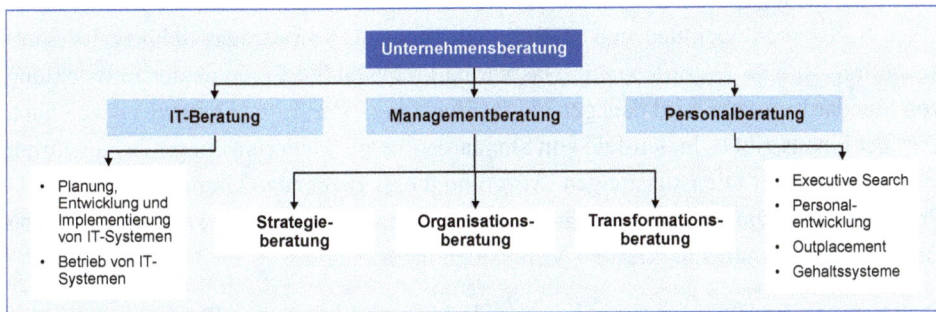

Unternehmensberatung

IT-Beratung   Managementberatung   Personalberatung

- Planung, Entwicklung und Implementierung von IT-Systemen
- Betrieb von IT-Systemen

Strategie-beratung   Organisations-beratung   Transformations-beratung

- Executive Search
- Personal-entwicklung
- Outplacement
- Gehaltssysteme

Abb. 3-7:   Klassische Einteilung des Unternehmensberatungsmarktes

3.4.2 BDU-Systematik

Ein weiterer „Abgrenzungsversuch" ist die vom Bundesverband Deutscher Unternehmensberater BDU vorgenommene Einteilung in die vier *Kern-Beratungsfelder*

- Strategieberatung,
- Organisations- und Prozessberatung,
- IT-Beratung und
- Human-Resources-Beratung (HR-Beratung)

sowie den *beratungsnahen* Dienstleistungsbereichen

- IT-Outsourcing,
- Softwareentwicklung/Systemintegration und
- Personalberatung.

Gegenüber den Kern-Beratungsfeldern lässt sich vorbringen, dass sich *Organisations- und Prozessberatung* nicht oder nur sehr schwer von der *IT-Beratung* trennen lässt. Außerdem weist die *Human-Resources-Beratung* als funktionsorientierte Beratungsleistung eine ganz andere logische Dimension auf, als die übrigen drei Beratungsfelder. Somit stellt die HR-Beratung in gewisser Weise ein „Fremdkörper" innerhalb dieser „klassischen" Beratungsfelder dar.

Und auch die beratungsnahen Dienstleistungen geraten wie „Äpfel" und „Birnen" ein wenig durcheinander. So ist die *Personalberatung* mit seinen Hauptausprägungen „*Executive Search*" und „*Personalvermittlung*" ein derart eigenständiges Business, dass es in diese Systematik gar nicht aufgenommen werden sollte. *IT-Outsourcing* und *Softwareentwicklung/Systemintegration* sind dagegen Beratungsfelder, die sich unmittelbar aus dem Beratungsgeschäft entwickelt haben. Ganz besonders das Softwaregeschäft wäre ohne die Keimzelle *IT-Beratung* gar nicht denkbar. Ohnehin sind die Grenzen zwischen Softwareentwicklung und IT-Beratung fließend. Softwareentwicklung im Kundenauftrag ist eine *Dienstleistung*. Das vermarktungsfähige Ergebnis der Entwicklung von Standardsoftware wird dagegen als *Produkt* (engl. *Packaged Software*) bezeichnet. Darüber hinaus gibt es im Umfeld von Standardsoftware wiederum ein großes Spektrum produktbezogener Dienstleistungen. Aufgrund dieser fließenden Grenzen zwischen IT-Produkten und -Dienstleistungen sind Aussagen über Umsatzvolumen und -entwicklung des IT-Dienstleistungsmarktes mit Vorsicht zu interpretieren.

Dennoch hat die BDU-Systematik schon deshalb eine besondere Relevanz, weil eine Vielzahl von Statistiken zu Größenordnung und Entwicklung der einzelnen Beratungsfelder auf der Grundlage dieser Systematik herausgegeben werden.

Ebenso wie es eine allumfassende und allen Ansprüchen genügende Systematisierung von IT-Dienstleistungen (als Teilmarkt des Beratungsgeschäfts) nicht gibt, so existiert auch keine allgemein akzeptierte Systematisierung des Unternehmensberatungsgeschäfts insgesamt. Vielmehr gibt es zur oben vorgestellten Systematik des BDU noch Alternativen, die – aus anderen Perspektiven heraus – interessante Einblicke in die IT-Dienstleistungslandschaft bieten können.

3.4.3 Plan-Build-Run-Modell

So nutzen viele Anbieter bei der Vorstellung ihres Dienstleistungsportfolios die Aufteilung des Consulting-Kontinuums nach „*Plan*", „*Build*" und „*Run*". Dabei stehen

- **Plan** (manchmal auch als „*Think*" bezeichnet) für Strategieberatung,
- **Build** für Umsetzungsberatung (Transformation bzw. Process Consulting) und
- **Run** (manchmal auch als „*Operate*" bezeichnet) für IT-Outsourcing.

Diese Einteilung, die ursprünglich aus der Systematisierung der IT-Dienstleistungen stammt, ist nicht ohne Grund so populär, bietet sie doch ein einfaches und verständliches Schema für die komplexe Welt der IT-und Beratungsdienstleistungen.

Abbildung 3-8 gibt einen Überblick über das Consulting-Kontinuum mit entsprechend zugeordneten Beratungsfirmen.

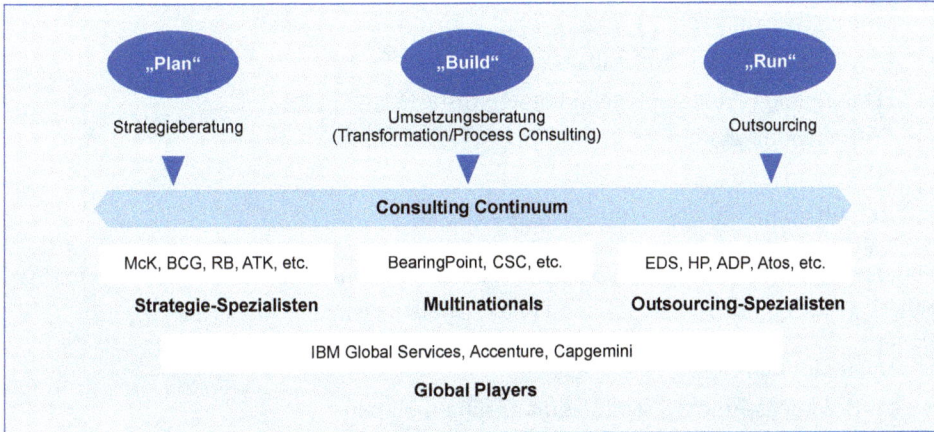

Abb. 3-8:   Das Consulting-Kontinuum

Eine grafisch etwas andere Darstellung mit inhaltlich ähnlicher Struktur wie das „Plan-Build-Run"-Modell bieten die Darstellungen der internationalen Wirtschaftsprüfungs-gesellschaften, um ihr Advisory-Angebot im Rahmen des Consulting-Kontinuums visuell zu positionieren (siehe Abbildung 3-09).

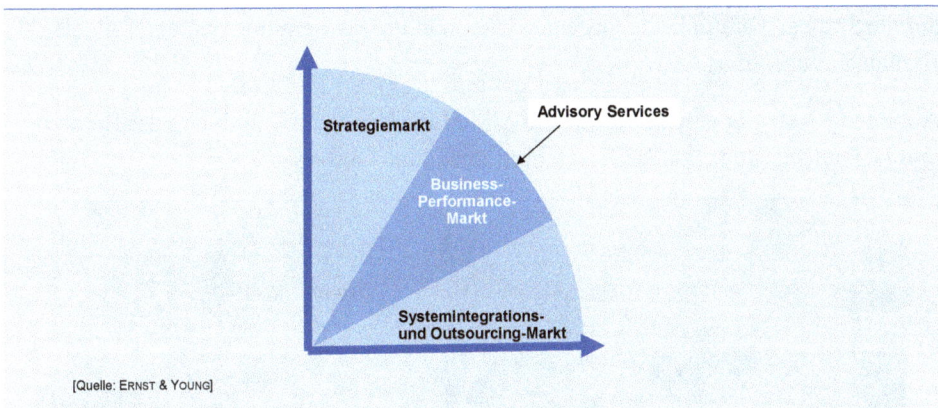

Abb. 3-9:   Unternehmensberatungsmarkt aus Sicht der Wirtschaftsprüfungsgesell-schaften

3.4.4 Lünendonk-Systematik

Noch deutlich differenzierter ist die vom Marktforschungs- und Marktanalyse-Dienstleister Lünendonk vorgenommene Systematisierung des Beratungs- und Dienstleistungsmarktes. Im Mittelpunkt steht dabei die Unterteilung der gesamten Beratungs- und IT-Service-Wertschöpfungskette in sechs Geschäfts- und IT-Prozesse:

- Strategieberatung
- Organisations- und Prozessberatung
- IT-Beratung (Prozesse, Technologien, Infrastruktur)
- IT-Systemintegration
- IT-System-Betrieb
- Betrieb kompletter Geschäftsprozesse (BPO).

Entlang dieser Wertschöpfungskette werden dann die nach Lünendonk relevanten Anbieterkategorien im Beratungs- und IT-Dienstleistungsmarkt zugeordnet:

- Strategie- und Managementberater
- IT-Beratungs- und Systemintegrationsunternehmen
- IT-Service-Provider
- BPO-Spezialanbieter
- Business Innovation/Transformation Partner (BITP).

So erstreckt sich nach dieser – zugegebenermaßen etwas IT-lastigen Betrachtungsweise – das Angebot der *BITP-Unternehmen* über die gesamte Beratungs- und IT-Service-Wertschöpfungskette, während sich das Angebot der Strategie- und Managementberater auf die Strategieberatung, die Organisations- und Prozessberatung und auf Teile der IT-Beratung konzentriert.

Abbildung 3-10 gibt einen Überblick über die Einteilung und Zuordnung des Beratungs- und IT-Dienstleistungsmarktes nach der Lünendonk-Systematik.

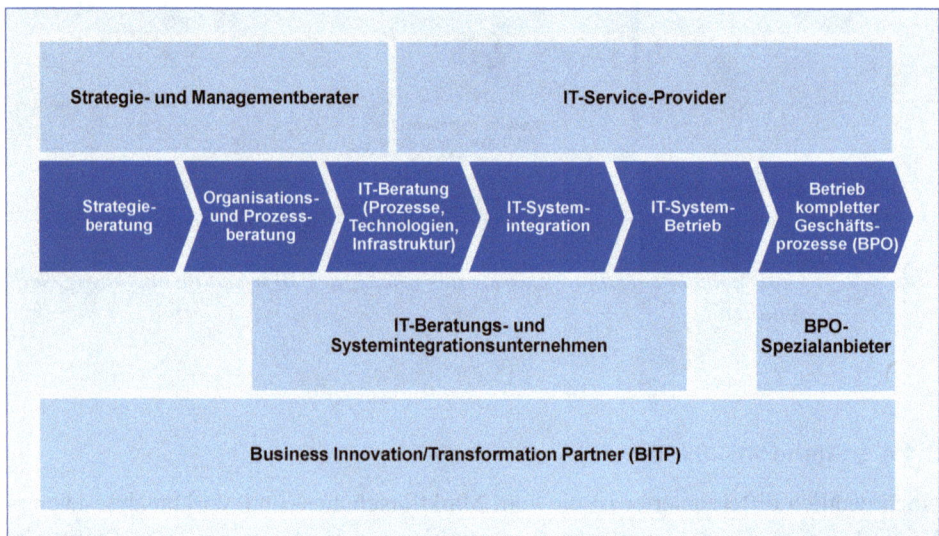

Abb. 3-10: Die Lünendonk-Systematik

3.4.5 BITP-Anbietergruppe – Konzept der Gesamtdienstleistungen

Letztlich soll noch auf eine Besonderheit bei der Strukturierung der Unternehmensberatungslandschaft eingegangen werden. Der Marktforschungs- und Marktanalysedienstleister Lünendonk beobachtet schon seit einigen Jahren, dass die Kunden ihre Strategien bei der Vergabe von Beratungs- und IT-Projekten deutlich verändert haben. So vergeben sie Organisationsprojekte häufig nur noch in Kombination mit IT-Beratung, d. h. sie erwarten von ihren Dienstleistern für viele Themen ein Gesamtangebot von Beratung, ICT-Technologie und Outsourcing, das alle oder zumindest viele Anforderungen aus einer Hand abdecken kann. Dabei spielt die Fähigkeit von Dienstleistungspartnern eine wichtige Rolle, Projekte mit unterschiedlichen Inhalten von der Konzeption bis zur Umsetzung zu begleiten. Und mittlerweile vergeben auch große mittelständische Unternehmen in hohem Maße Projekte an Beratungsunternehmen, die alles aus einer Hand anbieten. Für eine solche Art der Geschäftsbeziehung und Projektumsetzung bedarf es einer speziellen Anbietertypologie: der des **Gesamtdienstleisters**. Sie bieten in ihrem Leistungsportfolio einen kunden- und projektspezifischen Mix aus Management- und IT-Beratung, Realisierung, IT-Outsourcing und Business Process Outsourcing (BPO) an. Die Anbietergruppe, die dieses Konzept – nämlich der Auftritt als Gesamtdienstleister – verfolgt, wird als **Business Innovation/Transformation Partner** (BITP) bezeichnet [vgl. Lünendonk 2013/2014, S. 6 f.].

Folgende Kompetenzen bilden den Kern des Anforderungsprofils dieser Anbietergruppe [vgl. Lünendonk 2013/2014, S. 6 f.]:

- Branchenkompetenz
- Fachkompetenz
- Technologiekompetenz
- Innovationsfähigkeit
- Umsetzungs- und Transformationskompetenz
- Nachweisbare Erfahrung im jeweiligen Ausschreibungs-Scope
- Soft Skills der Projektmitarbeiter
- Im Mittelstand: Anbieter- und Auftraggeber-Management agieren auf Augenhöhe
- Fähigkeit zur Umsetzung internationaler Projekte.

Um eine eindeutige Zuordnung für einen Business Innovation/Transformation Partner (BITP) zu erreichen, muss das Dienstleistungsunternehmen mehr als 60 Prozent seines Umsatzes mit Beratung und Dienstleistungen erwirtschaften. Von diesen Umsätzen entfallen jeweils mindestens zehn Prozent auf die vier Leistungskategorien

- Management- beziehungsweise IT-Beratung
- Systemrealisierung beziehungsweise -integration
- Betrieb von IT-Systemen (IT-Outsourcing)
- Betrieb von Geschäftsprozessen (BPO).

Ein weiteres Kriterium für einen Business Innovation/Transformation Partner ist, dass er mindestens eine Milliarde Euro Gesamtumsatz weltweit erwirtschaftet und eine globale Beratungs- und Delivery-Organisation nachweisen kann [vgl. Lünendonk 2013/2014, S. 7 f.].

4. Inhalte ausgewählter Beratungsbereiche

Um einerseits die Beratungstätigkeiten als solche ein wenig griffiger zu beschreiben und andererseits die Vielfalt dieser Profession aufzuzeigen, sollen im folgenden Abschnitt die Tätigkeitsprofile einiger ausgewählter Beratungsbereiche dargestellt werden. Als Beispiele sollen die drei größten klassischen Beratungsfelder herangezogen werden. Sie machen – bezogen auf die BDU-Statistik *Facts & Figures 2021* – einen Umsatzanteil von über 90 Prozent des deutschen Beratungsmarktes aus. Es handelt sich hierbei um die Profile der

- Strategieberatung (Anteil: 25,0 Prozent)
- Organisations- und Prozessberatung (Anteil: 43,7 Prozent)
- IT- Beratung (Anteil: 22,4 Prozent)

Das Outsourcing ist in den *Facts & Figures* nicht explizit aufgeführt, da es nicht zu den klassischen Beratungsfeldern gehört. Insbesondere bei den größeren, international agierenden Beratungshäusern ist das Outsourcing aber eine feste Umsatzgröße, die teilweise bis zu 30 Prozent des Gesamtumsatzes dieser Unternehmen ausmacht. Aufgrund dieser Bedeutung sollen die Outsourcing-Inhalte hier ebenfalls mit aufgeführt werden.

4.1 Strategieberatung

Die Strategieberatung gilt als die „Königsdisziplin" im Consulting. Ihre Themen betreffen den Kernbereich aller Unternehmensaktivitäten, die *Unternehmensstrategie*, und sind daher ganz oben im Top-Management der Kundenunternehmen angesiedelt. Das bedeutet gleichzeitig, dass Vorstände und Geschäftsführer zu den wichtigsten Ansprechpartnern von Strategieberatern zählen. Der persönliche Kontakt zur Führungsriege des Kunden erfordert nicht nur sicheres Auftreten, sondern Gewandtheit und eloquentes Auftreten sowie einen hohen Informationsstand über Markt und Wettbewerb.

Die Unternehmensstrategie als langfristiger Plan zur Erreichung unternehmerischer Ziele ist zukunftsorientiert und damit mit großer Unsicherheit behaftet. Daher gilt es, Märkte und Einflussfaktoren zu verstehen und Veränderungen rechtzeitig zu antizipieren. Zielkunden, Leistungsversprechen und Geschäftsmodelle sind regelmäßig Gegenstand der Strategiefestlegung. Im Allgemeinen wird die Unternehmensstrategie in verschiedene Einzelziele und -aufgaben aufgefächert, um wirksam werden zu können. Die damit gebundene Managementkapazität wird durch den Einsatz von Strategieberatern ergänzt.

4.1.1 Anlässe der Strategieberatung

Mit der Beauftragung von Strategieberatern verfolgt das Top-Management eines Unternehmens das Ziel, eine unvoreingenommene Perspektive für das Unternehmen zu gewinnen und evtl. verschiedene Auffassungen über die Weiterentwicklung des Unternehmens zu diskutieren. Grundsätzlich sind es **vier Anlässe**, die bei der Beauftragung eines Strategieberaters unterschieden werden können [vgl. auch Hüttmann/Müller-Oerlinghausen 2012, S. 20; Schneider, J. 2014]:

Strategiebewertung (engl. *Strategic Review*). Hier wird die intern entwickelte Strategie wird von externen Experten überprüft und kritisch hinterfragt. Stichhaltigkeit, Konsistenz und Widerspruchsfreiheit der bestehenden Strategie stehen im Vordergrund der Evaluierung. Anlässe für eine Überprüfung können sinkende Erträge, rückläufige Nachfrage, neue erfolgversprechende Geschäftsideen oder auch anstehende Investitionen sein.

Weiterentwicklung/Anpassung von Strategien (engl. *Strategic Redesign*). Aufgrund veränderter interner oder externer Rahmenbedingungen (z. B. Marktsättigung, neue Technologien, neue Gesetze, Auslauf von Patenten, Verlust wichtiger Mitarbeiter) hilft der Berater dem Management bei der Anpassung der Strategie durch Analysen und als erfahrener Sparringspartner.

Neuentwicklung von Strategien (engl. *Strategic Renewal*). Hier bietet der Strategieberater profunde Unterstützung bei der Neudefinition des allgemeinen Unternehmensziels, die eine strategische Neuformierung und eine Anpassung der Wertschöpfungskette nach sich ziehen kann. Die Notwendigkeit für eine neue Unternehmensausrichtung ergibt sich im Zusammenhang mit Neugründungen, Fusionen, Übernahmen oder Eigentümerwechsel.

Strategieumsetzung (engl. *Strategic Transformation*). Jede Strategieentwicklung sollte die Umsetzung im Unternehmen und die Durchsetzung im Markt zum Ziel haben. Der Erfolg hängt dabei in hohem Maße von der Entschlossenheit des Managements und von der Veränderungsbereitschaft der Mitarbeiter ab. Damit die Strategien für Mitarbeiter richtungsweisend und umsetzbar werden, ist der strategische Plan in Stoßrichtungen für die einzelnen Unternehmensbereiche zu übersetzen und mit konkreten Maßnahmen zu hinterlegen. Hierbei lässt sich das Management von externen Beratern in der Weise unterstützen, dass diese den Umsetzungsvorgang absichern, erleichtern und beschleunigen. Die methodische Kompetenz des Beraters, der über Erfahrungen mit dem Einsatz der in Kapitel 4 aufgezeigten Beratungstechnologien verfügen sollte, ist dabei von besonderem Nutzen. Neben der Einführung und Anwendung dieser Instrumente zählt auch die Durchführung von Kommunikations- und Schulungsmaßnahmen im Umfeld des Veränderungsprozesses zum festen Bestandteil der Strategieberatung.

4.1.2 Ebenen der Strategieberatung

Neben den Anlässen bei der Beauftragung lassen sich verschiedene **Ebenen** der Strategieberatung unterscheiden:

- Unternehmensstrategie (engl. *Corporate Strategy*)
- Geschäfts(bereichs)strategie (engl. *Business Strategy*).

Auch wenn häufig der Unterschied zwischen Unternehmensstrategie und Geschäfts(bereichs)strategie sehr akademisch erscheint, so werden den beiden Ebenen unterschiedliche Aspekte zugeordnet:

Unternehmensstrategie. Im Rahmen der Unternehmensstrategie – also auf der obersten Unternehmensebene (z. B. Konzernebene) – sind Vision und Mission ebenso festzulegen wie die Auswahl der einzubeziehenden Geschäftsfelder (Geschäftsportfolio). Außerdem muss auf dieser Ebene die Aufteilung der Mittel auf die einzelnen Geschäftseinheiten (engl. *Allocation of Resources*) vorgenommen werden. Trendanalysen, Szenariotechnik, Analyse der Kompetenzposition, Portfolio-Management, Wertmanagement, Mergers & Acquisitions und Outgrowing sind hier wichtige Arbeitsbereiche.

Geschäfts(bereichs)strategie. Sie ist auf der Ebene selbständig planender und operierender Geschäftseinheiten angesiedelt. Sie befasst sich mit der Auswahl von Marktsegmenten und der Positionierung von Geschäftseinheiten. Wichtige Arbeitsbereiche in Verbindung mit der Geschäftsstrategie sind die Umwelt- und Unternehmensanalyse, die Analyse von Branchen- und Technologietrends, die Bewertung strategischer Wettbewerbsvorteile sowie die Identifikation und Evaluierung strategischer Optionen.

4.1.3 Typische Aufgaben der Strategieberatung

Das Aufgabenspektrum eines Strategieberaters ist so vielfältig, dass es hier nur im Rahmen einiger typischer Aufgaben wieder gegeben werden kann [vgl. Hüttmann/Müller-Oerlinghausen 2012, S. 20 f.; Schneider, J. 2014]:

Bestandsaufnahme. Zu Beginn eines Projektes werden gemeinsam mit den Kundenmitarbeitern die Ist-Situation analysiert und erste Aussagen zu Trends erarbeitet. Hier kommen dem Berater die Aufgabe der eindeutigen Projektformulierung sowie die Klärung der Strategieebene zu. Die Ergebnisse der Bestandsaufnahme sollten grundsätzlich mit dem Kunden abgestimmt werden, so dass von der gleichen Faktenbasis ausgegangen wird. Sehr häufig werden Teile der Bestandsaufnahme bereits in der Akquisitionsphase vorgenommen.

Problemerkennung und -strukturierung. Aufbauend auf der Faktenbasis müssen die Probleme eingegrenzt und priorisiert werden. Die Identifikation und Darstellung von Ursache-Wirkungs-Verhältnissen, Korrelationen und Hebelwirkungen kann dabei eine

wichtige Rolle spielen. Beratung impliziert auch die grundsätzliche Klärung und Überprüfung der Unternehmensziele und häufig auch ihre Neuformulierung im Dialog mit
der Unternehmensführung. Strategieberatung kann daher auch Anlass zur Revision von
Unternehmenszielen sein.

Auswahl relevanter Informationen. Aus Sicht des Beraters muss rasch Klarheit über
die vorhandene bzw. notwendige Informationsbasis gewonnen werden. Der Berater
stellt Schlüsselinformationen zusammen, überprüft diese auf ihre Relevanz und fasst sie
in einer Situationsbeschreibung zusammen. Eventuelle Fehlinterpretationen müssen
frühzeitig eliminiert werden. Auf diese Weise kann im Einvernehmen mit dem Kundenunternehmen eine gemeinsame Wissensbasis für die Hypothesenbildung und die strategische Analyse eingerichtet werden.

Hypothesenentwicklung. Auf der Grundlage der Erfahrungen auf Kunden- und Beraterseite werden erste Hypothesen formuliert. Die Hypothesenentwicklung ist eine bewährte Technik, um systematisch die Vorgehensweise im Projekt zu fokussieren und
die gesteckten Projektziele zu erreichen.

Analyse und Bewertung. Um die erarbeiteten Hypothesen zu testen und sich ein deut-
licheres Bild von den erfolgversprechenden Strategien zu machen, werden gezielte Un-
tersuchungen von Marktforschungsdaten (z. B. Umsatzzahlen, Marktanteile), Inter-
views oder Tests genutzt und ausgewertet. In diesem Aufgabenbereich ist vor allem die
methodische Kompetenz des Beraters gefragt. Die externe Analyse bezieht sich auf die
Position des Kundenunternehmens im wirtschaftlichen Umfeld, die Stellung und das
Verhalten der Wettbewerber, die Machtverhältnisse von Kunden und Lieferanten, die
Möglichkeit des Auftretens neuer Marktteilnehmer oder von Substitutionsprodukten.
Die interne Analyse zielt auf die Kosten- und Ertragsposition des Unternehmens ab und
bezieht vorhandene Kernkompetenzen mit ein. Wesentlich ist auch die Analyse der
Wertschöpfungskette in Bezug auf Markterfordernisse und Zielgruppen sowie die Be-
wertung einzelner Geschäftsbereiche bezüglich Umsatz- und Marktanteilsentwicklung.
Auch zu erwartende konjunkturelle Verläufe sowie strukturelle Trends bzw. Brüche
sind zu erfassen (z.B. technologische Entwicklungen, demografische Veränderungen)
und ggf. zu Szenarien zu verdichten.

Szenarioentwicklung. Bestimmte Parameter (z. B. Umsatz, Kosten) werden bei verschiedenen Annahmen simuliert, um über geeignete Szenarien zu einer Abschätzung
von Chancen und Risiken zu gelangen und zu prüfen, ob die Ziele des Top-Manage-
ments durch die entwickelte Strategie erreichbar sind. Potenzielle Risiken (z.B. das
Nichteintreten von Annahmen, Gegenreaktionen von Wettbewerbern) werden in ihren
möglichen Auswirkungen als Varianten berücksichtigt. Falls mehrere Zukunftsszenarien in Betracht gezogen werden, sind deren Parameter zu einer weiteren Auffächerung
der zu erwartenden Ergebnisse einzusetzen. Schließlich ist die reale Umsetzbarkeit jeder

Variante zu prüfen. Liegen mehrere plausible Zukunftsszenarien vor, so ist es erforderlich, alle Handlungsalternativen vor dem Hintergrund dieser Szenarien durchzuspielen
und so auf ihre Robustheit und ihr Wertsteigerungspotenzial zu überprüfen.

Entscheidungsvorbereitung. Die gesammelten Erkenntnisse müssen konsolidiert und
für das Management aufbereitet werden. Zwar trägt das Management des Kundenunternehmens die verantwortliche Entscheidung zugunsten einer strategischen Option, aber
der Berater muss in der Lage sein, Empfehlungen abzugeben und diese nachvollziehbar
quantitativ und qualitativ zu begründen. Hierzu gehört in erster Linie die finanzielle
Bewertung jeder Alternative, im Fall einer Geschäftsstrategie etwa in Form eines Ge-
schäftsplans (Business Plan).

Umsetzungsplanung. In diesem Aufgabenbereich werden alle Schritte für eine erfolgreiche Umsetzung der verabschiedeten strategischen Option genau festgelegt. Wer
macht was bis wann? Um das Umsetzungsteam optimal für die anstehenden Aufgaben
vorzubereiten, kann der externe Berater eine Vielzahl von detaillierten Umsetzungsplä-
nen bereitstellen.

4.2 Organisations- und Prozessberatung

Die Organisations- und Prozessberatung ist mit einem Anteil von 43,7 Prozent das
größte Beratungsfeld in Deutschland (siehe Abbildung 3-6). Es befasst sich mit Fragen
der Aufbau- oder Ablauforganisation sowie Prozessen. Die Organisations- und Prozessberater setzen auf eine bestehende oder neu erarbeitete Strategie eines Unternehmens
auf. Zielsetzung dabei ist, die Leistungs- und Anpassungsfähigkeit der Kundenunternehmen durch die Gestaltung oder Neugestaltung der Strukturen und Prozesse zu verbessern, ohne die Unternehmensleitlinien und -vision in Frage zu stellen. Generell steht
im Vordergrund, die Strukturen und Prozesse *effektiver* („Doing the right things")
und/oder *effizienter* („Doing things right") zu gestalten [vgl. Hartel 2008, S. 5].

4.2.1 Abgrenzung zu anderen Beratungsfeldern

Im Gegensatz zur *Strategieberatung*, die die Überprüfung und vor allem *Gestaltung* von
Geschäftsmodellen und Geschäftsfeldern zum Gegenstand hat, bewegt sich die Organi-
sations- und Prozessberatung innerhalb gegebener Potenziale und damit auf der *Umset-
zungsebene*. Insofern setzt die Organisationsberatung auf den Konzepten der Strategieberatung auf. Daher erfolgt der Kontakt zwischen Unternehmensberater und Kundenunternehmen nicht auf Ebene des Top- Managements, sondern in der Regel auf der mittleren bis unteren Führungsebene.

Im Unterschied zur *IT- und Technologieberatung*, die sich mit der Überprüfung und Gestaltung von Architekturen, Systemen und Anwendungen befasst, steht bei der Organisations- und Prozessberatung nicht das IT-System, sondern die Geschäftsanforderungen an das IT-System im Vordergrund. Die IT ist also der *„Enabler"* für effiziente Strukturen und Prozesse und sollte somit auf dem Organisations- und Prozesskonzept aufsetzen. Damit ergibt sich in gewisser Weise die logische (Aufsatz-) Kette: Strategieberatung → Organisations- und Prozessberatung → IT- und Technologieberatung [vgl. Hiob 2012, S. 25].

Konkret bedeutet diese begriffliche Abgrenzung bzw. Zuordnung, dass die Einführungs-, Modifikations- und Umfeldberatung von ERP-Systemen (z. B. SAP oder Oracle) zur Organisations- und Prozessberatung zählt, während die auftragsbezogene Programmierung von Modifikationen in der SAP- oder Oracle-Software der IT- und Technologieberatung zugerechnet werden muss.

4.2.2 Beziehungen zwischen Organisations- bzw. Prozessberater und Kunden

Erfolgsentscheidend für die Organisations- und Prozessberatung ist das Gleichgewicht zwischen Konzeption und Umsetzung. Der Berater muss stets eine Brücke schlagen von der theoretisch-konzeptionellen Ideallinie hin zur Machbarkeit. Doch nicht nur die „fachliche Passung" ist wesentlich für den Erfolg von Projekten. Ebenso wichtig sind die „menschliche Passung" und die gegenseitige Wertschätzung von Berater und Kunde. Edgar H. Schein hat diese besondere Beziehung des Organisations- und Umsetzungsberaters zu den Mitarbeitern des Kundenunternehmens als Grundpfeiler einer erfolgreichen Prozessberatung ausgemacht und dabei drei wesentliche „Operationsmodi" identifiziert [vgl. Schein 2003, S.23 ff.]:

- **Der Expertenmodus**, d. h. dem Kunden wird gesagt, was er zu tun hat; der Kunde kauft Informationen ein, die er selbst nicht erheben kann.

- **Der Arzt-Patient-Modus**, d. h. der Berater soll die Organisation des Kundenunternehmens „checken" und Bereiche herausfinden, die zu optimieren sind; die Analyse der Ursache und die anschließende „Behandlung" des Problems stehen im Vordergrund.

- **Der Prozessberatungsmodus**, d. h. der Kunde wird in den Prozess einbezogen. Allerdings weiß er bei Projektbeginn nur, dass etwas, unter zu Hilfenahme eines Beraters, zu verbessern ist. Welche Art von Hilfe nötig ist, wird gemeinsam erarbeitet.

4.2.3 Ansätze in der Organisations- und Prozessberatung

Idealtypisch können vier Grundformen der Unternehmensberatung unterschieden werden, auf die Organisations- und Prozessberater gegenüber dem Kunden zurückgreifen können, um die Vorgehensweise in Projekten zu bestimmen [vgl. Deelmann 2012, S. 13 ff.]:

Gutachterliche Beratung. Diese Form der Beratung ist relativ interaktivitätsarm und dient vornehmlich dem Wissenstransfer und der Erkenntnisvermittlung. Vor dem Hintergrund einer fixierten Zielsetzung und verschiedener Handlungsalternativen nimmt der Berater die Rolle eines neutralen Sachverständigen ein. Auf diese Weise können wissenschaftliche Erkenntnisse in das Kundenunternehmen transferiert werden. Die durch das Beratungsprojekt betroffenen Personen sind an der Erstellung der Empfehlungen nicht oder nur wenig beteiligt. Auch wird der Berater an der Umsetzung seiner Empfehlungen zumeist nicht beteiligt. Das Management des Kundenunternehmens sieht die beratene Organisation als Mittel zur Realisierung der von ihm formulierten Ziele.

Expertenberatung. Im Gegensatz zur gutachterlichen Beratungstätigkeit wird hier von Führungskräften und Beratern gemeinsam ein Problemlösungsprozess initiiert. Ein Organisationsvorschlag wird durch beide Gruppen erstellt und gemeinsam festgelegt. Die betrachtete Kundenorganisation wird dabei als offenes, zielgerichtetes und soziales System betrachtet, bei dem Menschen, Maschinen und Technologien zusammenwirken. Entscheidungen sind bei dieser Beratungsform das Ergebnis eines arbeitsteiligen Prozesses der Problemformulierung, Informationsbeschaffung, Suche und Bewertung von Alternativen, Realisierung und Kontrolle. Wie bei der gutachterlichen Beratungstätigkeit sind hier die eigentlich Betroffenen – in der Regel sind dies die Mitarbeiter des Kundenunternehmens – nicht oder nur zu einem geringen Umfang beteiligt.

Organisationsentwicklung. Dieser Beratungsansatz ist eher passiv und unterscheidet sich von den beiden vorgenannten Ansätzen dadurch, dass es die Mitarbeiter des Kunden selbst sind, die das vorliegende Problem angehen, Entscheidungen treffen und eine Veränderung der Organisation vorantreiben. Im Zentrum dieser Beratungsform steht die Vorstellung des lernfähigen Menschen. Der Berater zieht sich teilweise zurück und fungiert als Experte für die Initiierung des Lernens der Organisation bzw. der einzelnen Beteiligten. Er dient ihnen als Coach bei den Lernprozessen. Seine Rolle versucht der Berater umzusetzen, indem er organisatorische Verhaltensmuster z. B. durch Reflexion oder Spiegelung abbildet.

Systemische Beratung. Der Berater agiert als sogenannter „Beobachter zweiter Ordnung", der versucht, den Sinn und die zentralen Werte und Normen des Kundensystems zu verstehen. Die systemische Beratung hat ihre Wurzeln vor allem in der neueren Systemtheorie. Während der Berater beim Ansatz der Organisationsentwicklung selber reflektiert, unterstützt der systemische Berater den Kunden bei seiner Selbstreflexion. Der systemische Berater hilft dem Kunden bei der Erarbeitung einer neuen Problemsicht und macht ihn auf sogenannte latente Strukturen aufmerksam.

Während in der (wissenschaftlichen) Literatur die Ansätze der Organisationsentwicklung und systemischen Beratung dominieren, folgen in der Praxis die meisten Berater ganz offensichtlich dem Ansatz der gutachterlichen Beratung und noch stärker der Expertenberatung.

4.3 IT-/Technologieberatung

Die IT- und Technologieberatung weist sicherlich die größte Bandbreite und Vielfalt der hier explizit aufgeführten Beratungsfelder auf. Sie reicht von der Erstellung unternehmenskritischer Individualsoftware über die Implementierung von Standardsoftware oder Web-basierten Anwendungen bis hin zur Systemintegration und zu Fragen der Optimierung von IT-Architektur und -Infrastruktur. Verbindendes Element aller Dienstleistungskomponenten der IT- und Technologieberatung (engl. *Technology Services*) ist die Informationstechnologie.

4.3.1 Besonderheiten der IT-/Technologieberatung

Informationstechnologie ist eine Querschnittsfunktion mit vielen Berührungspunkten zu allen Unternehmensbereichen und -funktionen. Die IT- und Technologieberatung erfordert vom Berater ein hohes technisches Verständnis und eine Affinität zu IT-Themen. Ein besonderes Merkmal ist das hohe Veränderungstempo in der IT. Immer wieder werden neue Grenzen mit der Informations- und Kommunikationstechnik durchbrochen. Trends wie *Cloud Computing* oder das schnelle Vordringen der *Smartphones* und *Tablets* erfordern immer wieder das Überdenken und Anpassen der IT-Strategien der Unternehmen. Gefragt ist hier die Bewertung von Chancen und Risiken neuer Techniken gepaart mit dem Wissen um die Möglichkeiten und Grenzen verschiedener IT-Technologien und Produkte. Eine besondere Herausforderung ist es dabei, die innovative Technik mit gewachsenen IT-Systemen zu verbinden. Die Freischaltung neuer Systeme ist immer mit besonderen Risiken verbunden. Hier ist die Fachkompetenz des externen Beraters ganz besonders gefragt.

Trotz der hohen Veränderungsgeschwindigkeit und ihrer Auswirkungen ist die Informations- und Kommunikationstechnik niemals Selbstzweck, sie dient vielmehr als Werkzeug für die Verbesserung von Arbeitsabläufen, für die Schaffung neuer Produkte und Dienstleistungen und zur Erreichung der Unternehmensziele schlechthin. Technologieberatung bedeutet nicht nur, die richtigen Plattformen zur Verfügung zu stellen, sondern die optimale Verbindung der Kommunikationskanäle sicher zu stellen. Sie verbindet umfangreiche Technologie-Expertise und strategische Fähigkeiten, um Kunden bei der Entwicklung und Umsetzung einer integrierten, zukunftsfähigen IT-Strategie bestmöglich zu unterstützen. Das Leistungsspektrum reicht dabei von der Idee und Planung über die Auswahl und Optimierung von IT-Infrastruktur und IT-Anwendungen bis zum laufenden Management der IT-Lösungen [vgl. Wamsteker 2012, S. 24].

4.3.2 IT-Spezialberatungen

Allerdings sind nur die größeren Beratungsgesellschaften in der Lage, große Teile dieses Leistungsspektrums abzudecken. **Kleinere Unternehmensberatungen** haben sich auf klar umrissene Aufgabenstellungen im IT-Umfeld spezialisiert. Zu den Themenfeldern solcher IT-Spezialberater zählen u. a.:

- **IT-Strategie- und Umsetzungsberatung** (engl. *IT Strategy & Transformation*), d. h. der IT-Berater vereint IT- und Unternehmensstrategien und hilft, IT-Strategie und -Investitionen an Kriterien und Anforderungen auszurichten, die für das Management relevant sind;

- **IT-Infrastrukturberatung** (engl. *IT Infrastructure Consulting*), d. h. der Infrastrukturberater unterstützt Unternehmen dabei, komplexe IT-Infrastruktur durch kosteneffiziente und flexible Lösungen zu ersetzen;

- **IT-Netzwerkberatung** (engl. *Network Transformation*), d. h. der IT-Berater unterstützt eine grundlegende Neuformierung der Netz-Infrastruktur, um kosteneffizientere, flexibler skalierbare, sicherere und verlässlichere Netzwerke zu ermöglichen;

- **IT-Performanceberatung**, d. h. der IT- und Technologieberater hilft Unternehmen bei der Bewertung, Diagnose und Optimierung der Leistungsfähigkeit ihrer Anwendungen, der Anwendungsentwicklung und Testverfahren;

- **IT-Architekturberatung**, d. h. der Berater definiert die IT-Vision, Prinzipien, Standards und Planung, die Unternehmen dabei helfen, ihre Schlüsseltechnologien auszuwählen, einzuführen und zu aktualisieren;

- **IT-Sicherheitsberatung** (engl. *IT-Security*), d. h. externe Berater unterstützen Unternehmen, ihre Daten zu sichern, Identitäten zu schützen und vertrauliche Beziehungen mit Kunden, Auftraggebern und Partnern zu pflegen.

4.3.3 Technology Services

Größere Unternehmensberatungen, die nahezu die gesamte Bandbreite der IT- und Technologieberatung abdecken, teilen die **Technology Services** in folgende vier Bereiche auf:

- **Softwareentwicklung und Systemintegration** (engl. *Customer Solution Management*), d.h. die Entwicklung von individuellen Softwarelösungen, das Software-Qualitätsmanagement sowie die Integration der Lösungen in die bestehende Systemlandschaft;

- **Daten- und Informationsmanagement** (engl. *Business Information Management*), d. h. die richtige Interpretation von Daten, damit die Kundenorganisation einen wirklich geschäftlichen Nutzen aus den vielfältigen Datenbeständen zieht. Beispiele dafür sind das Data Warehousing oder die elektronische Akte und deren Archivierung;

- **Technologie- und Architekturmanagement** (engl. *Business Technology*), d. h. mit intelligenten Architekturen, Netzwerken und Infrastrukturen die Innovations- und Wettbewerbsfähigkeit der Kundenunternehmen steigern;

- **Anwendungsmanagement** (engl. *Application Management*), d. h. die Implementierung von Standard-Anwendungssoftware (z. B. SAP, Oracle, Microsoft) inklusive integrierbarer ergänzender Lösungen, um Geschäftsergebnisse nachhaltig und messbar zu verbessern.

Abbildung 4-1 liefert eine beispielhafte Darstellung der wichtigsten **Technology Services** eines Full-Service-Anbieters für IT- und Technologieberatung.

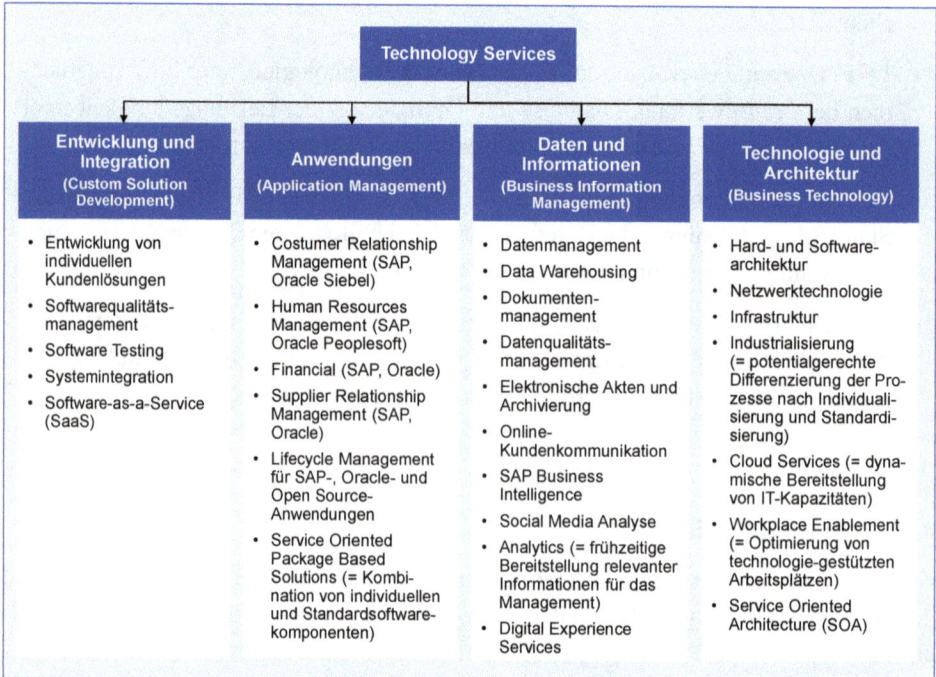

Technology Services			
Entwicklung und Integration (Custom Solution Development)	**Anwendungen** (Application Management)	**Daten und Informationen** (Business Information Management)	**Technologie und Architektur** (Business Technology)
• Entwicklung von individuellen Kundenlösungen • Softwarequalitäts-management • Software Testing • Systemintegration • Software-as-a-Service (SaaS)	• Costumer Relationship Management (SAP, Oracle Siebel) • Human Resources Management (SAP, Oracle Peoplesoft) • Financial (SAP, Oracle) • Supplier Relationship Management (SAP, Oracle) • Lifecycle Management für SAP-, Oracle- und Open Source-Anwendungen • Service Oriented Package Based Solutions (= Kombination von individuellen und Standardsoftware-komponenten)	• Datenmanagement • Data Warehousing • Dokumenten-management • Datenqualitäts-management • Elektronische Akten und Archivierung • Online-Kundenkommunikation • SAP Business Intelligence • Social Media Analyse • Analytics (= frühzeitige Bereitstellung relevanter Informationen für das Management) • Digital Experience Services	• Hard- und Software-architektur • Netzwerktechnologie • Infrastruktur • Industrialisierung (= potentialgerechte Differenzierung der Prozesse nach Individualisierung und Standardisierung) • Cloud Services (= dynamische Bereitstellung von IT-Kapazitäten) • Workplace Enablement (= Optimierung von technologie-gestützten Arbeitsplätzen) • Service Oriented Architecture (SOA)

Abb. 4-1:   Technology Services eines Full-Service-Anbieters (Beispiel)

4.4 IT-Outsourcing

Das Beratungsfeld **IT-Outsourcing** zählt nach den BDU-Statistiken nicht zu den Kern-Beratungsfeldern. Aufgrund der verschiedenen Anforderungen von Outsourcing-Kunden an ein Outsourcing-Projekt haben sich sehr unterschiedliche organisatorische Formen des IT-Outsourcings herausgebildet:

- **Komplettes Outsourcing**, d. h. die gesamte Unternehmens-IT inklusive der IT-Architektur wird an einen Dienstleister ausgelagert. Die Auslagerung umfasst dabei auch die Asset- und Hardwareübernahme bzw. -bereitstellung. Der Outsourcing-Dienstleister übernimmt die Gesamtverantwortung für alle IT-Leistungen, einschließlich Personalmanagement, Einkauf, Finanzierung, Wartung und Entsorgung [vgl. Bohlen 2004, S. 56].

- **Selektives Outsourcing**, d. h. nicht alle Bereiche der IT eines Unternehmens, sondern nur ein oder mehrere Teilbereiche werden ausgelagert und auf einen Outsourcing-Dienstleister übertragen. Wichtige Bereiche hierbei sind das *Application Management* (Hosting, Betrieb, Konfiguration und Optimierung inklusive Wartung der unternehmenskritischen Anwendungssoftware) oder das *Infrastructure Management* (IT-Architektur, Netzwerkwartung, Systemtechnik, Hardwaretechnik und Infrastrukturbetreuung).

- **Business Process Outsourcing**, d. h. ein kompletter Geschäftsprozess (z. B. Buchhaltung) wird an einen externen Dienstleister übertragen, der die gesamte Verantwortung für diesen Prozess übernimmt.

Eine sehr wichtige Funktion bei der Durchführung von Outsourcing-Projekten kommt dem **Service Level Agreement** (SLA) zu, das die verhandelten Service Levels für ein Outsourcing-Paket in einer schriftlichen, standardisierten Vereinbarung zwischen dem IT-Dienstleister und seinem Kunden dokumentiert. In Service Level Agreements werden die angeforderten und zu liefernden Serviceleistungen besonders in Bezug auf Qualität, Quantität und Kosten spezifiziert. Darin werden beispielsweise die maximale Reaktionszeit auf Störmeldungen, die Verfügbarkeit von technischem Personal oder der Minimaldurchsatz von Rechnern und Leitungen geregelt.

5. Angrenzende Bereiche der Unternehmensberatung

Immer wieder stellt sich die Frage, inwieweit bestimmte Institutionen noch zur Consultingbranche zählen bzw. wo die die Trennlinie z.B. zwischen

- Consulting und Software bzw. Beratungs- und Softwarehäuser
- Consulting und Wirtschaftsprüfung
- Consulting und Steuerberatung
- Consulting und Outsourcing
- Consulting und Inhouse Consulting sowie
- Consulting und Personalberatung

zu ziehen ist. Die nachstehenden Abschnitte befassen sich mit der Abgrenzung zu ähnlichen bzw. verwandten Branchen.

5.1 Consulting und Software

Die in Abschnitt 2.1.1 vorgenommene **Abgrenzung zwischen Sachgütern und Dienstleistungen** ist auch maßgebend für die Abgrenzung von Softwarehäusern und IT-Beratungsunternehmen. Während Softwarehäuser ihre Produkte auftragsunabhängig und damit für den anonymen Markt produzieren, befassen sich IT-Beratungsunternehmen schwerpunktmäßig mit der Erstellung von auftragsbezogener Individualsoftware oder der Modifikation und Einführung von Standardsoftware. Das Abgrenzungskriterium ist also, ob der Kunde (als externer Faktor) in den Softwareerstellungs-, -modifikations- oder -einführungsprozess eingebunden ist oder nicht.

Die Abgrenzung von Sach- und Dienstleistungen darf aber nicht dazu führen, beide Komponenten als völlig verschiedene oder unvereinbare Dinge anzusehen. Im Gegenteil, die Problemlösungskraft von Standardsoftware besteht ja gerade in einer engen Verzahnung von Sach- und Dienstleistung [vgl. Wolle 2005, S. 125].

Ähnlich einer *Zwiebel* besteht das Softwarepaket zumeist aus mehreren *Schalen*: Neben dem reinen Programm-Code und dem Help-System zählen hierzu die Anwenderdokumentation, eine Demo-Version, eine Testinstallation, die Software-Wartung (inkl. Hotline-Service) sowie die Benutzerschulung (siehe hierzu das „Schalenmodell" in Abbildung 5-1).

Neben diesen mehr oder weniger obligatorischen Angebotskomponenten kommen bei Softwarepaketen, deren Einsatz besonders einschneidende organisatorische Veränderungen nach sich ziehen (wie z. B. bei ERP-Systemen), noch weitere „Schalen" wie Einführungs-, Organisations- und Integrationsberatung sowie die Übernahme von evtl. erforderlichen Modifikationen hinzu. Und genau an dieser Stelle setzt häufig die Arbeitsteilung zwischen Softwarehäusern und IT-Beratungsunternehmen an. Während sich Softwarehäuser auf die Entwicklung und Wartung ihrer Softwareprodukte konzentrieren, übernehmen IT-Beratungsunternehmen die organisatorische Einführung, Anpassung und Schulung der Produkte. Diese Arbeitsteilung ist insbesondere bei den ERP-Systemen von SAP und Oracle zu beobachten.

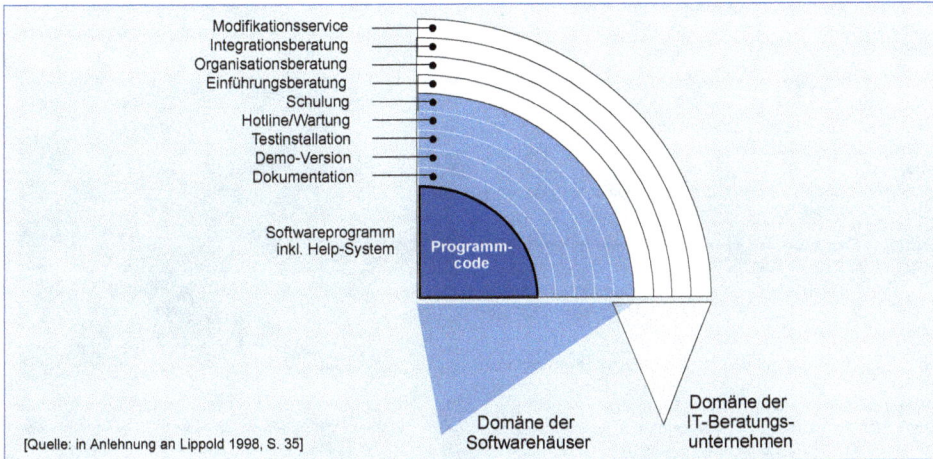

Abb. 5-1:   Standardsoftware als Kombination aus Sach- und Dienstleistung

Aber auch in anderen Anwendungsgebieten wie z. B. im *Product Lifecycle Management (PLM)* werden Entwicklung und organisatorische Einführung häufig unter getrennter Verantwortung durchgeführt (siehe hierzu das Beispiel in Insert 5-1).

Insert

Begriffliche Vielfalt: Softwarehaus, Systemhaus, VAR, Distributor, IT-Berater

Im Softwarebereich sind viele unterschiedliche Institutionen am Wertschöpfungsprozess beteiligt. Entsprechend haben sich für die Prozessphasen auch unterschiedliche Begriffe gebildet.

Nehmen wir zuerst den Klassiker: SAP, das größte **Softwarehaus** Europas, entwickelt und vermarktet Software seit den 1970er Jahren. Die Einführung, Integration, Organisation und ggf. Modifikation dieser Software übernehmen zumeist **IT-Beratungsunternehmen** wie Accenture, Capgemini oder BearingPoint. Hier gibt es also eine Zweiklassengesellschaft: Hersteller und IT-Berater.

Mit dem Siegeszug der Personal Computer in den 1990er Jahren und zunehmender Arbeitsteilung entwickelte sich die Zweiklassen- dann zu einer Fünfklassengesellschaft. Hierzu ein Beispiel aus dem Product Lifecyle Management (PLM-Bereich).

Beginnen wir diesmal mit einem französischen **Softwarehaus**, das ein CAD-Softwareprodukt (CAD=Computer Aided Design) für den Flugzeugbau entwickelt hat. Dank der permanenten Weiterentwicklung wird die Software auch in den Entwicklungsbereichen des Automobilbaus, des Anlagen- und Maschinenbaus, der Medizintechnik und des High-Tech-Bereichs eigesetzt. Das Softwarehaus ist aber nicht in der Lage, die CAD-Lösung aus eigener Kraft international und branchenübergreifend zu vermarkten und zu installieren. Aus diesem Grunde sucht es sich Partner, die diese Funktionen arbeitsteilig übernehmen.

In Deutschland findet der Softwarehersteller einen Partner, der ein Großteil der Softwareinstallationen als **Systemhaus** betreut. Der Begriff *Systemhaus* umfasst neben der organisatorischen Einführung und Betreuung noch eine weitere Dimension: Neben der Beratungskompetenz ist das Systemhaus auch für den Vertrieb des CAD-Produkts zuständig.

Dabei fungiert das Systemhaus als **Value-Added-Reseller (VAR)**, d.h. es ergänzt das Produkt durch eigene Softwareentwicklungen im Umfeld des CAD-Systems und

bietet so dem Anwenderunternehmen eine vollständige Lösung an, bei dem es das Produkt des Herstellers „mitverkauft" und dafür eine entsprechende Vermittlungsprovision erhält.

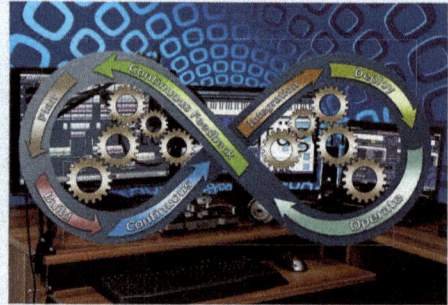

Auf diese Weise werden Anwenderunternehmen in die Lage versetzt, bestehende Lösungen zu erweitern und verschiedene Softwarewelten miteinander zu verbinden.

Der Vertrieb über Value-Added-Reseller geht einen Schritt weiter als der Vertrieb über (Software-)**Distributoren**. Während der Distributor das Softwareprodukt weitgehend unverändert anbietet, „veredelt" der VAR die Software durch wesentliche eigene Komponenten.

Der entscheidende Unterschied besteht also darin, dass Distributoren ihre Wertschöpfung weitgehend aus dem „reinen" Verkauf der Softwareprodukte ziehen, wohingegen der VAR sein Geschäftsmodell in der **Umfeldberatung** und Veredelung der Software sieht. Insofern ist der VAR eher dem Beratungs- als dem Softwaregeschäft zuzuordnen. Value Added Reseller (VAR) verleihen dem Wiederverkauf eine besondere Note. Sie ergänzen Standardprodukte um einen speziellen Mehrwert und vertreiben sie mitunter unter einem eigenen Markennamen.

[Quelle: Lippold 2021d]

Insert 5-1:   Arbeitsteilung im Softwareumfeld (Beispiel aus dem PLM-Bereich)

5.2 Consulting und Wirtschaftsprüfung

Im Gegensatz zum Unternehmensberater ist der Beruf des Wirtschaftsprüfers (WP) nicht nur geschützt, sondern sogar ein öffentliches Amt. Um sich Wirtschaftsprüfer nennen zu dürfen, muss ein angehender Prüfer hohe Hürden überspringen. Das Wirtschaftsprüferexamen gilt als eines der schwersten Examina überhaupt und es gibt einige Voraussetzungen, die gegeben sein müssen, um überhaupt zu dem Examen zugelassen zu werden. Studierende mit Hochschulabschluss müssen mindestens vier Jahre Berufserfahrung vorweisen, während Absolventen mit über acht Semestern Regelstudienzeit noch mindestens drei Jahre im Beruf gewesen sein müssen. Ohne Hochschulabschluss muss man mindestens zehn Jahre Prüfungstätigkeiten nachweisen können, um überhaupt die Möglichkeit zu haben, an dem Examen teilzunehmen.

5.2.1 Aufgaben des Wirtschaftsprüfers

Heute gibt es rund 14.700 Wirtschaftsprüfer in Deutschland. Ihre wesentliche Aufgabe ist es, den **Jahresabschluss** (inklusive der Buchführung) auf die Einhaltung der relevanten Vorschriften (beispielsweise der nationalen und internationalen Rechnungslegungsstandards, Aktiengesetz, Vorschriften des Gesellschaftsvertrags beziehungsweise der Satzung) zu überprüfen und Bestätigungsvermerke über die Vornahme und das Ergebnis solcher Prüfungen zu erteilen. Im Rahmen des Jahresabschlusses, zu dessen Prüfung alle mittelgroßen und großen Unternehmen verpflichtet sind, ist der Lagebericht dahingehend zu untersuchen, ob er mit dem Abschluss des Unternehmens im Einklang steht, insgesamt ein zutreffendes Bild der Lage des Unternehmens vermittelt und die Chancen und Risiken der künftigen Entwicklung zutreffend darstellt. Diese Prüfungen sind ausschließlich dem Wirtschaftsprüfer vorbehalten *("Vorbehaltsaufgaben")*.

Die Aufgabe eines Wirtschaftsprüfers ist aber nicht auf die Prüfung von Jahresabschlüssen und Bilanzen sowie auf die Analyse der wirtschaftlichen Situation eines Unternehmens beschränkt. Gemäß § 2 der Wirtschaftsprüferordnung (WPO) ist der Wirtschaftsprüfer zusätzlich befugt, in Steuerangelegenheiten zu beraten sowie Gutachter- und treuhänderische Aufgaben zu übernehmen. Auch lässt die Wirtschaftsprüferordnung ausdrücklich alle Tätigkeiten eines Wirtschaftsprüfers zu, die die Beratung in wirtschaftlichen Angelegenheiten zum Gegenstand haben (vgl. WPO, § 43, Abs. 4, Nr. 1). Dies hat in den letzten dreißig Jahren zu einer deutlichen Verschiebung der Tätigkeitschwerpunkte von Wirtschaftsprüfungsunternehmen in Richtung Unternehmensberatung geführt. Nicht zuletzt aufgrund dieses breiten Aufgabenspektrums gilt der Beruf des Wirtschaftsprüfers als herausragend und die Wirtschaftsprüfung als die Kerndisziplin der Betriebswirtschaftslehre.

Aus systematischer Sicht lässt sich das fachliche Know-how der prüfungsnahen Beratungsleistungen zur Beantwortung transaktionsorientierter, regulatorischer und prozessorientierter Fragestellungen wie folgt bündeln [vgl. Klees 2012, S. 29 f.]:

Transaktionsorientierte Beratung bei der

– Durchführung von Unternehmenskäufen, -verkäufen und -fusionen (engl. *Mergers & Acquisitions*),
– Begleitung von Börsengängen (engl. *Initial Public Offering – IPO*),
– vertraglichen Zusammenarbeit zwischen öffentlicher Hand und privatrechtlich organisierten Unternehmen (engl. *Public Private Partnership – PPP*),

- Prüfung, Analyse und Bewertung von Unternehmen insbesondere im Hinblick auf die wirtschaftlichen, rechtlichen, steuerlichen und finanziellen Verhältnisse (engl. *Due Dilligence*),
- Erarbeitung und Umsetzung von Restrukturierungsmaßnahmen, Sanierungskonzepten und strategischer Neuformierung (engl. *Restructuring*).

Regulatorische Beratung bei der

- Umstellung von HGB auf internationale Rechnungslegungsstandards IFRS und US-GAAP (engl. *Conversion*),
- Implementierung von Rating- oder Risikomanagement-Systemen (Basel II, Solvency II),
- Erfüllung von Compliance-Anforderungen in den Bereichen Rechnungslegung, interne Kontrollsysteme und Informationstechnologie (engl. *Corporate Governance*).

Prozessorientierte Beratung bei der

- Konzeption und Realisierung von Planungs-, Informations-, Steuerungs- und Controllingsystemen,
- Prävention und Aufklärung von Wirtschaftskriminalität (Forensic),
- Begleitung des Finanzierungs-, Treasury & Working Capital Managements.

Bei ihrer Beratungstätigkeit profitieren die Wirtschaftsprüfer nicht nur von ihrer hervorragenden fachlichen Ausbildung, sondern auch – und dies gilt naturgemäß in besonderem Maße für die Big Four-Gesellschaften – von der zunehmend international geprägten Organisationsstruktur. Diese stellt eine kontinuierliche Präsenz in vielen Ländern sicher, so dass die Berater mit den jeweiligen regionalen Besonderheiten vertraut sind.

Eine weitere Besonderheit ist die zumeist langjährige Beziehung zu seinen Kunden (Mandanten), die dem Wirtschaftsprüfer ein besonderes Verständnis für das jeweilige Geschäftsmodell verschafft. Während die „klassischen" Strategieberatungen vorwiegend Konzerne und große Unternehmen im Angebotsfokus haben, ermöglicht der von den Wirtschaftsprüfern verfolgte, eher analytische bzw. „zahlengetriebene" Beratungsansatz, der große Teile der heutzutage wesentlichen Problemfelder abdeckt, dass vor allem auch mittelständische Unternehmen von den Wirtschaftsprüfern aus einer Hand bedient werden [vgl. Klees 2012, S. 30].

Fazit: Wenn Wirtschaftsprüfer ein Unternehmen länger betreuen, werden sie häufig zu gesuchten Beratern, die bei vielen Fragen und Problemstellungen weiterhelfen können. Auf Grund der genauen Kenntnisse des Unternehmens wissen Wirtschaftsprüfer, welche betriebswirtschaftlichen, steuerlichen und rechtlichen Konsequenzen sich bei bestimmten Fragestellungen ergeben würden. Hier sind also deutliche Überschneidungen zum Aufgabenspektrum eines Unternehmensberaters zu sehen. Während das Schwergewicht des Wirtschaftsprüfers bei solchen Fragestellungen mehr die retrograde **Prüfung** und

Analyse ist, liegt der Hauptbeitrag eines Unternehmensberaters mehr in der **Gestaltung** unternehmerischer Maßnahmen, die nach vorne gerichtet sind.

Doch gerade in der jüngsten Zeit hat sich die „heile Welt" rund um den Wirtschaftsprüfer ein wenig verdunkelt. Denn obwohl das Geschäft mit Jahresabschlüssen, Firmenbewertungen, Gutachten und Steuergestaltungen immer noch wächst, hat sich der Kampf um die Mandate massiv verschärft. Dies kommt in einem enormen Preiskampf zum Ausdruck. Als Ursachen können verschiedene Aspekte angeführt werden:

- Prüfungstätigkeiten sind Standarddienstleistungen (engl. *Commodity*) und damit weitestgehend austauschbar, d. h. die jeweiligen Prüfungsgesellschaften haben in diesem Geschäftsfeld kaum Möglichkeiten, sich vom Wettbewerb zu differenzieren.

- Größere Unternehmen und Konzerne sind dazu übergegangen, die Prüfungsaufträge grundsätzlich auszuschreiben. Das erhöht den Wettbewerb und drückt den Preis.

- Staatliche und halbstaatliche Auftraggeber sind per Gesetz gezwungen, grundsätzlich den preiswertesten Anbieter zu nehmen.

- Bei Unternehmen führen immer häufiger die geschulten Einkaufsabteilungen – und nicht das Rechnungswesen – die Preisverhandlungen mit dem Prüfer.

- Schließlich bestehen im Prüfungssegment ganz offensichtlich Überkapazitäten auf Seiten der Wirtschaftsprüfungsgesellschaften.

5.2.2 Von den Big Eight zu den Big Four

Ein weiterer wichtiger Aspekt sind die Konzentrationsbestrebungen der Wirtschaftsprüfungsgesellschaften auf internationaler Ebene, die es einer Wirtschaftsprüfungsgesellschaft erlauben, ihre Mandanten auch über die Ländergrenzen hinaus zu betreuen. So entstand bereits in den 1980er Jahren der Begriff der *Big Eight*, der die damals größten acht international dominierenden Wirtschaftsprüfungsgesellschaften bezeichnete (siehe Abbildung 5-2).

Die *Big Eight* waren aus Zusammenschlüssen einer Vielzahl von regionalen Wirtschaftsprüfungsgesellschaften entstanden. In den 1990er Jahren wurden aus den *Big Eight* dann die *Big Six*, nachdem Ernst & Whinney mit Arthur & Young zu Ernst & Young und Deloitte, Haskins & Sells mit Touche Ross zu Deloitte & Touche fusionierten. Aus den *Big Six* wurden 1998 die *Big Five*, als sich Price Waterhouse mit Coopers & Lybrand zu PricewaterhouseCoopers zusammenschloss. Als Folge des Enron-Skandals im Jahr 2001 fusionierten die selbständigen Ländergesellschaften von Arthur Andersen mit unterschiedlichen Gesellschaften. In Deutschland schloss sich der größte Teil des Unternehmens mit Ernst & Young zusammen. Zugleich ging das Unternehmen, dessen Namen so etwas wie der Gattungsbegriff für Wirtschaftsprüfungsgesellschaften war, als eigenständige Gesellschaft bzw. Marke unter. Aus den *Big Five* wurden die *Big Four*.

„Big Eight" 1980er Jahre	„Big Six" 1990er Jahre	„Big Four" ab 2001	Anzahl der von den *Big Four* geprüften DAX-Unternehmen
Ernst & Whinney	Ernst & Young		
Arthur Young		Ernst & Young (EY)	6
Arthur Andersen	Arthur Andersen		
Peat Marwick International	KPMG	KPMG	12
Deloitte, Haskins & Sells	Deloitte & Touche	Deloitte	1
Touche Ross			
Price Waterhouse	Price Waterhouse	PwC	11
Coopers & Lybrand	Coopers & Lybrand		

Abb. 5-2:   Zusammenschlüsse der großen internationalen WP-Gesellschaften.

In Deutschland entfallen auf die „großen Vier" etwa 80 Prozent des Prüfungsgeschäfts (engl. *Assurance*) mit den 160 wichtigsten Aktiengesellschaften. Im DAX, dem deutschen Star-Index der 30 größten und liquidesten Unternehmen, sind die Big Four schon seit Jahren unter sich. Durch die Vergrößerung des Dax auf 40 Unternehmen wird sich die Situation auch nicht großartig ändern. Wenn es Änderungen gibt, dann sind dies Verschiebungen der Mandate innerhalb des Oligopols, die hervorgerufen werden durch die **EU-Rotationspflicht**.

Allerdings ist es der Hamburger Wirtschaftsprüfungsgesellschaft BDO, die Nummer fünf unter den deutschen Wirtschaftsprüfern, gelungen, das DAX-Oligopol zu brechen (siehe hierzu die Ausführungen im Insert 5-2).

100 Prozent beträgt dieser Anteil sogar bei den 30 DAX-Unternehmen, wobei hier eher von einer *Big-Two-Situation* gesprochen werden müsste, denn 23 DAX-Unternehmen werden allein von KPMG (12) und PWC (11) geprüft. Allerdings wird in diesem Tagesgeschäft kaum noch Wachstum erzielt. Im Gegenteil, Jahr für Jahr erzielen die *Big Four* weniger Honorare aus den reinen Jahresabschlussprüfungen bei den DAX-Unternehmen. Allein 10 Millionen Euro hat Siemens beim Prüferwechsel von KPMG zu EY für die Erstellung des Jahresabschlusses gespart. Trotzdem hat der Kampf um diese „Blue Chips" der deutschen Wirtschaft an Intensität eher zu- als abgenommen. Keiner will diese "Leuchtturmmandate" verlieren, sie sind gut fürs Image, und sie bringen weitere Einnahmequellen – etwa bei der Beratung. Denn der Gewinn dieser Prüfungsmandate

sichert nicht nur eine jahrelange Auslastung, sondern bietet überdies die Chance für zusätzliche, prüfungsnahe Beratungsaufgaben. Denn wer gut prüft, den verpflichten die Unternehmen auch gern als Berater. Die Quelle der Marktmacht der Big Four ist und bleibt die Prüfung. Ihre DAX-Mandate sind also Türöffner für weitere attraktive Beratungsprojekte. So sind die Tagessätze für strategische Beratung zum Teil doppelt so hoch wie die für reine Prüfungsarbeiten. Ein Viertel ihrer Gesamthonorare zahlen die führenden Konzerne schon jetzt für Beratungsleistungen am Rande der eigentlichen Abschlussprüfung [vgl. Handelsblatt vom 19.01.2011].

Insert

BDO bricht Dax-Oligopol der „Big Four"

Rotation zwingt Softwarehaus zu Trennung von KPMG – EY, PwC und Deloitte verzichten auf Bewerbung

BDO hat die turnusmäßige Prüferrotation genutzt und die Phalanx der „Big Four" im Dax durchbrochen. Der Softwarekonzern SAP wird die Beratungs- und Wirtschaftsprüfungsgesellschaft der Hauptversammlung 2022 als Nachfolger für KPMG vorschlagen, teilte BDO am Freitag mit. Seit Jahren teilen sich Deloitte, EY, KPMG und PwC alle Prüfmandate im deutschen Leitindex (siehe Grafik). Nun schert ausgerechnet der nach Marktkapitalisierung schwerste Wert aus und öffnet einem weiteren Prüfer die Tür.

Allerdings hatte BDO offenbar auch Glück, dass der Walldorfer Softwarekonzern in einer Sondersituation steckt. Wie aus dem Unternehmen verlautet, haben sich weder Deloitte noch EY oder PwC an der Ausschreibung beteiligt. Alle drei Prüfkonzerne seien wichtige und umsatzstarke Partner von SAP. Das hätte Interessenkonflikte bedeutet, heißt es zur Erklärung. Aufgrund der EU-Vorgaben zur Prüferrotation war es SAP nicht möglich, KPMG langfristig zu behalten. Daher sei die Ausschreibung für das Mandat auch frühzeitig initiiert worden, um dem neuen Abschlussprüfer ausreichend Zeit zur Einarbeitung und für die Übergangsphase zu gewähren.

Für BDO ist das Mandat ein riesiger Erfolg, der dem Unternehmen die Chance eröffnet, sich weiteren Schwergewichten zu empfehlen. „Wir freuen uns sehr, dass SAP sich für BDO als Abschlussprüfer entschieden hat. Das bestätigt, dass BDO national und international die Expertise und Leistungsfähigkeit besitzt, auch DAX-30-Konzerne bestens zu unterstützen", sagte der Vorstandsvorsitzende Holger Otte. Mit dem ersten Prüfmandat im Dax erfüllt sich auch eine Prognose, die Otte 2020 machte, als BDO ihr 100-jähriges Bestehen feierte. Schon vor gut einem Jahr zeigte sich der Vorstandschef überzeugt, dass sein Unternehmen von den gesetzlich verordneten Rotationsregeln profitieren werde. Als Ziel nannte er damals, ein Mandat in der

Klare Verhältnisse
Zahl der Prüfmandate im Dax 30

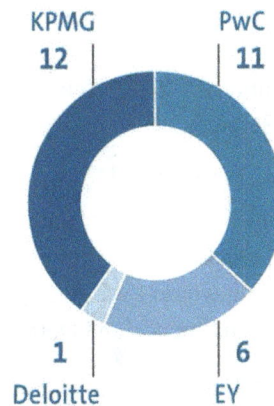

KPMG 12 — PwC 11 — Deloitte 1 — EY 6

© Börsen-Zeitung

Abschlussprüfung von einem Dax-Konzern zu ergattern (vgl. BZ vom 5.3.2020).

Die Chance für weitere Mandatierungen stehen sogar besser als vor einem Jahr. Aufgrund des Bilanzskandals bei Wirecard hat EY, die bis dahin als großer Profiteur der Rotation erwartet worden war, bereits sicher geglaubte Mandate wie bei der Deutschen Telekom verloren. Der Bonner Konzern bleibt zwar erst einmal bei PwC, muss aber spätestens 2023 rotieren. Noch mehr Prüfaufträge als PwC wird demnächst KPMG abgeben, die bislang die meisten Mandate hat. BDO dürfte anstreben, dann wieder die Nachfolge anzutreten.

[Quelle: Börsen-Zeitung vom 12.03.2021]

Insert 5-2:   BDO bricht Dax-Oligopol der Big Four

Mit welch harten Bandagen im Prüfungssegment gekämpft wird, macht eine Studie deutlich, die am Lehrstuhl für internationale Rechnungslegung und Wirtschaftsprüfung der Universität Tübingen durchgeführt wurde. Danach sind „Fee Cutting" und „Low Balling" an der Tagesordnung. *„Fee Cutting"* bedeutet, dass wechselwilligen Kunden besonders niedrige Eingangshonorare, die unter den Sätzen für Folgeprüfungen liegen, angeboten werden. *„Low Balling"* liegt vor, wenn die Prüfer im harten Preiskampf bei den Honoraren unter ihren Kosten bleiben. Die Studie kommt schließlich zum Fazit, dass der Wettbewerb auf dem Markt für Erstprüfungen zu einer Verdrängung kleinerer Wirtschaftsprüfer führt, die kein Fee Cutting betreiben [vgl. Wild 2010, S. 513 ff.]. Angesichts dieser Marktsituation ist es also nicht verwunderlich, dass der Wirtschafts-prüfer immer stärker beratungsnahe Aktivitäten übernimmt. Diese Aktivitäten, zu denen bspw. die Beratung bei Unternehmenstransaktionen und Finanzierungen, die Einsatzbe-ratung bei Systemen des Finanz- und Rechnungswesens, die Gestaltung von Manage-ment- und Kontrollsystemen, Restrukturierungen sowie die Aufklärung wirtschaftskri-mineller Sachverhalte zählen, werden als **prüfungsnahe Beratung** (engl. *Advisory*) be-zeichnet. Mittlerweile nimmt diese prüfungsnahe Beratung einen nicht unbeträchtlichen Anteil am Gesamtumsatz von Wirtschaftsprüfungsgesellschaften ein (siehe Insert 5-3).

Da mit dem *organischen* Consulting-Wachstum naturgemäß keine allzu großen Um-satzsprünge zu bewerkstelligen sind, widmen sich die WP-Gesellschaften in den letzten Jahren verstärkt den **Zukäufen** von Consulting-Firmen im Umfeld von Advisory und Consulting Services.

Besonders PwC ist mit der weltweiten Übernahme der Managementberatung Booz & Company und deren Markenwechsel zu Strategy& (gesprochen: Strategy and) in den Blickpunkt gerückt. Doch nicht nur im Bereich der Strategieberatung, sondern auch in der IT-Beratung wurde PwC fündig: Mit der Duisburger Cundus AG geht PwC künftig bei Business Intelligence und Data Analytics in die beraterische Offensive.

Derweil verstärkte sich KPMG mit BrainNet, Dr. Geke & Associates sowie TellSell Consulting.

EY wiederum erweiterte das Beratungsportfolio durch den Zukauf der Unternehmens-beratung J&M Management Consulting AG, das sich auf das Supply Chain Manage-ment, insbesondere die Optimierung von Lieferketten und operativen Prozessen, spezi-alisiert hat. Außerdem hat sich EY durch die Digitalberatung Etventure und die Strate-gieberatung Parthenon verstärkt.

Und auch das Unternehmen Deloitte, das sich im Gegensatz zu den anderen Big Four zu Beginn dieses Jahrtausends nicht von seiner Consulting-Sparte trennte, verstärkt die ohnehin starke Beratungsexpertise unter anderem durch den Erwerb der Monitor Group.

Insert

Advisory bei allen Big Four weiterhin stärkstes Segment
Umsätze der Big Four 2019/2020 nach Geschäftsbereichen

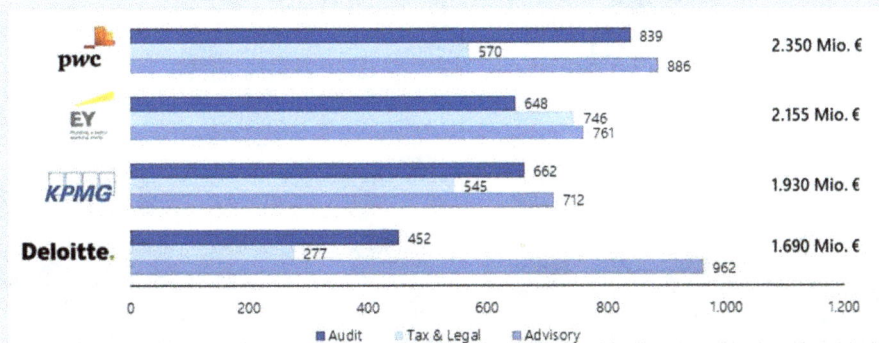

pwc — 839 / 570 / 886 — 2.350 Mio. €
EY — 648 / 746 / 761 — 2.155 Mio. €
KPMG — 662 / 545 / 712 — 1.930 Mio. €
Deloitte — 452 / 277 / 962 — 1.690 Mio. €

■ Audit   ■ Tax & Legal   ■ Advisory

Als letzte der Big Four veröffentlichte nun auch EY seine Zahlen für das vergangene Geschäftsjahr 2019/2020. Die Stuttgarter Gesellschaft verzeichnete ein Umsatzwachstum von 2,4 Prozent auf insgesamt 2,16 Milliarden Euro (Vorjahr 2,11 Mrd. €).

Nur Konkurrent **Deloitte** verbuchte im Geschäftsjahr 2019/2020 ein stärkeres Wachstum. Die Münchner legten um 3,0 Prozent zu und kommen auf eine Leistung von 1,69 Milliarden Euro (Vorjahr 1,64 Mrd. €).

KPMG wuchs im vergangenen Geschäftsjahr um 0,5 Prozent auf 1,93 Milliarden Euro (Vorjahr 1,92 Mrd. €).

Und Marktführer **PwC**? Die Frankfurter steigerten ihren Umsatz um 1,3 Prozent und stehen mit über 2,35 Milliarden Euro (Vorjahr 2,32 Mrd. €) weiterhin an der Spitze des deutschen Markts.

Bei genauerer Betrachtung der Segmentumsätze fällt auf, dass die Big Four im Geschäftsjahr 2019/2020 in Deutschland erneut mehr Umsatz mit Advisory (Corporate Finance inkl. M&A und Business Consulting) erzielten als mit Wirtschaftsprüfung.

Bei **PwC** mit einem Deutschlandumsatz von 2.350 Millionen Euro nimmt das Consulting mit 886 Millionen Euro den größten Umsatzposten ein. Mit 839 Millionen Euro folgt Audit, Tax liegt bei 570 Millionen Euro.

Auch bei **EY** sind die Advisory-Umsätze höher als die der anderen beiden Service Lines. Bei einem Gesamtumsatz von 2.155 Millionen Euro kommt Advisory auf 761 Millionen Euro, Tax auf 746 Millionen Euro und Audit auf 648 Millionen Euro.

Bei **KPMG** stellt ebenfalls das Advisory-Business die größte Sparte dar. Bei einem Gesamtumsatz von 1.930 Millionen Euro entfallen 712 Millionen Euro auf Advisory, 662 Millionen Euro auf Audit und 545 Millionen Euro auf Tax.

Bei **Deloitte** kommen von den 1.690 Millionen Euro Gesamtumsatz ganze 962 Millionen Euro aus dem Bereich Advisory. 452 Millionen Euro stammen aus der Wirtschaftsprüfung, 277 Millionen Euro aus der Steuerberatung. In Relation zum Gesamtumsatz sind die Beratungsleistungen bei Deloitte am stärksten ausgeprägt.

[Quelle: Lünendonk PR-Mitteilungen vom 18.03.2021]

Insert 5-3:   Umsatzaufteilung der Big-Four-Gesellschaften in Deutschland

Abschließend zur Abgrenzung zwischen Consulting und Wirtschaftsprüfung sollen die Hintergründe der bereits zuvor erwähnten Erweiterung des DAX auf 40 Unternehmen in Insert 5-4 thematisiert werden.

DAX 40: So investieren Anleger in den deutschen Leitindex DAX XXL

Der deutsche Leitindex wird größer, er besteht in Zukunft aus 40 statt aus 30 Unternehmen: aus DAX 30 wird DAX 40. Die Deutsche Börse zieht damit Konsequenzen aus dem Skandal rund um Wirecard. In unserem Ratgeber erfahren Sie alle wichtigen Infos zum DAX XXL, was das für Anleger bedeutet und wie Sie in den DAX 40 investieren können.

Der deutsche Leitindex DAX wird im September 2021 von aktuell 30 auf 40 Unternehmen aufgestockt, der MDAX schrumpft im Gegenzug von 60 auf 50 Mitglieder. Der Indexbetreiber, die Deutsche Börse AG, zieht damit Konsequenzen aus dem Wirecard-Skandal.

Der Zahlungsdienstleister sorgte als DAX-Mitglied mit einem historischen Betrugsskandal für ein regelrechtes Desaster an der Deutschen Börse. Mitte 2020 stürzte die Wirecard-Aktie ab und viele Anleger verloren ihr Kapital. Obwohl Wirecard bereits Ende Juni 2020 Insolvenz anmeldete und offensichtlich pleite war, musste das Unternehmen aus Aschheim bei München bis Ende August noch im DAX bleiben. Der Grund: Lücken im Regelwerk der Deutschen Börse.

Als an Stelle von Wirecard Delivery Hero in den DAX aufstieg, hagelte es heftige Kritik. Denn der Essenslieferant profitierte zwar stark von der Corona-Krise, konnte jedoch operativ keinen Gewinn verzeichnen. Außerdem ist Delivery Hero in Deutschland trotz des Hauptsitzes Berlin nicht mehr aktiv. Sein Deutschland-Geschäft hatte Delivery Hero bereits 2019 an den Konkurrenten Lieferando verkauft. Mit der Überarbeitung der Index-Regeln sollen in Zukunft Fälle wie diese in Zukunft nicht mehr passieren.

Um in Zukunft in den DAX neu aufgenommen zu werden, hat die Deutsche Börse strengere Regeln festgesetzt, die vor allem solch ein Chaos wie den Wirecard-Skandal verhindern sollen. So

müssen Unternehmen seit Dezember 2020 vor der Aufnahme in den DAX mindestens zwei Jahre hintereinander ein positives Gewinn-Ergebnis vor Zinsen, Steuern und Abschreibungen erwirtschaftet haben. Dieses nennt sich Ebitda (Earnings before interest, taxes, depreciation and amortization).

Außerdem sind ab März 2021 alle DAX-Mitglieder dazu verpflichtet, Quartalsmitteilungen und testierte Geschäftsberichte zu veröffentlichen und das spätestens 90 Tage nach Ende des Geschäftsjahres. Die Frist kann einmalig um 30 Tage verlängert werden. Liegen nach Ablauf dieser keine Geschäftszahlen vor, fliegen sie automatisch aus dem Index – das gilt nicht nur für den DAX, sondern auch für MDAX, TecDAX und SDAX. So verschob zum Beispiel Wirecard mehrfach die Veröffentlichung der Zahlen und blieb weiterhin im DAX. Sowas wird in Zukunft nicht mehr möglich sein.

Die neue Index-Zusammenstellung des DAX wird in Zukunft gleich zweimal jährlich überprüft – im März und im September. Bisher hat der Arbeitskreis Aktienindizes den Deutschen Leitindex nur im September unter die Lupe genommen. Dabei wird nur noch die Marktkapitalisierung der frei handelbaren Aktien eine Rolle spielen. Bisher wurde die Marktkapitalisierung und der Börsenumsatz zur Entscheidung über den Verbleib im DAX herangezogen (verkürzt).

[Quelle: https://www.finanzen.net/ratgeber/dax-40]

Insert 5-4:   DAX 40: So investieren Anleger in den deutschen Leitindex

5.3 Consulting und Steuerberatung

Ebenso wie die Wirtschaftsprüfung zählt auch die Steuerberatung zu den freien Berufen und ebenso wie der Beruf des Wirtschaftsprüfers ist auch der Beruf des Steuerberaters geschützt. Um den Titel „Steuerberater" zu erlangen, muss nach deutschem Recht auch ein Examen abgelegt werden, das die allermeisten Wirtschaftsprüfer auf ihrem Weg zum WP-Examen ebenfalls ablegen. Die Aufgaben eines Steuerberaters, die im Steuerberatungsgesetz (StBerG) geregelt sind, gehen weit über die reine Hilfestellung in Steuersachen hinaus. Insbesondere bei betriebswirtschaftlichen Beratungen gewinnt die Unterstützung durch den Steuerberater zunehmend an Bedeutung. Zu den Vorbehaltsaufgaben des Steuerberaters – also zu den Aufgaben, die ausschließlich dem Steuerberater vorbehalten sind – zählen die

- **Steuerdeklarationsberatung**, d. h. Hilfestellung bei der Erfüllung der dem privaten oder betrieblichen Steuerpflichtigen auferlegten Steuererklärungspflichten,
- **Steuerrechtsdurchsetzungsberatung**, d. h. sämtliche Aufgaben und Hilfestellungen bei Auseinandersetzungen mit der Finanzbehörde und der Finanzgerichtsbarkeit und
- **Steuergestaltungsberatung**, d. h. die optimale Gestaltung steuerrelevanter Sachverhalte im Sinne des Mandanten.

Wie Abbildung 5-3 erkennen lässt, kann der Wirtschaftsprüfer den Steuerberater substituieren, da die Themenfelder, die der Steuerberater bearbeitet, auch im Aufgabenbereich des Wirtschaftsprüfers liegen. Andersherum kann keine Substitution stattfinden, da der Wirtschaftsprüfer zusätzliche Qualifikationen benötigt. Die Unternehmensberatung jedoch kann sowohl vom Wirtschaftsprüfer, als auch vom Steuerberater und vom Unternehmensberater ausgeführt werden. Ein Unternehmensberater kann aber weder eine steuerrechtliche Beratung abgeben noch eine Jahresabschlussprüfung durchführen. Bei den großen Wirtschaftsprüfungsgesellschaften war die Steuerberatung (engl. *Tax*) nach der Abschlussprüfung traditionell das zweitgrößte Umsatzsegment. Allerdings wird dem Steuerberatungsumsatz diese Position zunehmend vom Beratungsumsatz streitig gemacht.

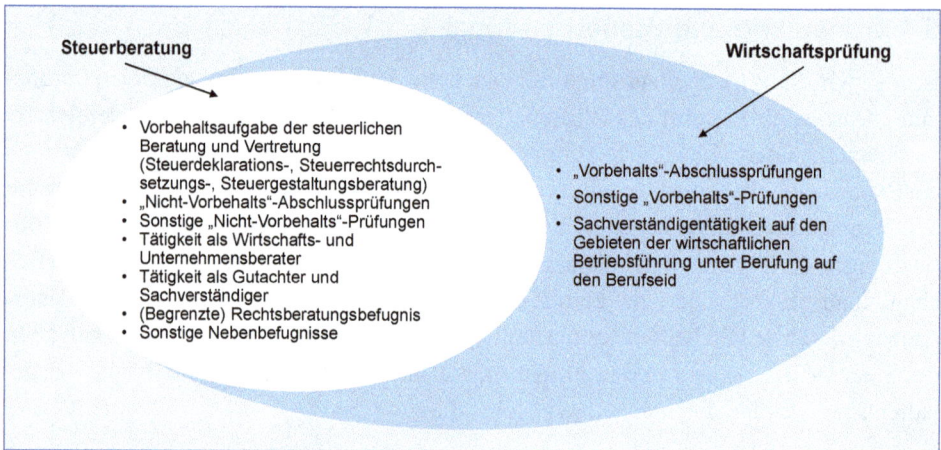

Steuerberatung

- Vorbehaltsaufgabe der steuerlichen
  Beratung und Vertretung
  (Steuerdeklarations-, Steuerrechtsdurch-
  setzungs-, Steuergestaltungsberatung)
- „Nicht-Vorbehalts"-Abschlussprüfungen
- Sonstige „Nicht-Vorbehalts"-Prüfungen
- Tätigkeit als Wirtschafts- und
  Unternehmensberater
- Tätigkeit als Gutachter und
  Sachverständiger
- (Begrenzte) Rechtsberatungsbefugnis
- Sonstige Nebenbefugnisse

Wirtschaftsprüfung

- „Vorbehalts"-Abschlussprüfungen
- Sonstige „Vorbehalts"-Prüfungen
- Sachverständigentätigkeit auf den
  Gebieten der wirtschaftlichen
  Betriebsführung unter Berufung auf
  den Berufseid

Abb. 5-3:   Aufgabenarten der Steuerberatung und Wirtschaftsprüfung

5.4 Consulting und Outsourcing

Richtigerweise müsste die Abgrenzung, um die es in diesem Abschnitt geht, "Consulting und **IT-Outsourcing**" heißen, denn die teilweise oder vollständige Auslagerung der betrieblichen *Informationsverarbeitung* an einen Dienstleister ist Gegenstand der hier diskutierten Abgrenzung zur „klassischen" Beratung. Ohnehin ist das IT-Outsourcing Vorreiter beim Fremdbezug von bislang intern (aus Sicht der Kundenunternehmen) erbrachten Leistungen. Hierbei dominierte zunächst das infrastrukturorientierte Outsourcing (Hardware, IT-Netze). Aktuell gewinnen aber das anwendungsbezogene Outsourcing (engl. *Application Management*) und das prozessorientierte Outsourcing (engl. *Business Process Outsourcing*) zunehmend an Bedeutung im Rahmen des IT-Outsourcings.

Bei allen Varianten des IT-Outsourcings ist allerdings auf einen Unterschied zu den klassischen Beratungsleistungen hinzuweisen: Während der Berater „im Normalfall" dem Kunden keine Entscheidung abnimmt, sondern nur Hilfe zur Selbsthilfe leistet und damit mit seiner Dienstleistung die Entscheidung des Kunden lediglich vorbereitet, trägt der Berater beim Outsourcing die volle *Verantwortung* für Realisierung und Umsetzung. Beim Outsourcing als Beratungsleistung entfällt also die Freiheit und Pflicht des Kunden zur Entscheidung über die Realisierung der Beraterempfehlungen. Hier übernimmt der IT-Berater von vornherein die volle Verantwortung für alle an ihn ausgelagerten Aufgaben und Prozesse.

Die Hauptgründe für das IT-Outsourcing der Kundenunternehmen sind zumeist Kostensenkung, Konzentration auf das Kerngeschäft sowie fehlendes oder mangelndes Knowhow im IT-Bereich. Da viele, insbesondere größere IT-Beratungsunternehmen genau über diese Ressourcen als Kernkompetenz verfügen, ist die Dienstleistung als fester Bestandteil des Leistungsangebots und als „Run" in das *Plan – Build – Run-Modell* aufgenommen worden.

Eine grundsätzliche Einschätzung aus Sicht der Kundenunternehmen darüber, ob zentrale Unterstützungsleistungen und -prozesse in eigener Regie lokal, als Shared Service Center oder als Fremdbezug in Form eines Business Process Outsourcing organisiert werden sollten, liefert Abbildung 5-4.

Danach wird der Entscheidungsprozess anhand der beiden Parameter „Reifegrad der Prozesse" und „Kosteneinsparungspotenzial" bestimmt. Je höher der Reifegrad (engl. *Maturity*), also die Stabilität der Prozesse ist und je höhere Kosteneinsparungen (engl. *Cost Savings*) angestrebt werden, umso mehr spricht für eine „Buy"-Entscheidung in Form eines Business Process Outsourcing.

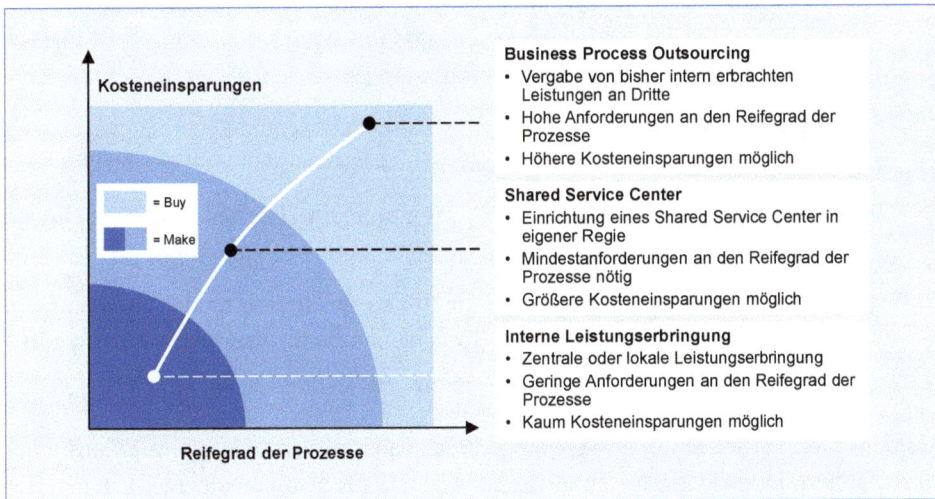

Abb. 5-4:   Parameter für „Make-or-buy"-Entscheidungen bei Support-Funktionen

5.5 Consulting und Inhouse Consulting

Inhouse Consulting ist noch ein relativ junges Phänomen, das sich in der deutschen Konzernlandschaft aber bereits weitgehend durchgesetzt hat. So bezeichnet Roland Berger bereits im Jahr 2002 die Kunden als größte Konkurrenz des Beraters und beschreibt damit die Situation, dass interne Beratung häufig der Beauftragung von externen Beratern vorgezogen wird [vgl. Gaitanides/Ackermann 2002, S. 302].

5.5.1 Grundfunktionen des Inhouse Consulting

Durch die Etablierung einer internen Unternehmensberatung werden gegenwärtig folgende **Funktionen** wahrgenommen [vgl. Leker et al. 2007, S. 148]:

- **Problemlösungsfunktion**, d. h. die Unterstützung bei Problemstellungen im Unternehmen durch Lösungsvorschläge;

- **Koordinationsfunktion**, d. h. die Angleichung unterschiedlicher Zielsetzungen und der Herstellung einer Verbindung zwischen Hierarchiestufen und Funktionsbereichen im Unternehmen;

- **Kommunikationsfunktion**, d. h. durch bereichsübergreifende Projekte wird der Informationsaustausch von Unternehmenseinheiten gefördert, die ansonsten nicht miteinander in Berührung stehen;

- **Wissensfunktion**, d. h. die systematische und zentrale Dokumentation der innerbetrieblichen Wissenspotenziale einerseits und die Wissensförderung der Linien-Mitarbeiter durch stetigen Wissenstransfer andererseits;

- **Innovationsfunktion**, d. h. die Möglichkeit, Innovationen im Unternehmen anzustoßen, voranzutreiben und zu bewerten;

- **Organisationsentwicklungsfunktion**, d. h. der interne Berater kann Einstellungen im Unternehmen beeinflussen und Umdenkungsprozesse initiieren;

- **Personalentwicklungsfunktion**, d. h. die Intention, Mitarbeiter der internen Beratungseinheit weiterzubilden und zu fördern und damit internen Management-Nachwuchs aufzubauen.

Mehr als zwei Drittel der 30 DAX-Unternehmen haben bereits eine Inhouse Consulting Unit etabliert. Die wichtigsten strategischen Gründe für den Aufbau einer eigenen Beratungseinheit sind

- Reduktion von Kosten gegenüber der Beauftragung externer Beratungen,
- Entwicklung interner Strategien,
- Aufbau von internem Management-Nachwuchs,
- Einführung neuer, externer Manager in den Konzern sowie
- Bildung einer schnellen, umsetzungsstarken und allseits akzeptierten „Eingreiftruppe".

Viele Unternehmen betrachten demnach das Inhouse Consulting als **Talentpool** für die eigenen Führungsnachwuchskräfte. Häufig arbeiten Inhouse Consulting Units in Projekten mit einem internationalen Kontext. Inhouse Consulting lässt sich aufgrund seiner zunehmend strategischen Ausrichtung als **Strategieberatung** einordnen.

Da Inhouse Consultants zunehmend am Markt nicht nur mit namhaften Generalisten, sondern zudem mit erfolgreich etablierten, funktionalen Spezialisten konkurrieren, unterliegen externe und interne Beratungsleistungen im Einkauf den gleichen Kriterien. So wird häufig eine zentrale Einkaufsabteilung in den Beauftragungsprozess eingebunden. Außerdem werden Angebote von konkurrierenden Wettbewerbern eingeholt.

Allgemein wird mit einem deutlichen **Wachstum** bei intern zu vergebenen Beratungsleistungen gerechnet. Allerdings herrscht insgesamt immer noch eine **geringe öffentliche Wahrnehmung** von Inhouse Consulting Units. Dies hat naturgemäß eine geringe Akzeptanz und Attraktivität für potentielle Bewerber zur Folge, obwohl gerade die Karrierechancen in diesen internen Beratungseinheiten als besonders gut eingestuft werden.

5.5.2 Make-or-buy

In diesem Zusammenhang soll noch auf folgende Grundfrage eingegangen werden: Ist es wirtschaftlicher, eine dispositive, originär unternehmerische Aufgabe intern zu lösen oder über den externen Markt zu erbringen? Die *Transaktionskostentheorie* kann Hinweise zur (theoretischen) Auflösung dieses *Make-or-buy*-Problems liefern. Im Falle einer externen Beauftragung entstehen beim Kundenunternehmen Transaktionskosten *ex ante* für den Such- und Auswahlprozess (Bedarfsbeschreibung/Pflichtenheft, Anbietersuche, Angebotseinholung, Anbietervorauswahl, Vertragsverhandlungen, Vertragsabschluss). *Ex post* ergeben sich Transaktionskosten für das Monitoring des Beratungsprojekts sowie für Änderungsanträge (engl. *Change request*). Im Fall einer Inhouse Beratung entstehen Transaktionskosten *ex ante* im Zusammenhang mit Aus- und Weiterbildungsmaßnahmen, mit entsprechenden Anreiz- und Vergütungssystemen, mit zusätzlichen Personaleinstellungen oder internen Versetzungen. *Ex post* fallen ebenfalls Transaktionskosten für das Monitoring des Projekts sowie für die Aufrechterhaltung der Einsatzbereitschaft des Teams an. Letztlich sind es Kriterien wie die Häufigkeit der nachgefragten Beratungsprojekte, die Opportunitätskosten des Investments einer Inhouse Consulting-Einheit, die Einzigartigkeit der erwarteten Aufgaben sowie die entsprechenden Transaktionskosten, an denen entlang ein theorie-basierter Vergleich darüber vorgenommen werden sollte, in welchen Fällen eine interne Lösung oder eine externe Lösung wirtschaftlicher ist [vgl. Armbrüster 2006, S. 45 und 103].

Unterstellt man bei einem solch theorie-basierten Vergleich den (nicht ganz realistischen) Fall, dass ein Gleichgewicht zwischen interner und externer Qualität und Leistung (engl. *Performance*) besteht, dann ist zumindest die Unterscheidung zwischen fixen und variablen Kosten ein wesentlicher Gesichtspunkt. So sind die Kosten für die externe Beratung vollständig variabel; sie variieren mit der Anzahl der Projekte bzw. mit der Anzahl der Beratungstage. Im Gegensatz dazu sind die Kosten bei der Inhouse Beratung weitgehend fix bzw. sprungfix [vgl. Theuvsen 1994, S. 71 f.].

Abbildung 5-5 veranschaulicht diesen (theoretischen) Kostenvergleich zwischen einer institutionalisierten internen Beratungseinheit und der Inanspruchnahme einer externen Beratung.

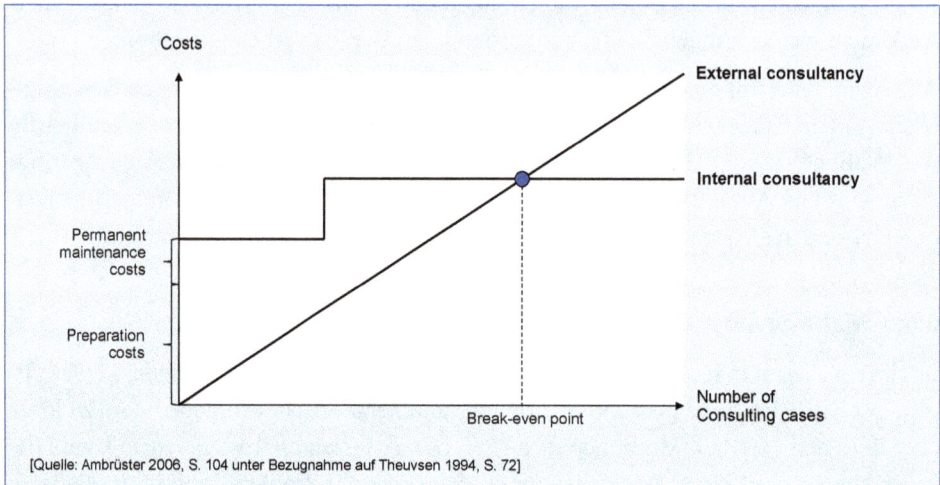

[Quelle: Ambrüster 2006, S. 104 unter Bezugnahme auf Theuvsen 1994, S. 72]

Abb. 5-5:   Kostenvergleich zwischen interner und externer Beratung

5.6 Consulting und Personalberatung

Der Personalbeschaffungsmarkt in Deutschland ist stark fragmentiert. Er wird von Anbietern verschiedener Typen und unterschiedlicher Größen besetzt. Bezeichnungen wie Personalberater, Personalvermittler, Head Hunter und andere beschreiben ein Geflecht unterschiedlicher Leistungen, das nur schwer zu durchschauen ist. Insbesondere der Begriff „Personalberater" wird im Markt höchst unterschiedlich verwendet [vgl. Lünendonk-Whitepaper 2013, S. 9].

Rund 2.000 Personalberatungsgesellschaften mit über 6.800 Personalberatern sind es, die in Deutschland mehrheitlich nicht Personal*beratung*, sondern lediglich Personal*suche* anbieten. Im Gegensatz zur Unternehmensberatung lässt sich bei der Personalberatung das Beratungsobjekt nicht aus dem Wortsinn ableiten. *„Das Beratungsobjekt ist nicht das Personal. Vielmehr leitet sich der Inhalt dieses Begriffs aus der Funktionalität und seiner Zweckorientierung ab, nämlich als externer Dienstleister nachfragende Unternehmen in personalpolitischen Fragestellungen zu beraten"* [Neudeck 2016, S. 49].

In diesem Zusammenhang sei die Frage erlaubt, ob sich das Beratungsobjekt der Personalberatung nicht doch aus dem Wortsinn ableiten ließe. Warum unterstützen Deutschlands Personalberater zwar Unternehmen bei der Suche nach Fach- und Führungskräften, aber warum nicht auch Bewerber wie Hochschulabsolventen bei der Suche nach Einstiegsjobs mit Perspektive?

Wer führt denn eigentlich für die vielen Absolventen mit Bachelor- oder Masterabschluss eine fundierte **Berufseinstiegsberatung** und damit eine wirkliche **Personalberatung** durch? Die Bundesagentur? Oder wären nicht doch die Personalberater mit ihrem Instrumentarium (Eignungsdiagnostik etc.) und ihren spezifischen Marktkenntnissen die geeigneteren Marktteilnehmer? Frischgebackene Bachelor müssen teilweise bis zu 50 Bewerbungen schreiben, um zu einem Vorstellungsgespräch eingeladen zu werden. MBA-Studierende, die berufsbegleitend, also nach Feierabend ihre Freizeit opfern, um sich beschäftigungsfähig (engl. *employable*) für eine neue Bewerbung zu machen, sind ein Beleg für die unzähligen unzufriedenen akademischen Berufsanfänger.

Warum also sind Bewerber mit Bachelor- und Masterabschluss nicht ein Geschäftsmodell für Personalberater? Es geht nicht darum, dass die Personalberater nun total umschwenken. Executive Search bzw. Personalsuche in allen Ehren, aber Personalberater sind eben auch „Berater" und wer benötigt (Einstiegs-)Beratung mehr als die zigtausenden Hochschulabsolventen? Insert 5-5 behandelt das potenzielle Geschäftsmodell der Personalberater ausführlich.

(Bisherige) Kernaufgabe einer Personalberatung ist also die Suche und Auswahl von Fach- und Führungskräften im Auftrag von Unternehmen. Die herausragende Bedeutung der Personalrekrutierung wird auch darin deutlich, dass der Anteil der Suchaufträge am Gesamtumsatz der Personalberatungsbranche seit Jahren konstant zwischen 80 und 90 Prozent schwankt [Quelle: diverse BDU-Pressemitteilungen].

Entsprechend lässt sich die Personalberatung in zwei Bereiche unterteilen [vgl. Neudeck 2016, S. 53]:

- Personalberatung im engeren Sinn
- Personalberatung im weiteren Sinn.

--- Insert --

Warum sind Hochschulabsolventen eigentlich kein Geschäftsmodell für Personalberater? Ein Denkanstoß

Rund 2.000 Personalberatungsgesellschaften sind es, die hierzulande Personalberatung anbieten. Nein, sie bieten mehrheitlich nicht Personalberatung, sondern lediglich Personalsuche an! Sie suchen Führungskräfte und Spezia-listen im Auftrag personalsuchender Unter-nehmen. Doch wer führt eigentlich für die vielen Hochschulabsolventen mit Bachelor- oder Masterabschluss eine fundierte Berufseinstiegsberatung durch? Die Bundesagentur? Oder wären nicht doch die Personalberater mit ihrem Instrumentarium (Eignungsdiagnostik etc.) und ihren Marktkenntnissen die geeigneteren Marktteilnehmer? Also: Warum kümmern sich unsere Personalberatungen nicht um die vielen zigtausend frischgebackenen Bachelor und Master, die Jahr für Jahr – Bologna sei's gedankt (oder geschuldet?) – unsere Hochschulen verlassen und dann auf einen als absurd zu bezeichnenden Arbeitsmarkt treffen.

Warum absurd? Weil es immer wieder heißt: Deutschland hat einen akuten Mangel an Fachkräften. Gehören Bachelor und Master (besonders im wirtschaftswissenschaftlichen Bereich) nicht zu den Fachkräften? Doch, und sogar eher zu den Fach- als zu den Führungsnachwuchskräften. Denn sie müssen heutzutage in vielen Fällen Sachbearbeiteraufgaben übernehmen, für die früher ein ausgebildeter Industriekaufmann zuständig war. Sie müssen häufig unzählige Bewerbungen schreiben, um überhaupt die Chance zu einem Vorstellungsgespräch zu bekommen. Und wenn sie schließlich – oftmals nach monatelanger Suche – endlich einen Job gefunden haben, stellt sich leider allzu häufig heraus, dass der Job weder Eignung noch Neigung entsprach. Die **vielen tausend MBA-Studierenden**, die berufsbegleitend, also nach Feierabend ihre Freizeit opfern, um sich "employable" (beschäftigungsfähig) für eine neue Bewerbung zu machen, sind ein Beleg für die unzähligen unzufriedenen akademischen Berufsanfänger. Wohlgemerkt, es geht hierbei nicht (nur?) um die High-Potentials, die sich ohnehin ihre Jobs auf dem absurden Bewerbermarkt aussuchen können. Nein, es geht um den durchschnittlich begabten Bachelor oder Master, der sehr lange warten muss, bis er zum ersten Bewerbungsgespräch eingeladen wird und dann mangels Alternativen nehmen muss, was gerade daher kommt. Es geht nicht darum, dass die Personalberater nun total umschwenken.

Nein, Executive Search bzw. Personalsuche in allen Ehren, aber Personalberater sind eben auch "Berater" und wer benötigt (Einstiegs-)Beratung mehr als unsere Hochschulabsolventen? Zwei Gründe lassen sich ausmachen, warum die Zielgruppe der Hochschulabsolventen bei den Personalberatern offensichtlich kein Gehör findet: Erstens geht es der Personalberatungsbranche aufgrund der **guten konjunkturellen Lage** derzeit auffallend gut, so dass überhaupt kein Leidensdruck besteht, über neue Geschäftsmodelle nachzudenken. Zweitens sind die bestehenden Auftraggeber der Personalberater, also die Unternehmen, naturgemäß wesentlich **solventer** als frischgebackene Bachelor oder Master, die bislang von ihren Eltern unterstützt wurden oder ihr Studium durch Nebenjobs selbst finanziert haben.

Der erste Grund kann sich schneller ändern, als uns allen lieb ist, und zum zweiten Grund ließe sich einwerfen, dass die Größenvorteile von der Anzahl her gesehen (economies of scale) vielleicht doch auf der Seite der Hochschulabsolventen liegen. Es müssten ganz einfach nur Bezahl- bzw. Honorarmodelle (vielleicht sogar mit Erfolgsbeteiligung!) gefunden werden, die das „Massengeschäft" der Beratung und Vermittlung von Hochschulabsolventen höchst profitabel gestalten. Mit ein wenig Kreativität und Phantasie ließen sich hier **Erfolgs- und Phasenmodelle** (z.B. über mehrere Arbeitgeber hinweg) gestalten, die zu einer echten Win-win-Situation für Personalberater und Hochschulabsolventen gleichermaßen führt. Wichtig ist, dass es sich bei diesem Geschäftsfeld um eine Personalvermittlung **und** um eine Personalberatung handelt. Bausteine aus der Eignungsdiagnostik und dem Outplacement sind bei wirklich qualifizierten Personalberatern zu genüge vorhanden. Warum solche Leistungsprofile nicht auch bei denjenigen einsetzen, die es wirklich nötig haben und wo der Leidendruck besonders hoch ist: bei unseren frischgebackenen Hochschulabsolventen? Und nicht zuletzt wäre damit auch ein volkswirtschaftlicher Nutzen verbunden, der angesichts einer zunehmenden Orientierungslosigkeit unserer Generation Z vielleicht gar nicht hoch genug bewertet werden kann. Vom Arbeitgeber auch zum Arbeitnehmer als Auftraggeber der Personalberatungsbranche. Ein **Paradigmenwechsel** – aber einer, der sich lohnen könnte! Für den Einzelnen, für die Branche und für die Gesellschaft.

[Quelle: Lippold 2017b]

Insert 5-5:   *Hochschulabsolventen als Geschäftsmodell der Personalberater*

5.6.1 Personalberatung im engeren Sinn

Die engere Begriffsauslegung definiert einen Angebotsumfang, der durch die Suche und Auswahl von Bewerbern und Kandidaten für höhere Positionen in der Wirtschaft gekennzeichnet ist. Die Suche und Auswahl erfolgt dabei durch einen Berater, der außerhalb des suchenden Unternehmens steht. Im angelsächsischen Raum wird diese Personalfunktion auch als **Executive Search** bezeichnet. Sie umfasst sowohl die Rekrutierung (print/online) als auch die Suche und Auswahl von qualifiziertem Personal über das Instrument der Direktansprache. Allerdings wird der Begriff des Executive Search heutzutage ausschließlich im Zusammenhang mit der Direktansprache verwendet.

Innerhalb des Leistungsspektrums der Personalberatungen im engeren Sinn hat sich folgende **Personalberatertypologie** herauskristallisiert:

- **Global Player**. Zu den größten und bekanntesten Personalberatungen zählen Korn/Ferry, Egon Zehnder, Heidrick & Struggles, Spencer Stuart und Russel Reynolds, die sich durch internationale Präsenz mit entsprechenden Niederlassungen weltweit auszeichnen.

- **Internationale Netzwerke**. Das sind jene Personalberatungen, die zwar keine eigenen Büros in unterschiedlichen Ländern haben, aber sich internationalen Personalberaternetzwerken angeschlossen haben.

- **Boutiquen und Spezialisten**. Hierzu zählen kleine Personalberatungen mit teilweise nicht mehr als fünf bis zwanzig Beschäftigten, die sich auf bestimmte Branchen, Funktionsbereiche oder Suchmethoden spezialisiert haben.

- **Einzelkämpfer auf Top-Niveau**. Hierbei handelt es sich um jene Beraterpersönlichkeiten, die sich auf exklusivem Niveau auf die Besetzung von Vorstands-, Geschäftsführungs- und Aufsichtsratspositionen konzentrieren.

5.6.2 Personalberatung im weiteren Sinn

Das Angebot der Personalberatung im weiteren Sinn umfasst Dienstleistungen für weite Teile des betrieblichen Personalwesens. Dieses Angebotsprofil geht demnach weit über die reine Suche und Auswahl von qualifiziertem Personal hinaus. Dazu zählen u.a.

- Optische und inhaltliche Beschreibung von Stellenanzeigen (print/online)
- Beratung über Fragen der betrieblichen Altersversorgung
- Beratung hinsichtlich Aus- und Weiterbildungsmöglichkeiten
- Hilfestellung bei Problemen des Arbeitsrechts
- Vorbereitung und Durchführung von Assessment-Centern
- Einführung und Modifikationen von Entgeltsystemen

- Umsetzung von Personalentwicklungsmaßnahmen
- Outplacement-Beratung.

Gerade in diesen Bereichen sind die Überschneidungen zur HR-Beratung der „klassischen" Unternehmensberatung sehr hoch. Insert 5-6 zeigt die Wertschöpfungskette der einzelnen Personaldienstleistungen und ist eine gute Navigationshilfe durch das Geflecht der verschiedenen Teilaspekte, die im Zusammenhang mit dem Begriff „Personalberatung" stehen.

Insert

Wertschöpfungskette der Personaldienstleistungen

Wertschöpfungsstufe	Personal-strategie	Personal-marketing	Personal-beschaffung	Personal-einsatz	Personal-entwicklung	Personal-freisetzung
Funktionsbeispiele		- Employer Branding - Recruitment-Marketing	- Personalberatung - Personalvermittlung - Personalüberlassung - Interim-Management	- Arbeitsorganisation - Personalführung - HR-Management - HR-Prozesse - Personalcontrolling	- Coaching - Führungskräfte-entwicklung - Laufbahnberatung - Organisationsberatung	- Outplacement

Für Unternehmen und Organisationen werden in Zukunft Beschaffung und Rekrutierung von geeigneten Fach- und Führungskräften immer schwieriger. Der Gründe liegen in der demografische Entwicklung mit Überalterung der Belegschaften und in der Verringerung des Angebotes qualifizierter Arbeitskräfte insbesondere im Bereich der Digitalisierung. Ein qualitativ hochwertiger Teil der Vakanzen in Unternehmen wird durch Personalberatungsunternehmen gefüllt. Die durch Personalberater erfolgten Platzierungen machen allerdings insgesamt nur zwei Prozent der jährlich in Deutschland neu zu besetzenden Stellen aller Gehaltsklassen aus. Insofern ist also noch Möglichkeit zur Ausdehnung der Stellenbesetzungen durch Personalberater vorhanden – auch in Klassen niedrigerer Zieleinkommen der Kandidaten. Immer öfter greifen Unternehmen bei der Personalbeschaffung nicht nur im Führungskräfte- sondern auch im Fachkräftesegment auf die Dienste von Externen – von Personaldienstleistern im weitesten Sinne – zurück. Die Wertschöpfungskette der Personaldienstleistungen (im weitesten Sinne) wird üblicherweise als Abfolge vom Personal-Marketing bis zur Personalfreisetzung dargestellt. Dabei ist die Begriffswelt im Tätigkeitsfeld Personaldienstleistungen verwirrend. Die oben abgebildete Wertschöpfungskette gibt eine Navigationshilfe in der nahezu unüberschaubaren Angebotsvielfalt eines Personaldienstleisters.

[Quelle: Lünendonk-Whitepaper 2013, S. 5 f.]

Insert 5-6:   *Wertschöpfungskette der Personaldienstleistungen*

6. Planungsprozess der Unternehmensberatung

6.1 Bezugsrahmen

Eine erfolgversprechende Unternehmenskonzeption ist im ersten Schritt das Ergebnis einer systematischen Umwelt- und Unternehmensanalyse. Eine solche Analyse identifiziert und bewertet die Chancen und Risiken der relevanten Märkte einerseits sowie die Stärken und Schwächen des Beratungsunternehmens andererseits. Die Verdichtung und Verzahnung dieser Daten und Informationen führt zum sogenannten **konzeptionellen Kristallisationspunkt**, der den Ausgangspunkt für Zielbildung, Strategiewahl und Vorgehensmodell sowie für den auszuwählenden Maßnahmen-Mix darstellt [vgl. Becker 2009, S. 92 f.].

In Abbildung 6-1 sind die Zusammenhänge zwischen Umwelt- und Unternehmensanalyse sowie Unternehmensplanung in Form einer „Sanduhr" dargestellt.

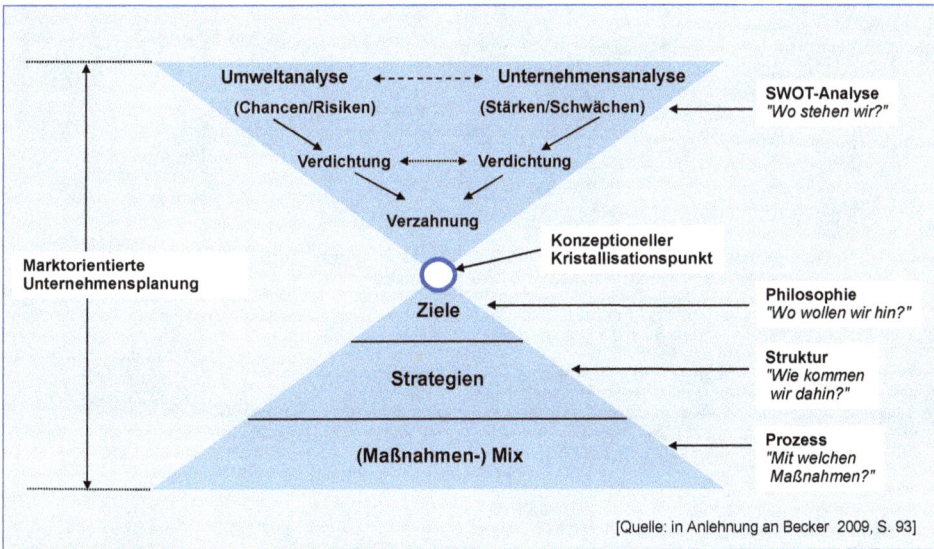

[Quelle: in Anlehnung an Becker 2009, S. 93]

Abb. 6-1:   Marktorientierte Unternehmensplanung

Da die relevanten Märkte einer Unternehmensberatung keine statischen Gebilde sind, sondern *dynamische* Strukturen aufweisen, gibt es auch nicht *ein* Unternehmenskonzept und damit auch nicht *ein* Erfolgsrezept für das Beratungsmanagement, sondern verschiedene Optionen, um auf die unterschiedlichen Rahmenbedingungen zu reagieren.

In Insert 6-1 ist ein Blogbeitrag wiedergegeben, der diese „Sanduhr" mit einzelnen Maßnahmen am Beispiel für Start-ups „mit Leben füllt". An dem Beispiel wird auch die besondere Bedeutung des konzeptionellen Kristallisationspunkts deutlich.

Was ist eigentlich der konzeptionelle Kristallisationspunkt?

Der Weg zu einer Gewinnerstrategie führt für Start-ups nur über den konzeptionellen Kristallisationspunkt. Gerade bei diesen jungen und noch kleinen Unternehmen, deren Wurzeln in den allermeisten Fällen bei Technikern und Tüftlern zu finden sind, zeigt sich im Bereich der strategischen Planung eine wesentliche strukturelle Schwäche. Eine Schwäche, die sich durch einige wenige Grundüberlegungen und deren Konsequenzen leicht beheben lässt. Im Mittelpunkt steht dabei der konzeptionelle Kristallisationspunkt, der den gezielten Übergang von der heutigen Situation („Present State") zur gewünschten zukünftigen Situation („Future State") beschreibt.

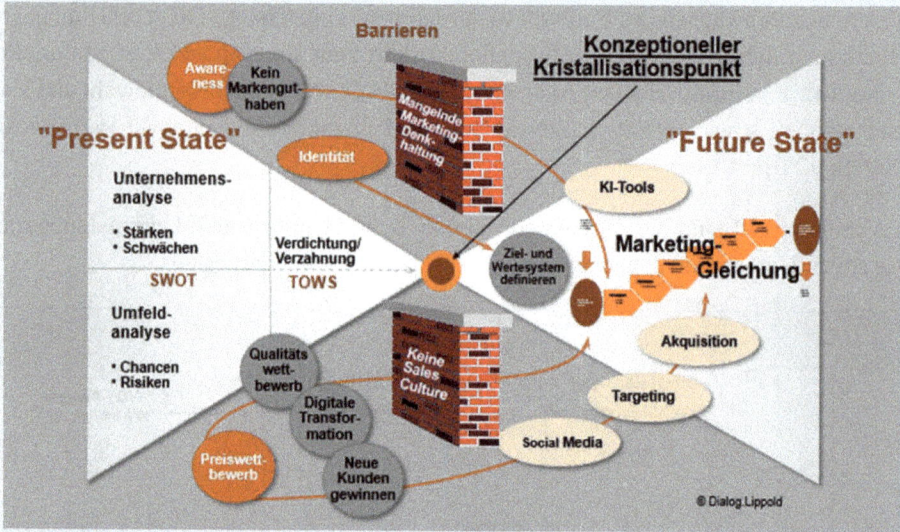

Der konzeptionelle Kristallisationspunkt ist somit das Zentrum einer gezielten Auseinandersetzung mit einem geordneten **Planungsprozess** als Grundlage einer **nachhaltigen Unternehmensstrategie**. Prinzipiell lässt sich jeder Planungsprozess – und so auch die Unternehmensplanung – in vier Schritten beschreiben:

Im ersten Schritt (Wo stehen wir?) geht es um eine Analyse der Ausgangssituation des Unternehmens. Diese Situationsbeschreibung lässt sich unterteilen in die (externe) **Umfeldanalyse** und in die (interne) **Unternehmensanalyse**. In der Umweltanalyse werden Chancen und Gefahren herausgearbeitet. Bei der Unternehmensanalyse stehen die Stärken und Schwächen in Vordergrund. Diese Vorgehensweise ist uns allen als **SWOT-Analyse** bekannt. Wichtig ist aber, die richtigen Schlüsse aus solch einer Analyse zu ziehen. Dazu müssen die in der Analysephase gewonnenen Daten und Informationen **verdichtet und verzahnt** werden.

Der Verdichtungs- und Verzahnungsprozess, der zudem auch eine Gewichtung und abschließende Bewertung der Datenlage beinhalten muss, führt zum **konzeptionellen Kristallisationspunkt**. Er bildet den Ausgangspunkt für die anschließende Zielbildung (2. Schritt), Strategiewahl (3. Schritt) und Maßnahmen-Mix (4. Schritt). Der konzeptionelle Kristallisationspunkt ist so bedeutungsvoll, weil hier Analysedaten zu Ziel- und Strategiedaten umgeformt werden müssen. Er bildet also die Brücke zwischen „Wo stehen wir?" und „Wo wollen wir hin?"

Gerade in **jungen Firmen** wird dieser Punkt entweder unterschätzt oder gar übersehen – ein Phänomen mit häufig existenziellen Konsequenzen. Diese Leichtfertigkeit hat vielfältige Ursachen, von denen hier nur drei genannt werden sollen:

- Scheinbar niedrige Markteintrittsbarrieren in neuen Marktsegmenten ermöglichen es nahezu jedem Entwickler oder Tüftler seine Idee auftragsunabhängig anzugehen. Der Misserfolg ist vorprogrammiert.
- Die eigenen Möglichkeiten und Ressourcen bei Marketing und Vertrieb werden häufig überschätzt.
- Der ursprünglich veranschlagte Kosten- und Zeitaufwand für Produktentwicklung und -einführung wird regelmäßig überschritten.

Generell ist es also eine falsche Einschätzung dessen, was es für **Start-ups** bedeutet, neue Produkte profitabel zu entwickeln und zu vermarkten. Umso wichtiger ist es, die Meilensteine für den Entwicklungs- und Vermarktungsprozess ständig im Auge zu behalten. Dazu ist es erforderlich, sich immer wieder die beiden Fragen „Wo stehen wir" und „Wo wollen wir hin?" zu stellen. Und die **Brücke** zwischen den beiden Fragen bildet der konzeptionelle Kristallisationspunkt.

Fazit: Aus der Analysephase kommt man in die anschließenden Ziel-, Strategie- und Maßnahmenphase nur über den konzeptionellen Kristallisationspunkt.

[Quelle: Lippold 2021a]

Insert 6-1:   *Der konzeptionelle Kristallisationspunkt*

Mit Abbildung 6-01 ist zugleich auch die Grundlage für den generellen *Bezugsrahmen einer marktorientierten Unternehmensplanung* gelegt. Die Abfolge der Planung orientiert sich an folgenden Phasen [vgl. Lippold 2015a, S. 33, ff. sowie dazu auch Bidlingmaier 1973, S. 16 ff.]:

- **Situationsanalyse** (Wo stehen wir?)

- **Zielsetzung** (Wo wollen wir hin?)

- **Strategie** (Wie kommen wir dahin?)

- **Mix** (Welche Maßnahmen müssen dazu ergriffen werden?)

Abbildung 6-2 zeigt diese vier Phasen als generellen Bezugsrahmen der marktorientierten Unternehmensplanung.

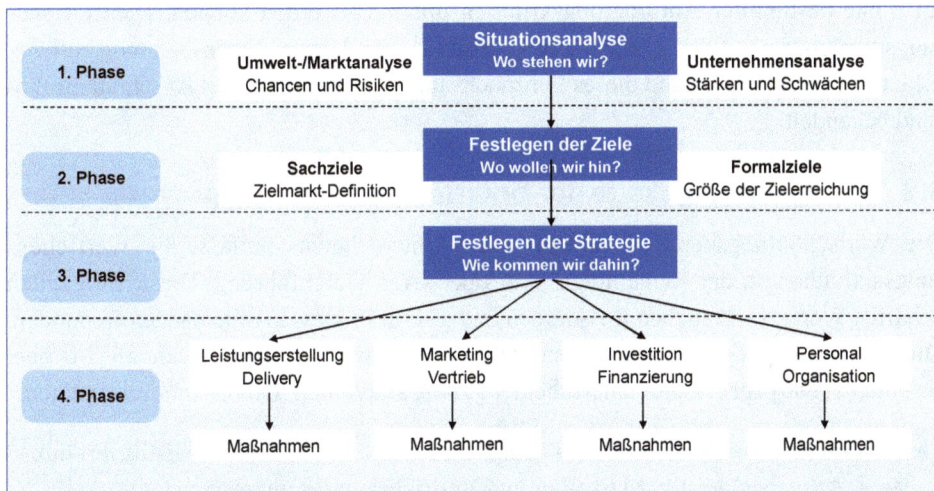

Abb. 6-2: Bezugsrahmen der Unternehmensplanung

In der ersten Phase geht es um die **Situationsanalyse**, d.h. um eine Analyse der wesentlichen *externen* und *internen* Einflussfaktoren auf das Beratungsunternehmen. Die Situationsanalyse gliedert sich in die Umweltanalyse (engl. *External Analysis*) und in die Unternehmensanalyse (engl. *Self Analysis*) [vgl. Aaker 1984, S. 47 ff. und S. 113 ff.].

- Die **Umweltanalyse** betrachtet wichtige unternehmensexterne Rahmenbedingungen und ihre Auswirkungen auf das Unternehmens- und Marketingumfeld.

- Die **Unternehmensanalyse** liefert eine systematische Einschätzung und Beurteilung der strategischen, strukturellen und kulturellen Situation des Unternehmens.

An die umwelt- und unternehmensanalytisch aufbereitete Situationsanalyse schließt sich der **Zielbildungsprozess** als zweite Phase an. Hier werden die wesentlichen Zielgruppen, das Leistungsangebot der Unternehmensberatung und die zum Einsatz kommenden Ressourcen vorgeplant.

In der dritten Phase wird auf der Grundlage des unternehmerischen Zielsystems die **Strategie** festgelegt. Sie hat die Aufgabe, Entscheidungen für die wichtigsten Unternehmensfunktionen (z. B. Leistungserstellung/Delivery, Marketing/Vertrieb, Investition/Finanzierung, Personal/ Organisation) und den entsprechenden Ressourceneinsatz zu kanalisieren und Erfolgspotenziale aufzubauen bzw. zu erhalten.

In der vierten Phase des Planungsprozesses geht es darum, für die einzelnen **Aktionsfelder** der Unternehmensberatung einen **Handlungsrahmen** zu entwickeln, in dem die für das operative Handeln relevanten Maßnahmen und Prozesse zusammengefasst und im Sinne bestimmter Anforderungskriterien optimiert werden können. Dieser Handlungsrahmen, der auf der Wertschöpfungsstruktur einer Unternehmensberatung aufbaut, bildet den Hauptgegenstand dieses Lehrbuchs und wird im folgenden Abschnitt einführend behandelt.

6.2 Wertschöpfungskette der Unternehmensberatung

Die Wertschöpfungskette (Wertkette) eines Unternehmens umfasst die Wertschöpfungsaktivitäten in der Reihenfolge ihrer operativen Durchführung. Diese Tätigkeiten schaffen Werte, verbrauchen Ressourcen und sind in Prozessen miteinander verbunden. Die in Abbildung 6-3 gezeigte Darstellung der Wertschöpfungskette geht auf Michael E. Porter [1986] zurück und unterscheidet *Primär*aktivitäten und *Sekundär*aktivitäten:

- **Primäraktivitäten** *(Kern- oder Hauptprozesse)* sind Eingangslogistik, Produktion, Ausgangslogistik, Marketing und Vertrieb sowie Kundendienst.

- **Sekundäraktivitäten** *(Unterstützungsprozesse)* stellen Beschaffung, Forschung und Entwicklung, Personalmanagement und Infrastruktur dar.

Aus der Kostenstruktur und aus dem Differenzierungspotenzial aller Wertaktivitäten lassen sich bestehende und potenzielle Wettbewerbsvorteile eines Unternehmens ermitteln. Durch die „Zerlegung" eines Unternehmens in seine einzelnen Wertschöpfungsaktivitäten kann jeder Prozess auf ihren aktuellen und ihren potenziellen Beitrag zur Wettbewerbsfähigkeit des Unternehmens hin durchleuchtet werden [vgl. Porter 1986, S. 19].

[Quelle: Porter 1986, S. 19].

Abb. 6-3:   Wertschöpfungskette für Industriebetriebe nach Porter

6.2.1 Primäraktivitäten der Unternehmensberatung

Das oben dargestellte Grundmodell von Porter bezieht sich in seiner Systematik allerdings schwerpunktmäßig auf die Wertschöpfungskette von *Betrieben des verarbeitenden Gewerbes*. Überträgt man den Ansatz von Porter auf die Wertschöpfungskette von Beratungsunternehmen, so ergibt sich ein grundsätzlich anderes Bild. Allerdings ist vorauszuschicken, dass es *den* Wertschöpfungsprozess einer Unternehmensberatung gar nicht gibt. Zu unterschiedlich sind die Ausprägungen der Beratungsunternehmen mit ihren einzelnen Wertketten. So sieht der Wertschöpfungsprozess einer Managementberatung anders aus als der eines IT-Beratungsunternehmens und die Wertkette einer lediglich national agierenden Logistikberatung ist unterschiedlich zu der einer internationalen aufgestellten Outsourcing-Beratung. Ein idealtypischer (weil linearer und einfacher) Wertschöpfungsprozess, an dem entlang ein Beratungsunternehmen seine Wertaktivitäten organisiert, ist

- Akquisition,
- Projektplanung,
- Ressourcenbeschaffung und -einsatz,
- Projektabwicklung und
- Nachfolgeaufträge.

Mit dieser zeitlichen Abfolge ist aber noch nicht die eigentliche (vernetzte) Struktur der Haupt- bzw. Kernprozesse einer (typischen) Unternehmensberatung wiedergegeben. Der Prozess *Akquisition* ist beispielsweise im Hauptprozess *Marketing/Vertrieb* eingebettet und der Prozess *Ressourcenbeschaffung* stellt zweifellos einen wichtigen Teil(prozess) des Hauptprozesses *Personalmanagement* dar. In Abbildung 6-4 sind diese Beziehungen derart dargestellt, dass sich daraus folgende **Haupt- bzw. Kernprozesse** *(Primäraktivitäten)* einer typischen Wertschöpfungsstruktur für Beratungsunternehmen ableiten lassen:

- Beratung (Leistungserstellung/Delivery),
- Marketing/Vertrieb und
- Personalmanagement.

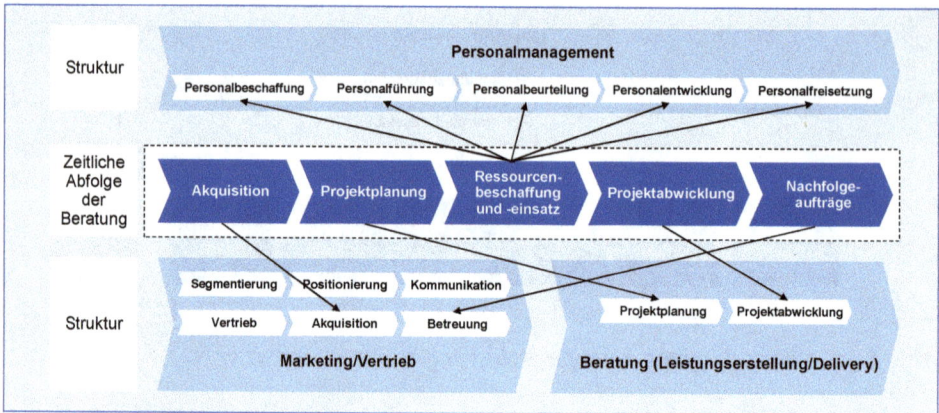

Abb. 6-4:　Zeitliche Abfolge und Struktur der Kernprozesse im Beratungsgeschäft

6.2.2 Sekundäraktivitäten der Unternehmensberatung

Die **sekundären Aktivitäten** sind nicht wertschöpfend und können nochmals in Führungs- und in Unterstützungsprozesse unterteilt werden.

Zu den **Führungsprozessen** sollen hier folgende Aktivitäten gezählt werden:

- Strategisches Management (Teil des *2. Kapitels*) und
- Controlling *(Kapitel 6)*.

Die **Unterstützungsprozesse**, die für die Ausübung der Hauptprozesse notwendig sind, lassen sich unterteilen in:

- Unternehmensinfrastruktur (Finanz- und Rechnungswesen, IT-Support, Facility Management etc.),
- Wissensmanagement (engl. *Knowledge Management*),
- (Beratungs-)Produkt- und Toolentwicklung (Teil des *4. Kapitels*) und
- Qualitätsmanagement (engl. *Quality Management*).

Die Unterstützungsaktivitäten liefern somit einen *indirekten* Beitrag zur Erstellung der Beratungsleistung.

Abbildung 6-5 liefert einen Gesamtüberblick über die (typischen) Haupt-, Führungs- und Unterstützungsprozesse einer Unternehmensberatung.

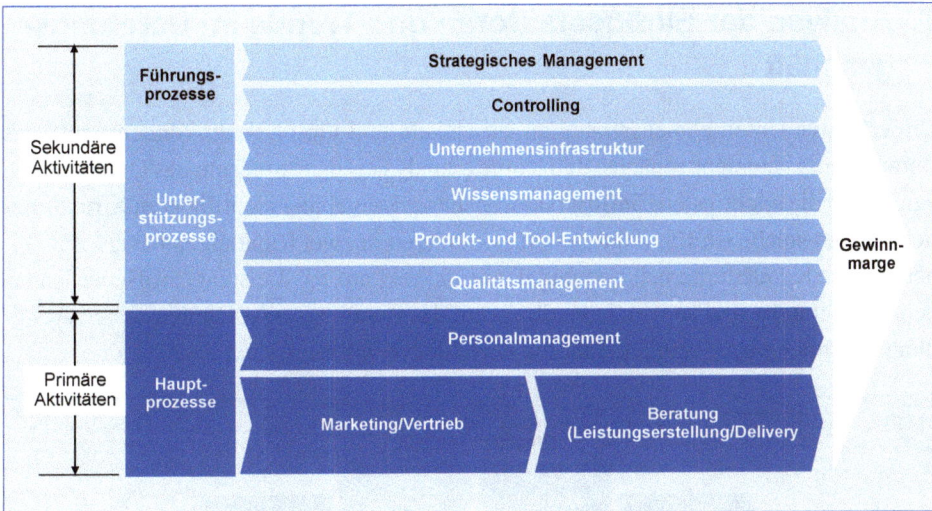

Abb. 6-5:   *Wertschöpfungskette für Beratungsunternehmen*

Sowohl die Hauptprozesse als auch die Prozesse der Sekundäraktivitäten lassen sich unterteilen in Prozessphasen, Prozessschritte etc. Prozesse können so auf unterschiedlichen Ebenen in verschiedenen Detaillierungsgraden betrachtet werden.

7. Analyse der Einflussfaktoren und Trends im Beratungs-geschäft

Um effektive Unternehmensstrategien entwickeln und umsetzen zu können, muss das Beratungsmanagement zunächst den Kontext analysieren, in welchem das Unternehmen agiert, und die wichtigsten Einflussfaktoren dieser Umgebung identifizieren. Grundsätzlich können solche Einflussfaktoren Auswirkungen in zwei Richtungen haben. Zum einen auf die Kundenunternehmen und damit indirekt auf das Leistungsprofil der Unternehmensberatung und zum anderen direkt auf das Beratungsunternehmen selber. Abbildung 7-1 gibt einen Überblick über die verschiedenen Einflussfaktoren.

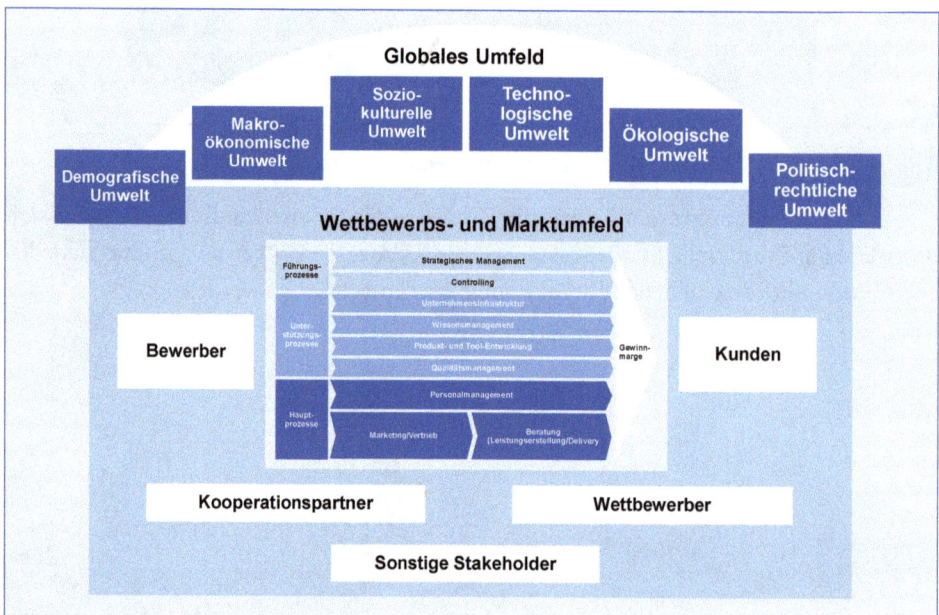

Abb. 7-1:   Einflussfaktoren auf das Marketing einer Unternehmensberatung

7.1 Externe Einflussfaktoren – das Makro-Umfeld der Unternehmensberatung

Die externen Einflussfaktoren, also das Makro-Umfeld des Beratungsunternehmens, lassen sich nach dem **DESTEP-Prinzip** in sechs Einflussgruppen unterteilen [vgl. Runia et al. 2011, S. 57]. DESTEP ist ein englisches Akronym für:

- Einflüsse der demografischen Umwelt (engl. *Demographic* environment)
- Einflüsse der makro-ökonomischen Umwelt (engl. *Economic environment*)
- Einflüsse der sozio-kulturellen Umwelt (engl. *Social-cultural environment*)
- Einflüsse der technologischen Umwelt (engl. *Technological environment*)
- Einflüsse der ökologischen Umwelt (engl. *Ecological environment*)
- Einflüsse der politisch-rechtlichen Umwelt (engl. *Political environment*).

Gebräuchlich ist aber auch das Akronym **PESTLE**, das für nahezu die gleichen Inhalte bzw. Abkürzungen lediglich eine andere Reihenfolge verwendet (siehe hierzu das Insert 7-1).

Insert

DESTEP oder PESTEL – was ist das denn?

Stellen Sie sich vor, Sie bekommen von Ihrer Geschäftsführung den Auftrag, für das nächste Geschäftsjahr eine Personalplanung oder eine Marketingplanung oder eine Vertriebsplanung oder gar eine Unternehmensplanung aufzustellen. Wie gehen Sie solch eine spannende Aufgabe an? Welche Schritte liegen vor Ihnen?

Keine Sorge, ich nehme Ihnen diese anspruchsvolle Arbeit nicht ab. Aber vielleicht kann ich sie Ihnen erleichtern. Grundsätzlich gelten für derartige Planungsschritte, dass vier Fragen nacheinander beantwortet werden:
1. Wo stehen wir?
2. Wo wollen wir hin?
3. Wie kommen wir dahin?
4. Mit welchen Maßnahmen?
Die erste Frage (Wo stehen wir?) hat zwei Aspekte:
Erstens: Wo stehen wir mit unserer Abteilung oder unserem Unternehmen im gesamten Umfeld, also im wirtschaftlichen und politischen Kontext? Hier geht es um eine Einordnung Ihres Bereichs oder des gesamten Unternehmens in seine Umwelt. Eine Einschätzung der Chancen und Risiken des Personalmarktes oder des Absatzmarktes ist gefragt. Die Einschätzung wird **Umweltanalyse** genannt.
Zweitens: Wo steht unsere Abteilung oder unser Unternehmen im Vergleich zum Wettbewerb? Hier geht es um eine Einschätzung der Stärken und Schwächen. Diese Einschätzung wird **Unternehmensanalyse** genannt. Chancen und Risiken, Stärken und Schwächen? Richtig, wir sind bei der SWOT-Analyse (Strengths, Weeknesses, Opportunities und Threats).
Diese **externen** Einflussfaktoren, also das Makro-Umfeld des Unternehmens, lassen sich nach dem **DESTEP-Prinzip** in sechs Einflussgruppen unterteilen. DESTEP ist ein englisches Akronym für:
- Einflüsse der **demografischen** Umwelt (engl. *Demographic* environment).
- Einflüsse der **makro-ökonomischen** Umwelt (engl. *Economic* environment).
- Einflüsse der **sozio-kulturellen** Umwelt (engl. *Social-cultural* environment).
- Einflüsse der **technologischen** Umwelt (engl. *Technological* environment).
- Einflüsse der **ökologischen** Umwelt (engl. *Ecological* environment).
- Einflüsse der **politisch-rechtlichen** Umwelt (engl. *Political* environment).
Gebräuchlich ist aber auch das Akronym **PESTEL** (manchmal auch **PESTLE**), das für nahezu die gleichen Inhalte bzw. Abkürzungen lediglich eine andere Reihenfolge verwendet.

Der einzige Unterschied besteht darin, dass bei der PESTEL-Systematik die *demografische Umwelt* der *sozio-kulturellen Umwelt* zugeordnet wird und die *politische-rechtlichen Faktoren* in zwei Einflussbereiche aufgeteilt werden.
Mit der Analyse à la DESTEP (oder PESTEL) haben wir die Makro-Umwelt und damit die Chancen und Risiken des Unternehmens in diesem Umfeld beschrieben. Kommen wir nun zum Mikro-Umfeld, also zu den unternehmensinternen Einflussfaktoren. Diese lassen sich in Rahmenbedingungen, die das eigene Unternehmen für sein Management setzt, in das eigene Produktportfolio sowie in Einflüsse des Wettbewerbs, der Absatzmittler, der Lieferanten, der Kunden und Teilbereiche der Öffentlichkeit unterteilen. Daraus lassen sich dann die Stärken und Schwächen des Unternehmens oder bestimmter Bereiche ermitteln und den Chancen und Risiken gegenüberstellen. Diese Vorgehensweise ist uns allen als **SWOT-Analyse** bekannt. Wichtig ist aber, welche Schlüsse aus solch einer Analyse gezogen werden. Dazu müssen die in der Analysephase gewonnenen Daten und Informationen verdichtet und verzahnt werden.
Dieser Verdichtungs- und Verzahnungsprozess, der zudem eine Gewichtung und abschließende Bewertung der Datenlage beinhalten muss, führt zum sogenannten **konzeptionellen Kristallisationspunkt**. Er bildet den Ausgangspunkt für die anschließende Zielbildung (2. Schritt), Strategiewahl (3. Schritt) und Maßnahmen-Mix (4. Schritt). Der konzeptionelle Kristallisationspunkt ist deshalb so bedeutungsvoll, weil hier Analysedaten zu Ziel- und Strategiedaten umgeformt werden müssen. Er bildet also die Brücke zwischen „Wo stehen wir?" und „Wo wollen wir hin?"
[Quelle: Lippold 2016]

Insert 7-1:   DESTEP oder PESTEL – was ist das denn?

7.1.1 Demografische Einflüsse

Das Wachstum der Weltbevölkerung, die **Alterung und Schrumpfung der Bevölkerung** im Westen, **wachsende Migrationsströme** und demografische Verwerfungen kennzeichnen wichtige demografische Einflüsse. Von Bedeutung sind aber auch die Aufweichung der traditionellen Geschlechterrollen, die zunehmend wichtigere Rolle von Frauen im Erwerbsleben sowie die Aufwertung sozialer und kommunikativer Kompetenzen. Für das Familien- und Erwerbsleben gleichermaßen spielen die **Work-Life-Balance** sowie neue Familien- und Lebensformen eine immer größere Rolle. Angesprochen sind der Trend zur Kleinfamilie und die Zunahme nomadischer Haushaltsformen sowie die Verschiebung der Aufmerksamkeit von der Arbeits- in die Privatsphäre auf der anderen Seite [vgl. Lippold 2016, S. 120].

Bereits heute lässt sich mit hoher Zuverlässigkeit für Deutschland vorhersagen, dass im Jahr 2030 die Gruppe der über 65-Jährigen um ca. ein Drittel von derzeit 16,7 Millionen auf 22,3 Millionen anwachsen wird. Gleichzeitig werden 17 Prozent weniger Kinder und Jugendliche in Deutschland leben [vgl. Statistisches Bundesamt 2011, S. 8].

Aus diesem demografischen Wandel lassen sich für Unternehmensberatungen mindestens zwei Herausforderungsdimensionen ableiten [vgl. Kohlbacher et al. 2010, S. 30 f.]:

Die **internen Herausforderungen**, die durch das steigende Durchschnittsalter der Mitarbeiterschaft induziert werden, berühren insbesondere das Personalmanagement, die Gestaltung interner Prozesse sowie die mit der Leistungserstellung häufig einhergehende hohe Anforderung an die *Mobilität* der Berater.

Die **externen Herausforderungen**, die durch einen ständig wachsenden Anteil der älteren Menschen an der Gesamtbevölkerung hervorgerufen werden, betreffen im Wesentlichen die Produktentwicklung sowie das Marketing und den Vertrieb der Kundenunternehmen. Hierbei geht es für die Berater darum, gemeinsam mit ihren Kunden, Produkte und Dienstleistungen zu finden und so auszustatten, dass sie den spezifischen Bedürfnissen dieser wachsenden Kundschaft entsprechen und erfolgreich vermarktet werden können.

7.1.2 Makro-ökonomische Einflüsse

In diesem Umweltbereich wird betrachtet, welche Einflussfaktoren auf das Angebots- und Nachfrageverhalten der Güter- und Kapitalmärkte einer Volkswirtschaft wirken. Besonders wichtig sind jene Faktoren, die zur **Verschärfung der Wettbewerbssituation**, d. h. zum Wandel der Konkurrenzverhältnisse im internationalen und globalen Kontext führen. Hierzu zählt insbesondere die Innovation als zentraler Wachstumstreiber und Wettbewerbsfaktor.

Veränderungen der Absatz- und Beschaffungsmärkte und spezifische Branchentendenzen (z.B. Wachstumsrate einer Branche), Einkommensverteilung, Geldvermögen, Sparquote, Inflationsrate, Arbeitslosenquote, Zinsniveau und Kaufkraftentwicklung sind weitere Rahmenbedingungen.

In die Kategorie *spezifische Branchentendenzen* fällt auch der Trend zur **Optimierung der Dienstleistungstiefe**, d. h. die Frage, inwieweit bestimmte Aktivitäten der zentralen Dienste (Marketing, Personal, Controlling etc.) ausgelagert und durch andere Unternehmen wahrgenommen werden können (*Outsourcing*). Die zentralen Zielsetzungen in Verbindung mit Outsourcing bestehen darin, sich auf Kernkompetenzen zu konzentrieren und Kosten zu reduzieren.

Nach der Optimierung der Produktivität, die als erste Revolution der Wertschöpfung bezeichnet wird, und nach der Optimierung der Fertigungstiefe (zweite Revolution der Wertschöpfung) geht es bei der Optimierung der Leistungstiefe, der dritten Revolution der Wertschöpfung, um die Reduzierung von Ineffizienz und Ineffektivität auf der Verwaltungsebene.

Bei der aktiven Umsetzung dieser dritten Revolution sind die Beratungsunternehmen mehr denn je gefragt. Werden diese Dienstleistungsinnovationen nicht realisiert, ist zu befürchten, dass weitere Unternehmen aus Deutschland abwandern, weil sie ihre Profitabilität nur noch durch Reduktion der Overhead-Kosten verbessern können.

Das global wachsende Bildungsniveau, die **daten- und wissensbasierte Wertschöpfung** und **lebenslanges Lernen** sind weitere Einflüsse, die in diese Rubrik fallen und unter dem Stichwort „wissensbasierte Ökonomie" zusammengefasst werden können.

7.1.3 Sozio-kulturelle Einflüsse

Die sozio-kulturellen Einflussfaktoren befassen sich mit Trends, die die Werte und Normen von Gesellschaften beeinflussen. Von besonderem Einfluss sind **soziale und kulturelle Disparitäten**. Diese kommen in der zunehmenden Polarisierung zwischen Arm und Reich und in der Konkurrenz und Hybridisierung von Wertesystemen zum Ausdruck. Hinzu kommt, dass sich prekäre Lebensverhältnisse zum Massenphänomen entwickeln.

Ein weiterer wichtiger sozio-kultureller Einflussfaktor ist die **Umgestaltung der Gesundheitssysteme**. Bestimmungsfaktoren hierfür sind die stark wachsenden Gesundheitsausgaben, die Reorganisation des Gesundheitssektors und neue Ansätze in Therapie und Diagnose. Das steigende Gesundheitsbewusstsein und die zunehmende Selbstverantwortung der Bevölkerung führen zu einer vermehrten Privatisierung der Kosten.

Unter den sozio-kulturellen Einflüssen spielt die zunehmende **Urbanisierung** eine wichtige Rolle. Urbane Agglomerationen führen zu Strukturproblemen in ländlichen

Regionen. Die Entwicklung angepasster Infrastrukturlösungen und eine nachhaltige Stadtentwicklung mit neuen Wohn-, Lebens- und Partizipationsformen wird unsere Zukunft mitbestimmen.

Nach dem Zukunfts- und Trendforscher Matthias Horx sind es vier sogenannte *Megatrends*, die unser künftiges sozio-kulturelles Umfeld beeinflussen werden:

- Erstarken des weiblichen Geschlechts mit Auswirkungen auf Kaufverhalten und Design
- Trend zur Kleinfamilie und Zunahme nomadischer Haushaltsformen
- Veränderung der Altersstruktur mit gravierenden Auswirkungen auf das Kaufverhalten
- Zunehmender wirtschaftlicher und kultureller Einfluss Asiens.

Speziell für Beratungsunternehmen sind diese Megatrends nicht nur von mittelbarem, sondern auch von direktem Einfluss. Dabei lassen sich die Megatrends *Frauen* und *Alterung* auch unter dem Label *„demografischer Wandel"* zusammenfassen.

Beim **Megatrend Frauen** sind es die zunehmenden Karriereambitionen weiblicher Führungskräfte und Mitarbeiterinnen, auf das mit entsprechenden *Karriere- und Diversity-Programmen* reagiert werden sollte. Besonders im Fokus steht hierbei die aktuelle Diskussion über die **Frauenquote** in den Führungsetagen deutscher Unternehmen. Dies gilt übrigens in gleicher Weise für den immer noch verschwindend geringen Frauenanteil im Top-Management von Unternehmensberatungen. Während sich bei den Hochschulabsolventen als Berufseinsteiger der Anteil von Frauen und Männern noch in etwa die Waage hält, scheiden im Laufe der Beratungskarriere deutlich mehr Frauen als Männer aus den Unternehmen aus. Hier sollte das Personalmanagement in der Diskussion eine Vorreiterrolle einnehmen und die allzu hohen Mobilitätsansprüche an Beraterinnen auf ein vernünftiges Maß begrenzen. Auch sollte es gelingen, durch Home-Office-Vereinbarungen oder Ähnliches das gerade in der Beraterbranche sehr häufig anzutreffende „Ich-muss-die-Welt-retten-Syndrom" einzuschränken.

Beim **Megatrend Individualisierung** ist für die Unternehmensberatung als Arbeitgeber vor allem der Wandel der **allgemeinen Wertvorstellungen** (Wertewandel) im Hinblick auf Eigenschaften wie Loyalität und Disziplin von Bedeutung. Auch die Verschiebung der Aufmerksamkeit von der Arbeits- in die Privatsphäre steht unter dem Begriff **Work-Life-Balance** ganz oben auf der Agenda des Personalmanagements einer Unternehmensberatung.

Der **Megatrend Alterung** bezieht sich in erster Linie auf die Veränderungen der **Altersstruktur** und ihre Auswirkung auf die Arbeitskräfteverfügbarkeit. Daraus lassen sich zwei Dimensionen einer zukunftsweisenden Personalpolitik für Beratungsunternehmen ableiten: Zum einen eine veränderte **Lebensphasenplanung** der Mitarbeiter und zum anderen die nachhaltige Sicherung der Beschäftigungsfähigkeit (engl. *Emplo-*

yability). Konkret bedeutet der demografische Wandel neben älter werdenden Belegschaften eine absolut sinkende Zahl an verfügbaren Erwerbspersonen und eine Verknappung an qualifizierten Fach- und Führungskräften sowie an jüngeren Arbeitskräften. Da gerade Unternehmensberatungen zu den Branchen gehören, die sich durch ein relativ geringes Durchschnittsalter auszeichnen, wird hier ein Umdenken erforderlich sein.

Beim **Megatrend Asien** sind insbesondere Länder und Regionen wie Indien, China und Vietnam angesprochen, die seit Jahren als attraktive und kostengünstige Alternative zu den traditionellen High-Tech- und Service-Standorten der westlichen Welt gelten. Auch dort finden globale Unternehmen mittlerweile ein wachsendes Reservoir hochqualifizierter Fachkräfte vor. Dies gilt nicht nur für die globalen Wertschöpfungsketten im Bereich der Hardware- und Chip-Produktion, deren Schwerpunkt heute bereits Asien ist. Im Zentrum dieser auch für die Unternehmensberatung relevanten Entwicklungen stehen vor allem

- die Internationalisierung von Software-Entwicklung und IT-Dienstleistungen,

- der Aufbau sogenannter *Shared Services Center* in Niedriglohnregionen, in denen Unternehmen Verwaltungstätigkeiten wie z.B. Buchhaltung, Reisekostenabrechnung u.ä. konzentrieren *(Business Process Outsourcing)*,

- die Internationalisierung der F&E-Abteilungen großer Unternehmen, die nun auch in Niedriglohnregionen eigene Entwicklungsstandorte etablieren.

Der Bereich Software-Entwicklung und IT-Dienstleistungen erweist sich dabei als Vorreiter der Globalisierung der Dienstleistungswirtschaft. In diesen Feldern lassen sich deshalb neue Muster der Globalisierung, des Welthandels und internationaler Arbeitsteilung idealtypisch erkennen [vgl. Boes et al. 2011, S. 6 ff.].

Hinweise, wie diese Potenziale der Globalisierung auch für Beratungsunternehmen genutzt werden können, finden sich insbesondere in **Indien**. Hier haben sich Unternehmen wie Tata Consultancy Systems (TCS), Infosys oder Wipro in der westlichen Welt als sogenannte **Outsourcer** einen Namen gemacht. Sie übernehmen IT-Routine-Aufgaben wie den Betrieb eines Rechenzentrums, aber auch komplette Prozesse wie etwa das Rechnungsmanagement für große und mittelgroße Unternehmen. Die IT-Dienstleister profitieren dabei von niedrigeren Nebenkosten in Indien.

Aber auch die großen IT-Dienstleister, die nicht indischen Ursprungs sind, beschäftigen zwischenzeitlich mehr Beschäftigte auf dem asiatischen Kontinent als in ihren Ursprungsländern. Zu den Einzelheiten dieser Entwicklung siehe Insert 7-2.

┌─ Insert ───

Indien: Von der „verlängerten Werkbank" zum Knotenpunkt eines neuen globalen Produktionsmodells für IT-Dienstleistungen

Entwicklung der Beschäftigtenzahlen internationaler IT-Dienstleistungsunternehmen 2001- 2020

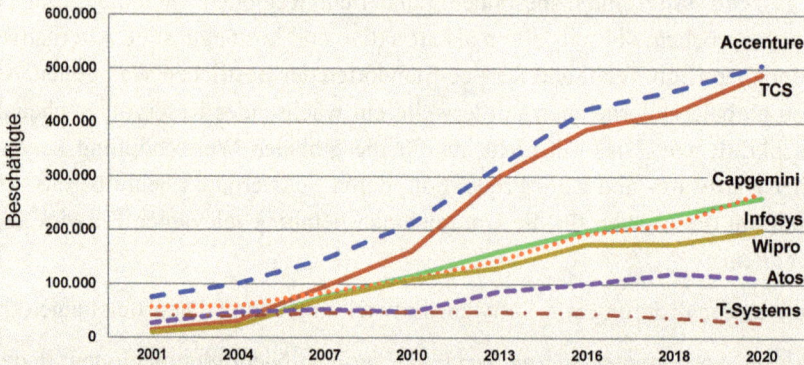

[Quelle: Annual Reports 2001, 2004, 2007, 2010, 2013, 2016, 2018, 2020]

In einem rasanten Entwicklungsprozess ist Indien in den vergangenen Jahren zu einem Boomland für IT-Dienstleistungen avanciert. Nahezu alle wichtigen IT-Dienstleister besitzen heute große Dependancen in Indien mit mehreren Tausend Mitarbeitern, die auch in den letzten Jahren rapide Wachstumsraten verzeichneten.

Insbesondere die Marktführer im Bereich der IT-Dienstleistungen, Accenture, IBM und Capgemini, stocken ihre indischen Tochterfirmen personell sehr schnell auf. Heute beschäftigen Accenture und Capgemini in Indien bereits mehr Angestellte als in den USA, der indische Standort von IBM ist gleichzeitig zum größten Auslandsstandort von „Big Blue" geworden. Ebenfalls hohe Wachstumsraten der Beschäftigtenzahlen sind – wenn auch von einem deutlich niedrigeren Niveau aus – auch für Niederlassungen europäischer IT- Unternehmen wie SAP oder Siemens zu verzeichnen. Auch die Entwicklungsabteilungen von klassischen Industrieunternehmen wie General Electrics oder Bosch können

mittlerweile auf große Entwicklungsstandorte in Indien zurückgreifen. Vor allem aber haben sich in Indien in einem rasanten Entwicklungsprozess eigenständige, global wettbewerbsfähige IT-Dienstleistungsunternehmen herausgebildet. Deren wichtigste Vertreter Infosys, Wipro und Tata Consulting Systems (TCS) haben heute bereits zu den traditionellen Marktführern westlicher Herkunft aufgeschlossen bzw. die wichtigsten europäischen Unternehmen wie z.B. Capgemini, Atos oder T-Systems hinsichtlich der Beschäftigtenzahl überholt. So beschäftigt das größte Unternehmen, TCS, aktuell rund 488.000 Mitarbeiter, Infosys ca. 260.00 und Wipro etwa 200.000. Lediglich Accenture mit zur Zeit über 500.000 Mitarbeitern ist nach diesem Kriterium noch größer als das größte indische Unternehmen (siehe Grafik). Angesichts der im selben Zeitraum insgesamt rückläufigen oder stagnierenden Beschäftigungsentwicklung vieler europäischer Unternehmen wird hier der Bedeutungsgewinn der indischen IT-Industrie greifbar.

└───

Insert 7-2:   Entwicklung führender IT-Dienstleistungsunternehmen

7.1.4 Technologische Einflüsse

Die technologische Entwicklung ist sicherlich der Einflussfaktor, der unser Umfeld im Allgemeinen und der das Umfeld der Unternehmensberater im Besonderen am stärksten formt und gestaltet. Zu den technischen Innovationen, die die Rahmenbedingungen für unsere Unternehmen besonders prägen, zählen die neuen Kommunikationsmittel. Im Mittelpunkt stehen dabei die enormen Potenziale, die das Internet den Unternehmen und ihren Kunden bietet. Aber auch neue Produktionsverfahren, die gravierende Änderungen im Leistungserstellungsprozess mit sich bringen, sowie vor allem Produkt- und

Dienstleistungsinnovationen wirken sich auf Unternehmen nahezu aller Branchen aus. Ein Großteil der heute alltäglichen Produkte war vor wenigen Jahrzehnten noch gänzlich unbekannt: Flachbildschirme, Personal Computer, MP3-Player, Digitalkameras, Mobiltelefone und vieles andere mehr. Die Liste ließe sich beliebig fortführen. Neue Technologien schaffen neue Märkte und Absatzmöglichkeiten. Häufig ersetzt auch eine neue Technologie eine ältere. Grundlegende technische Fortschritte waren in der Vergangenheit stets die Folge einer zentralen Erfindung. Die Dampfmaschine brachte die erste industrielle Revolution. Elektrizität und Fließband läuteten die zweite Revolution ein und die Automatisierung durch IT und Elektronik löste die dritte industrielle Revolution aus. Als Fortsetzung dieser Entwicklung wurde in Deutschland mit der kommenden Verzahnung von Industrie und Informationstechnik der Begriff „Industrie 4.0" als vierte industrielle Revolution eingeführt (siehe Insert 7-3).

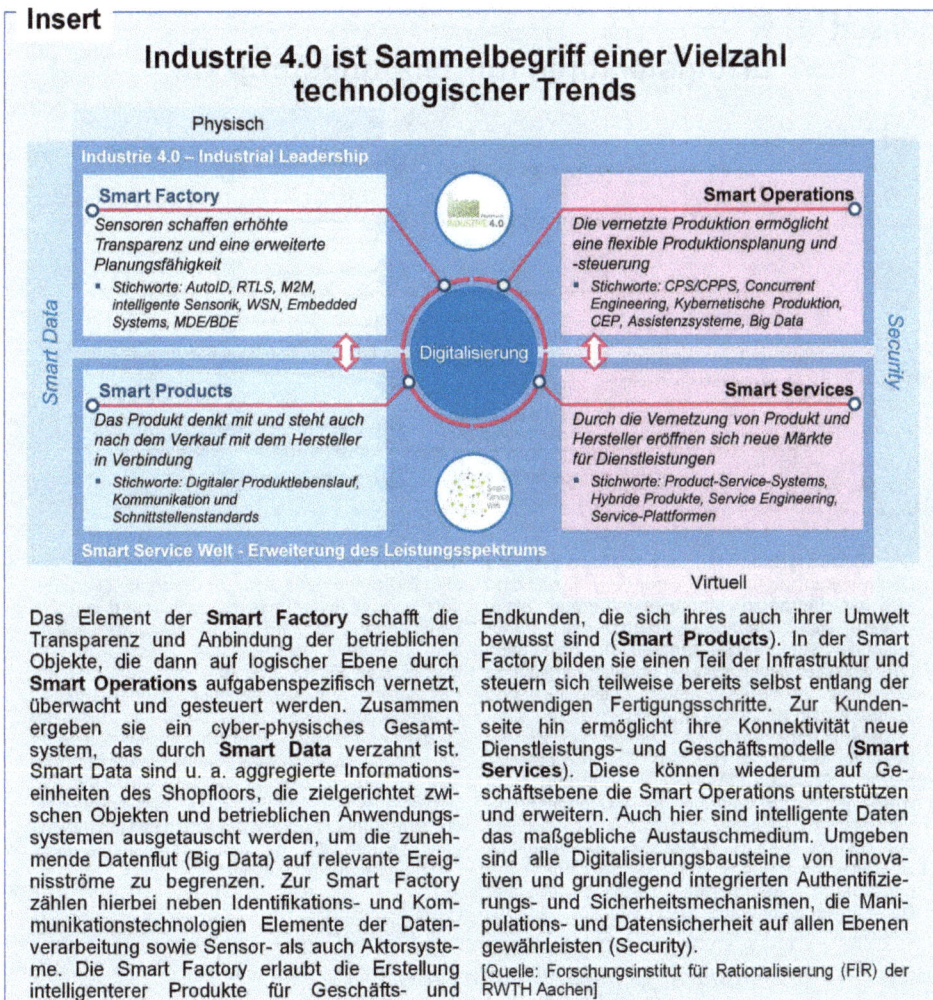

Insert

Industrie 4.0 ist Sammelbegriff einer Vielzahl technologischer Trends

Physisch

Industrie 4.0 – Industrial Leadership

Smart Factory

Sensoren schaffen erhöhte Transparenz und eine erweiterte Planungsfähigkeit

- *Stichworte: AutoID, RTLS, M2M, intelligente Sensorik, WSN, Embedded Systems, MDE/BDE*

Smart Operations

Die vernetzte Produktion ermöglicht eine flexible Produktionsplanung und -steuerung

- *Stichworte: CPS/CPPS, Concurrent Engineering, Kybernetische Produktion, CEP, Assistenzsysteme, Big Data*

Smart Data

Digitalisierung

Security

Smart Products

Das Produkt denkt mit und steht auch nach dem Verkauf mit dem Hersteller in Verbindung

- *Stichworte: Digitaler Produktlebenslauf, Kommunikation und Schnittstellenstandards*

Smart Services

Durch die Vernetzung von Produkt und Hersteller eröffnen sich neue Märkte für Dienstleistungen

- *Stichworte: Product-Service-Systems, Hybride Produkte, Service Engineering, Service-Plattformen*

Smart Service Welt - Erweiterung des Leistungsspektrums

Virtuell

Das Element der **Smart Factory** schafft die Transparenz und Anbindung der betrieblichen Objekte, die dann auf logischer Ebene durch **Smart Operations** aufgabenspezifisch vernetzt, überwacht und gesteuert werden. Zusammen ergeben sie ein cyber-physisches Gesamtsystem, das durch **Smart Data** verzahnt ist. Smart Data sind u. a. aggregierte Informationseinheiten des Shopfloors, die zielgerichtet zwischen Objekten und betrieblichen Anwendungssystemen ausgetauscht werden, um die zunehmende Datenflut (Big Data) auf relevante Ereignisströme zu begrenzen. Zur Smart Factory zählen hierbei neben Identifikations- und Kommunikationstechnologien Elemente der Datenverarbeitung sowie Sensor- als auch Aktorsysteme. Die Smart Factory erlaubt die Erstellung intelligenterer Produkte für Geschäfts- und Endkunden, die sich ihres auch ihrer Umwelt bewusst sind (**Smart Products**). In der Smart Factory bilden sie einen Teil der Infrastruktur und steuern sich teilweise bereits selbst entlang der notwendigen Fertigungsschritte. Zur Kundenseite hin ermöglicht ihre Konnektivität neue Dienstleistungs- und Geschäftsmodelle (**Smart Services**). Diese können wiederum auf Geschäftsebene die Smart Operations unterstützen und erweitern. Auch hier sind intelligente Daten das maßgebliche Austauschmedium. Umgeben sind alle Digitalisierungsbausteine von innovativen und grundlegend integrierten Authentifizierungs- und Sicherheitsmechanismen, die Manipulations- und Datensicherheit auf allen Ebenen gewährleisten (Security).

[Quelle: Forschungsinstitut für Rationalisierung (FIR) der RWTH Aachen]

Insert 7-3: Industrie 4.0

Motor des Wachstums für die Beratungsbranche sind nicht so sehr die klassischen betriebswirtschaftlichen Themen der Strategieberatung, sondern vornehmlich IT-orien-
tierte Themen von Cloud Computing über Big Data/Analytics bis hin zur IT-Security.
Aufbauend auf den Möglichkeiten der zunehmenden Digitalisierung zeichnet sich darüber hinaus ein Trend zum Online-Vertrieb und zu Online-Services ab.

Haben sich Beratungsgesellschaften früher besonders stark durch ihr Image, ihre Reputation und das spezifische Wissen und die langjährige Erfahrung einzelner Berater positioniert und versucht, sich dadurch vom Wettbewerb zu differenzieren, relativieren
sich diese Kriterien angesichts der besonderen Herausforderungen der Digitalisierung.
Als Erfolgsfaktoren für Beratungsprojekte gewinnen digitale Kompetenzen zunehmend
an Bedeutung. Dies ist das Ergebnis einer Lünendonk-Umfrage unter 103 Management-
beratern (siehe Insert 7-4).

Insert

Erfolgsfaktoren für Beratungsprojekte

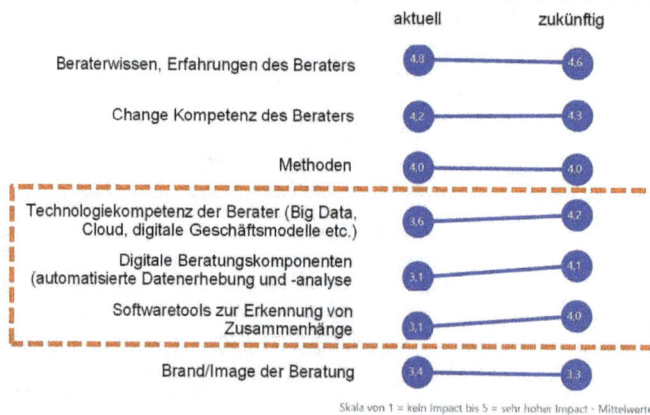

	aktuell	zukünftig
Beraterwissen, Erfahrungen des Beraters	4,3	4,6
Change Kompetenz des Beraters	4,2	4,3
Methoden	4,0	4,0
Technologiekompetenz der Berater (Big Data, Cloud, digitale Geschäftsmodelle etc.)	3,6	4,2
Digitale Beratungskomponenten (automatisierte Datenerhebung und -analyse	3,1	4,1
Softwaretools zur Erkennung von Zusammenhänge	3,1	4,0
Brand/Image der Beratung	3,4	3,3

Skala von 1 = kein Impact bis 5 = sehr hoher Impact · Mittelwerte

Die Beratungsbranche wird sich durch die Digitalisierung sehr stark verändern. Darin sind sich die befragten Managementberater einig. Haben sich Managementberatungen früher besonders stark durch ihr Image, ihre Reputation und das spezifische Wissen und die langjährige Erfahrung einzelner Berater positioniert und versucht, sich dadurch vom Wettbewerb zu diffe-renzieren, verlieren diese Kriterien an Bedeu-tung. Im Gegenzug nehmen „Technologiekom-petenz", „Digitale Beratungsangebote" und „Soft-waretools zur Erkennung von Zusammenhän-gen" stark zu. In dieser Einschätzung hinsichtlich der Zukunft ihres Berufsstandes sind sich alle Befragten, unabhängig vom Beratungsfokus, ei-nig. Die Bedeutung der Nutzung „Digitaler Beratungskomponenten" wird dabei am stärksten ansteigen, von aktuell 3,1 im statistischen Mittel aller Befragten auf 4,1 im Durchschnitt. Dem Ein-satz von „Softwaretools zur Erkennung von Zu-sammenhängen" wird ein Bedeutungszuwachs von 0,9 Punkten beigemessen. Dieses Ergebnis spiegelt die Einschätzungen der Befragten zu den veränderten Kundenanforderungen wider – Kundenanforderungen, die sich im Zuge der Digitalisierung, der Bedeutung datenbasierter Beratungsleistungen sowie leistungsstarker Ana-lyse-Tools gewandelt haben. Nach wie vor ist Be-ratung aber „People Business" und daher sind die Erfahrung und das Wissen des Consultants auch zukünftig der wichtigste Erfolgsfaktor, damit Beratungsprojekte gelingen.

[Quelle: Lünendonk-Studie 2016]

Insert 7-4:   Erfolgsfaktoren für Beratungsprojekte

Zu den **relevanten Technologiethemen**, die das Wachstum der Beratungsbranche bestimmen, zählen:

- Big Data
- Mobile Computing
- IT-Security
- Cloud Computing
- ERP-Systeme
- Konvergenzlösungen (ICT).

Big Data. Wer im Internet unterwegs ist, hinterlässt jede Menge Datenspuren, die mit den richtigen Auswertungsmethoden ziemlich genaue Rückschlüsse über das Konsum- und Freizeitverhalten, über Hobbies, Vorlieben und Gewohnheiten zulassen. Die Datenspuren liefern auch schlüssige Prognosen darüber, wofür wir uns morgen interessieren und welche Güter wir kaufen werden. Das Internet ist aber nur eine von vielen Datenquellen. Telekommunikation ist eine weitere. Andere Daten stammen von Marktforschern oder fallen quasi nebenher beim Betrieb von Maschinen oder technischen Gebrauchsgütern an. Big Data heißen solche Datensammlungen, die ständig wachsen.

> **Big Data** beschreibt die Fähigkeit, große Datenmengen (Volume) aus unterschiedlichen Quellen und mit unterschiedlicher Struktur (Variety) in hoher Geschwindigkeit (Velocity) zu sammeln, zu verarbeiten, zu speichern und mit guter Qualität (Veracity) und der Zielsetzung eines wirtschaftlichen Nutzens (Value) auszuwerten. Mit den 5 Vs sind zugleich auch die fünf charakteristischen Merkmale von Big Data genannt.

Big Data umfasst demnach alle Konzepte, Methoden, Technologien, IT-Architekturen sowie Tools, mit denen sich die Informationsflut in Bahnen lenken lässt. Unternehmen sehen sich mit diesem rapiden Anstieg des Datenvolumens konfrontiert. Ursachen dafür sind ein ganzes Bündel von Technologien – Sensorik, RFID, Ambient Intelligence, Smartphones – und die immer stärkere Nutzung von Social-Media-Anwendungen. In Insert 7-5 ist dargestellt, auf welche Datenquellen, die ja letztlich für die Datenmenge und -vielfalt verantwortlich sind, Unternehmen heutzutage zugreifen können.

Entstanden sind Big Data-Analysen im Zuge des Fortschritts in der Informationstechnik mit nahezu unbegrenztem Speicherplatz und einer immer höheren Rechengeschwindigkeit. Big Data-Technologien werden in sehr vielen Bereichen eingesetzt, u.a. im Hochwasserschutz, in der Verkehrsplanung und -überwachung, in der Forensik, in der medizinischen Forschung und Diagnostik sowie in Wirtschaftszweigen, mit deren Produkten und Services private Verbraucher besonders oft konfrontiert werden. Insgesamt wird die Datenwirtschaft die Geschäftsmodelle vieler Branchen unserer Industrie- und Dienstleistungslandschaft verändern. Die vielen Einsatzmöglichkeiten dürfen allerdings nicht

darüber hinwegtäuschen, dass Big Data nicht frei von Risiken ist, wenn es um perso-
nenbezogene Daten geht oder wenn Kausalzusammenhänge falsch interpretiert werden.

Insert

Datenquellen, die zum rasanten Datenwachstum führen

Unternehmensdaten
Unternehmen verfügen über
viele interne Daten, z.B. aus ERP,
CRM, Tracking- & Kassensystemen

Social Media
Social Media generiert
Unmengen an hauptsächlich
unstrukturierten Daten

Smartphones
Sensoren und Apps erzeugen
unzählige strukturierte und
unstrukturierte Daten

Quantified Self
Selbstbeobachtung mit dem
Ziel, das Leben möglichst
vollständig in Daten zu erfassen

Open Data
Daten der öffentlichen Verwaltung
und von Firmen sollen frei und
kostenlos zugänglich sein.

**Sensoren/
Internet der Dinge**
Das Internet umfasst zunehmen
auch Dinge und deren Daten

Der Zuwachs der Datenmengen und -vielfalt ist mit dem Wachstum der Datenquellen in Verbindung zu bringen. Der Überblick über einige Datenquellen veranschaulicht die Vielfältigkeit und ermöglicht eine bessere Nachvollziehbarkeit der Chancen und Herausforderungen, die auf die Unternehmen zukommen. Dabei ist es allerdings keineswegs immer möglich, frei auf diese Daten zu zugreifen und diese für eigene Zwecke zu nutzen. Neben der faktischen Zugangsbeschränkung durch die „Eigentümer" oder Verwalter der Daten wie z. B. Social-Media-Portalbetreiber, Telekommunikationsanbieter oder Produzenten gilt es vor allem auch die *rechtlichen Vorgaben* zu beachten. Dennoch ist selbst die Zahl der Datenquellen beachtlich, auf die Unternehmen legalen Zugriff haben. Sollten wichtige Daten fehlen, ist im Einzelfall zu prüfen, wie eine Quelle erschlossen werden kann.

[Quelle: Rossa/Holland 2015, S. 256 ff.]

Insert 7-5:   *Datenquellen, die zum rasanten Datenwachstum führen*

Mobile Computing. Die Verschmelzung von Telekommunikationsterminal und Computer zum Smartphone oder Tablet, den derzeit am weitesten verbreiteten Mobilgeräten,
hat zu völlig neuen Nutzungsmöglichkeiten geführt.

Mobile Computing ist die Internetnutzung mit Geräten wie Smartphones oder Tablets.

Unternehmen stehen damit vor der Herausforderung, organisationsinterne Daten bzw.
Anwendungen auf mobilen Geräten sicher und verlässlich zugänglich zu machen. Ge-
schäftsprozesse werden also unterstützt und optimiert, in dem das IT-System des Unter-
nehmens mit mobilen Endgeräten verbunden wird, so dass in vielen Bereichen (z.B.
Vertrieb) ortsunabhängig gearbeitet werden kann (Stichwort: *Bring Your Own Device
(BYOD)*). Noch in den Anfängen stehen derzeit Anwendungen des *Mobile Payment*.
Neben den Beratungsunternehmen stellen sich zahlreiche andere Anbietergruppen wie
Finanzinstitute, Internetunternehmen oder Mobilfunkanbieter strategisch und operativ
für diesen interessanten Zukunftsmarkt auf.

Aufgrund seiner Multifunktionalität hat das Smartphone in zweifacher Hinsicht eine besondere Rolle als Markttreiber übernommen. Auf der einen Seite vertreibt das Smartphone im Sinn der Substitution Produkte wie digitale Kompaktkameras, mobile Navigationsgeräte und MP3-Player vom Markt (siehe Insert 7-6).

Insert

Die Opfer des Smartphone-Booms

Absatz von elektronischen Geräten in Deutschland (in Mio. Stück)

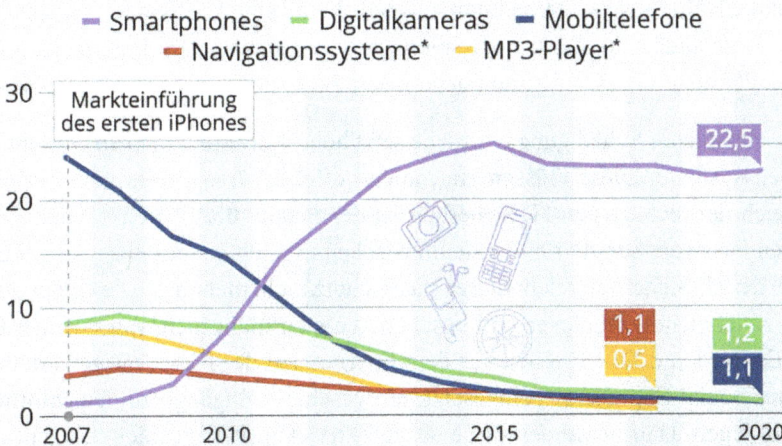

— Smartphones   — Digitalkameras   — Mobiltelefone
— Navigationssysteme*   — MP3-Player*

Markteinführung des ersten iPhones

22,5

1,1
0,5
1,2
1,1

2007   2010   2015   2020

* seit 2019 nicht mehr Teil der Erhebung
Quelle: CEMIX/HEMIX

statista

2007 brachte Apple das erste iPhone auf den Markt und verhalf so dem Smartphone dem zum Durchbruch. Seitdem haben allein die Deutschen über 230 Millionen der Touchscreen-Telefone gekauft. Aber das Smartphone war von Anfang an mehr als nur ein Handy. Videos gucken, Musik hören, Fotos schießen, in einer fremden Stadt navigieren und im Internet surfen; das alles und noch viel mehr leisten die mobilen Alleskönner. Weniger rosig sieht es dagegen für all die Geräte aus, deren Funktionen das Smartphone in sich vereint. So wurden 2018 laut Home Electronics Marktindex (Hemix) nur noch 506.000 MP3-Player verkauft. Im Erscheinungsjahr des ersten iPhones waren es noch rund acht Millionen. Mittlerweile so unbedeutend, dass ihre Verkaufszahlen von Studien wie dem Hemix gar nicht mehr abgedeckt werden. Das gleiche gilt für Stand-alone-Navigationsgeräte. Lediglich Digitalkameras sind auch heute noch Teil der Studie.
[Quelle: Statista 14.10.2021]

Insert 7-6:   „Die Opfer des Smartphone-Booms"

Zum anderen treibt es den Markt an, da durch die Vernetzung zu anderen Geräten neue Anwendungs- und damit Wachstumsfelder entstehen. In den Smartphones sind eine Vielzahl von Sensoren und Kommunikationsschnittstellen eingebaut. Neben den für die

Mobiltelefonie notwendigen Komponenten wie Mikrofon, Lautsprecher und dem Touchscreen als Bedienelement ist für diese Geräte auch die Schnittstelle zum Mobilfunknetzwerk typisch. Für Verbraucher ist diese Schnittstelle vor allem deshalb wichtig, weil das Smartphone immer mehr verfügbare Daten bündelt und alle Informationen auf einem Bildschirm zusammenfassen kann – ob es die Paketverfolgung nach der Onlinebestellung ist, die intelligente Türsprechanlage, die auf dem Smartphone anzeigt, wer klingelt oder die Datenaufbereitung vom Fitness-Tracker. Das Smartphone steht also nicht für sich allein, sondern entfaltet seine volle Wirkung erst mit dem vernetzten Gerät, mit dem es kommuniziert. Unter dem Aspekt der Nutzungsdauer hat das Smartphone andere Endgeräte wie Laptop, PC und Tablet-PC längst überholt.

IT-Sicherheit. Die zunehmende Flexibilisierung und Automatisierung von Geschäftsprozessen erhöht für Unternehmen das Risiko, Opfer von IT-basierten Angriffen zu werden. Gut die Hälfte aller Unternehmen in Deutschland sind häufig oder gelegentlich das Ziel von Datendiebstahl, Wirtschaftsspionage oder Sabotage. Im industriellen Bereich sind es sogar mehr als zwei Drittel (siehe Insert 7-7).

Die Abwehr solcher Schädigungsversuche setzt hohe Anforderungen an betriebliche IT-Sicherheitssysteme. Diese müssen zunehmend effektiv, transparent und flexibel sein. Im Bereich der technischen IT-Sicherheit ist der Schutz über Virenscanner, Firewalls und einen Passwort-Schutz für Geräte inzwischen in allen Unternehmen angekommen. Aber bei der IT-Sicherheit reicht dieser Basisschutz nicht mehr aus. Die Cyber-Attacken werden zunehmend komplexer und beschränken sich nicht mehr nur auf den Bereich Cyber. Es werden offene Quellen aus dem Internet und der Presse ausgewertet und sogenanntes Social Engineering eingesetzt, um geschickt Zugänge zu den Informationsnetzen zu legen. Häufig werden diese ausgefeilten Angriffe gar nicht erkannt und der Abfluss von wertvollem Know-how bleibt unbemerkt. Deshalb sind zusätzliche Sicherheitsmaßnahmen notwendig. Bislang verschlüsselt aber nur etwas weniger als die Hälfte (45 Prozent) aller Unternehmen Daten auf Datenträgern und lediglich 40 Prozent verschlüsseln ihre elektronische Kommunikation per E-Mail. Die Anzahl der Unternehmen, die eine Absicherung des internen Netzwerks gegen Datenabfluss von innen (engl. *Data Leakage Prevention*) und über spezielle Angriffserkennungssysteme (engl. *Intrusion Detection*) verfügen, ist noch viel geringer [vgl. Bitkom 2016a].

Nicht zuletzt die spektakulären Angriffe auf die **IT-Sicherheit** großer Konzerne haben vielen Unternehmen klargemacht, dass sie größere Anstrengungen zur Sicherung ihrer Systeme und Daten betreiben müssen. Durch die vermehrte Nutzung von Smartphones und Tablets wächst auch die Zahl der Angriffe aus dem mobilen Internet. Beratungsunternehmen unterstützen ihre Kunden bei Analyse und Prävention von Sicherheitslücken.

Insert

Datenklau, Spionage, Sabotage: Zwei Drittel der Industrie betroffen

11% Nicht betroffen

69% Betroffen

War Ihr Unternehmen in den letzten 2 Jahren betroffen?

20% Vermutlich betroffen

Die häufigsten Delikte

Diebstahl von IT- oder Telekommunikationsgeräten — 32%
Diebstahl von sensiblen physischen Dokumenten, Bauteilen, Maschinen — 20%
Diebstahl von sensiblen elektron. Dokumenten bzw. Informationen — 19%
Sabotage von Betriebsabläufen — 18%
Social Engineering — 16%
Ausspähen von elektronischer Kommunikation, z.B. E-Mails — 6%
Abhören von Besprechungen oder Telefonaten — 5%

22,35 Mrd. Euro Schaden pro Jahr

bitkom

Basis: Alle befragten Industrieunternehmen (n=504)
Quelle: Bitkom Research

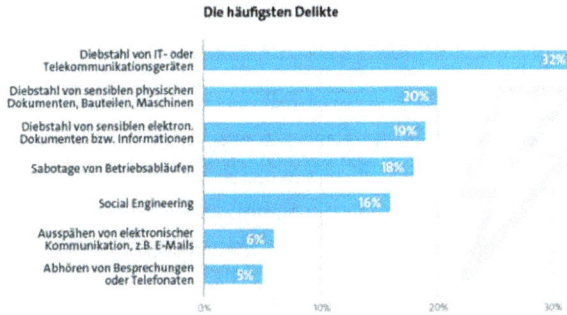

Zwei von drei Industrieunternehmen (69 Prozent) sind in Deutschland in den vergangenen zwei Jahren Opfer von Datendiebstahl, Wirtschaftsspionage oder Sabotage geworden. Das hat eine repräsentative Umfrage im Auftrag des Digitalverbands Bitkom unter 504 Unternehmen des produzierenden Gewerbes ab 10 Mitarbeitern ergeben. Zum Vergleich: Im Durchschnitt der Gesamtwirtschaft sind nur 51 Prozent aller Unternehmen von entsprechenden Delikten betroffen. Der Schaden beläuft sich für die deutsche Industrie nach Berechnungen des Bitkom auf rund 22,4 Milliarden Euro pro Jahr. Laut Umfrage ereigneten sich die kriminellen Vorfälle am häufigsten in der Produktion bzw. Fertigung. Das berichten 36 Prozent der betroffenen Unternehmen. Bei 30 Prozent richteten sich die Angriffe auf die Bereiche Lager und Logistik, bei 29 Prozent auf die IT und bei 23 Prozent auf Forschung und Entwicklung. Mit der Digitalisierung der Produktion und der Vernetzung von Maschinen über das Internet entstehen neue Angriffsflächen.
[Quelle: Bitkom-Pressemitteilung vom 25.04.2016]

Insert 7-7: Datenklau, Spionage, Sabotage: Zwei Drittel der Industrie betroffen

Cloud Computing. Dieser Einflussfaktor hat sich innerhalb weniger Jahre zur Basis-Technologie der Digitalisierung entwickelt. 2016 haben bereits 65 Prozent aller Unternehmen in Deutschland Cloud Computing eingesetzt. Im Jahr 2014 waren es erst 44 Prozent. Gab es bislang noch ein großes Gefälle zwischen großen und kleinen Unternehmen, hat sich der Anteil der Cloud-Nutzer inzwischen stark angeglichen.

Die bedarfsgerechte Nutzung von IT- Leistungen über Datennetze bietet enorme Vorteile. Cloud Computing macht die betrieblichen Prozesse effizienter und ermöglicht die Entwicklung neuer, digitaler Geschäftsmodelle. Cloud Computing bezeichnet aus Sicht der Anwender die bedarfsgerechte Nutzung von IT-Leistungen wie beispielsweise Software, Speicherplatz oder Rechenleistung über Datennetze. Das Datennetz kann ein unternehmens- bzw. organisationsinternes Intranet (engl. *Private Cloud Computing*) oder das öffentliche Internet (engl. *Public Cloud Computing*) sein. Der Trend in den Unternehmen geht seit einigen Jahren dahin, den Betrieb von Private Clouds an externe IT-Dienstleister zu vergeben [vgl. Bitkom 2017a].

Cloud Computing ist die Bereitstellung und Nutzung von IT-Leistungen nach Bedarf über Datennetze (in der „Wolke") anstatt auf lokalen Rechnern.

Internetanwendungen wie E-Mail, soziale Netzwerke oder Videodienste laufen bereits fast ausschließlich in der Cloud. *Cloud Services* haben einen großen Sprung in die Unternehmenswelt gemacht. Sie werden unter anderem dazu genutzt, mobile Strategien voranzutreiben, bei denen die Schnittstellen zwischen Mitarbeitern, Geschäftspartnern oder auch Kunden neu definiert und verknüpft werden.

ERP-Systeme. Das volle Potenzial der Digitalisierung entfaltet sich erst dann, wenn ein zentraler Taktgeber sämtliche Prozesse und Anwendungen steuert und diese in den betriebswirtschaftlichen Kontext des Unternehmens integriert. Denn ohne eine Verbindung zwischen Dienstleistungen, Waren- und Wertefluss macht die smarteste Fabrik keinen Sinn. Diese Aufgabe übernehmen moderne ERP-Systeme. Und auch bei der Art und Weise, wie wir künftig arbeiten, bieten ERP-Systeme ebenfalls wertvolle Unterstützung, da sie mit ihren Werkzeugen und aussagekräftigen Informationen einen elementaren Beitrag zur Prozessführung leisten [vgl. Bitkom 2017b].

ERP-Systeme sind also nicht nur die zentrale Software zur Steuerung der horizontalen und vertikalen Wertschöpfungsketten, sondern gleichzeitig auch die Datendrehscheibe im Unternehmen. Sie bündeln als Rückgrat der Organisation alle Unternehmensfunktionen. In den achtziger Jahren war die Anzahl der Lines of Program-Code Messgröße für den Wert eines Systems. Heute sind es die von einem System erfassten Daten und daraus gewonnenen Informationen. Praktisch alle für ein Unternehmen relevanten Stammdaten können im ERP-System verwaltet werden. Das gleiche gilt für die darauf aufbauenden Bewegungsdaten [vgl. Bitkom 2016b].

ERP-Systeme (engl. *Enterprise Resource Planning*) sind integrierte Standardsoftwaresysteme für die tragenden betriebswirtschaftlichen Anwendungen eines Unternehmens.

Die ERP-Teilsysteme sind zwar jeweils funktional ausgerichtet, über eine gemeinsame Datenbasis ermöglichen sie aber die Integration dieser Teilsysteme. Typische Einsatzfelder sind Produktionsplanung und -steuerung (PPS), Einkauf- und Materialwirtschaft bzw. Logistik, Vertrieb, Kostenrechnung und Controlling sowie Personal. Die Einsatz- und Umfeldberatung von ERP-Systemen ist seit Jahren eine der größten Einkunftsquellen der IT-Beratung.

Konvergenzlösungen im ICT-Bereich. Die Nutzung von Konvergenzlösungen, die durch das Zusammenwachsen von Telekommunikation und IT entstehen, differiert zum Teil erheblich.

> **Konvergenzlösungen im ICT-Bereich** (engl. *Information and Communication Technology*) begünstigen das Zusammenwachsen von IT- und Kommunikationssystemen.

Insgesamt ist die Bewertung der Unternehmen, die konkrete Konvergenzlösungen nutzen, jedoch außerordentlich positiv. Besonders die Kostenreduzierung, die Beschleunigung von Abläufen und ein optimierter Kundenservice sind die Vorteile, die mit Konvergenzlösungen verbunden sind. Andererseits ist der Kenntnisstand der nicht aktiven Firmen teilweise gering. Anwendungsbeispiele für Konvergenzlösungen gibt es u.a. in folgenden Bereichen:

- Machine-to-Machine-Communication (M2M)
- Business Process Outsourcing (BPO)
- SaaS – Software as a Service (z.B. Softwarelösungen zur Teamarbeit über das Intranet/Internet, Videokonferenzsysteme)
- Webkonferenzen
- Company Net-Zugang über UMTS
- Virtual Backup & Restore.

ICT-Sourcing-Beratungen werden seit Jahren von Unternehmen des gehobenen Mittelstandes und Großunternehmen beauftragt, wenn es um die Partnersuche für IT-Outsourcing oder technologisch komplexe IT-Projekte geht. Die ICT-Sourcing-Berater begleiten den Prozess von der Planung bis zur Vergabe. Zu den Leistungen gehört neben dem Markt- Screening und der abschließenden Empfehlung für einen oder wenige IT-Provider auch die Gestaltung der rechtlichen Rahmenbedingungen der Zusammenarbeit.

7.1.5 Ökologische Einflüsse

Natürliche Umwelteinflüsse haben i. d. R. keine direkten Auswirkungen auf Ziele und Strategien von Beratungsunternehmen, es sei denn, dass die *Umweltberatung* zum ausgewiesenen Leistungsprofil des Beratungsunternehmens zählt. Heute sind es etwa 500 Consulting-Unternehmen, die sich auf die Beratung in Energie- und Umweltfragen spezialisiert haben.

Fünf Tendenzen sollen hier skizziert werden, die im Umweltbereich besondere Auswirkungen auf Unternehmensberatungen mit dem Geschäftsfeld *Umweltberatung* haben:

- Verknappung der natürlichen Ressourcen in Verbindung mit steigenden Energiekosten
- Einsatz erneuerbarer Energien

- Neue Antriebstechnologien im Automobilbereich
- Zunehmende Umweltverschmutzung
- Umweltpolitische Interventionen staatlicher Institutionen.

Besondere Bedeutung kommt der Entwicklung **alternativer Energiequellen** wie Wind- und Solarenergie zu. Die Sicherstellung einer zuverlässigen, wirtschaftlichen und umweltverträglichen Energieversorgung ist eine der großen Herausforderungen des 21. Jahrhunderts. Dabei werden nach der beschleunigten Energiewende in Deutschland (Ausstieg aus der Kernenergie) die erneuerbaren Energien eine herausragende Rolle spielen.

Bei den **erneuerbaren Energien** stehen deutsche Unternehmen und Forschungseinrichtungen mit ihrer Innovationskraft weltweit an der Spitze. Erstmals wurde mehr Strom aus erneuerbaren Energien in das Stromnetz eingespeist als aus konventionellen Energieträgern (siehe Insert 7-8). Die mit der beschleunigten Energiewende in Deutschland verbundenen Ziele bieten Industrie- und Beratungsunternehmen eine Vielzahl von Betätigungsfeldern.

Die Schaffung energieeffizienter Technologien in Verbindung mit **Antriebstechniken**, die sich hinsichtlich Energieart oder konstruktiver Lösung von den auf dem Markt verbreiteten Antriebstechniken unterscheiden, gehört ebenfalls zu den wichtigen Aufgabenfeldern industrieller Forschungsabteilungen. So arbeitet die Automobilindustrie intensiv an neuen Antriebstechnologien und energiesparenden Kompaktwagen. Unternehmen, die sich auf die Beratung der Automobilsparte konzentrieren, werden nicht an einer intensiven Auseinandersetzung mit neuen Antriebstechnologien, sei es der Hybridantrieb oder der Elektroantrieb, vorbeikommen.

Auch die Entsorgung chemischer und nuklearer Abfälle und die **Verschmutzung der Umwelt** durch Materialien, die biologisch nicht abbaubarer sind, stellen die Kundenunternehmen vor erhebliche Herausforderungen. Die Einhaltung von Umweltrichtlinien stellt zwar zunächst eine Belastung dar, sie bietet aber auch die Chance, neue Absatzpotenziale zu erschließen.

Ob es sich um die Förderung der Erforschung der klimafreundlichen Nutzung von Biomasse, um die Förderung von Forschung und Entwicklung auf dem Gebiet von Energiespeichertechnologien oder um **Marktanreizprogramme** für erneuerbare Energien handelt, auch hier finden Beratungsunternehmen eine Vielzahl von attraktiven Tätigkeitsgebieten.

Insert

Stromeinspeisung durch konventionelle und erneuerbare Energieträger 2020
Anteile in %

51,2 %
erneuerbare Energieträger

48,8 %
konventionelle Energieträger

34,9 %
Windkraft

22,3 %
Kohle

insgesamt
141,2 TWh

5,5 %
Biogas

12,7 %
Erdgas

4,8 %
Photovoltaik

6,0 %
Sonstige
erneuerbare
Energieträger

11,6 %
Kernenergie

2,2 %
Sonstige
konventionelle
Energieträger

Stand: 01. Quartal 2020

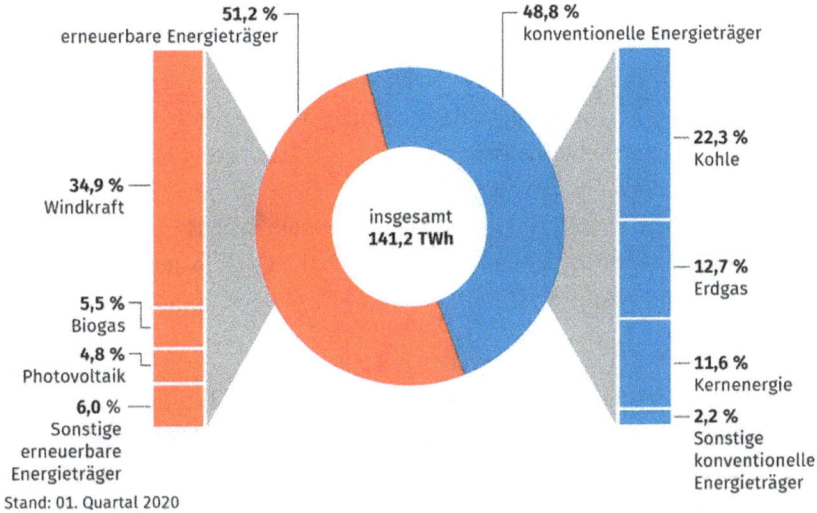

© Statistisches Bundesamt (Destatis), 2020

Im 1. Quartal 2020 wurde in Deutschland mit 72,3 Milliarden Kilowattstunden Strom erstmals mehr Strom aus erneuerbaren Energien erzeugt und in das Stromnetz eingespeist als aus konventionellen Energieträgern. Nach vorläufigen Ergebnissen des Statistischen Bundesamtes (Destatis) stieg die Strommenge aus erneuerbaren Energien gegenüber dem 1. Quartal 2019 um 14,9 % auf einen Anteil von 51,2 % der insgesamt eingespeisten Strommenge. Den höchsten Anstieg verzeichnete mit +21,4 % der Strom aus Windkraft, was vor allem auf ein sehr windreiches Quartal zurückzuführen ist. Mit 34,9 % der insgesamt eingespeisten Strommenge war die Windkraft erstmals der wichtigste Energieträger für die Stromerzeugung. Die Einspeisung aus konventionellen Energieträgern sank dagegen um 21,9 %. Insbesondere der Kohlestrom-Anteil war mit -33,4 % deutlich niedriger als im 1. Quartal 2019. Die insgesamt eingespeiste Strommenge, die sich am bestehenden Strombedarf orientiert, ging im 1. Quartal 2020 gegenüber dem 1. Quartal 2019 um 6,6 % auf 141,2 Milliarden Kilowattstunden zurück. Dieser Rückgang liegt im Rahmen üblicher Schwankungen. Ein eindeutiger Einfluss der Corona-Krise auf die eingespeiste Strommenge war damit im 1. Quartal 2020 nicht zu erkennen.

[Quelle: Statistisches Bundesamt PM vom 28.05.2020]

Insert 7-8:   Bruttostromerzeugung nach Energieträgern

7.1.6 Politisch-rechtliche Einflüsse

Es existiert eine Vielzahl von Gesetzen, die das Wettbewerbsverhalten, die Produktstandards, den Urheber- und Markenschutz aber auch den Verbraucherschutz regeln und damit von erheblicher Bedeutung für die Kundenunternehmen der Unternehmensberatungen sind.

Die Liberalisierung des europäischen Strommarktes und die Deregulierung des Telekommunikationsmarktes sind Beispiele für politisch-rechtliche Einflüsse, die dem Management vieler Kundenunternehmen neue Chancen und Perspektiven eröffnet haben. Hier können Beratungsunternehmen mit entsprechender Expertise wertvolle Hilfestellung für ihre Kunden leisten. Aber auch kommunalpolitische Rahmenbedingungen und die spezifische(n) Standortsituation(en) des Unternehmens, die durch die (jeweilige) regionale Infrastruktur bestimmt wird (werden), zählen zu den politisch-rechtlichen Einflussfaktoren.

Politisch-rechtliche Rahmenbedingungen, die unmittelbaren Einfluss auf die Beratungsunternehmen selbst haben, sind für große Teile der Beratungsbranche weniger von Bedeutung. Allerdings sind die **Wirtschaftsprüfungs- und Steuerberatungsgesellschaften**, die teilweise eigene Beratungsgesellschaften unterhalten, zum Teil sehr massiv von politisch-rechtlichen Einflüssen betroffen.

Zum einen sind hier die Bestrebungen der amerikanischen Börsenaufsichtsbehörde (SEC) zu nennen, nach denen sich die vier großen internationalen Wirtschaftsprüfungsgesellschaften (Big Four: KPMG, PWC, EY, Deloitte) vollends von ihren angeschlossenen Beratungseinheiten trennen sollten. Ausgangspunkt war hier der Enron-Skandal, der dazu führte, dass die großen Audit-Gesellschaften (Ausnahme: Deloitte) mehr oder weniger halbherzig ihre eigenständig geführten Beratungshäuser verselbständigten oder an andere Unternehmen verkauften. Die Trennung der Wirtschaftsprüfer von den Consultants sollte dabei insbesondere den Konflikt mit dem sogenannten **Sarbanes-Oxley Act of 2002** (auch *SOX*, *SarbOx* oder *SOA* genannt) vermeiden. Es handelt sich dabei um ein US-Bundesgesetz, das 2002 als Reaktion auf die Bilanzskandale von Enron und Worldcom von Paul Sarbanes und Michael Oxley verfasst wurde. Das Sarbanes-Oxley Act verbietet den Wirtschaftsprüfungsgesellschaften Prüfungs- und Beratungsdienstleistungen gleichzeitig bei demselben Kunden zu erbringen.

Zum anderen gelten für die Auditoren die Bestimmungen der Wirtschaftsprüferordnung (WPO), nach denen ihnen nur ein „Marketing mit Handschellen" (z. B. keine „marktschreierische" Werbung) erlaubt ist.

Abbildung 7-2 fasst die unternehmensexternen Einflussfaktoren – also das Makro-Umfeld der Unternehmensberatung – zusammen.

Das Makro-Umfeld der Unternehmensberatung		
	Ausprägungen	Mögliche Auswirkungen auf/durch ...
Ökologische Einflüsse	Verknappung der natürlichen Ressourcen	Beratungsinhalte
	Steigende Energiekosten	Beratungsinhalte
	Zunehmende Umweltverschmutzung	Beratungsinhalte
Sozio-kulturelle Einflüsse	Megatrend Asien	Kostenstrukturen
	Megatrend Individualisierung	Wertewandel, Work-Life-Balance
Demografische Einflüsse	Megatrend Frauen	Karriere- und Diversity-Programme, Frauenquote
	Megatrend Alterung	Employability, veränderte Lebensphasenplanung
Makro-ökonomische Einflüsse	Optimierung der Dienstleistungstiefe	Beratungsinhalte, Outsourcing
	Globalisierung	Beratungsinhalte
Politisch-rechtliche Einflüsse	Forderung der SEC	Trennung von Audit und Consulting
	Wirtschaftsprüferordnung	„Marketing mit Handschellen"
Technologische Einflüsse	Wettbewerbsorient. Innovationsrichtung	Neue Geschäftsmodelle, Tools, Methoden, Produkte
	Kundenorientierte Innovationsrichtung	Innovationsberatung, Innovationsprozessberatung

Abb. 7-2:   Das Makro-Umfeld der Unternehmensberatung

7.1.7 Chancen-Risiken-Analyse

Nachdem das Makro-Umfeld – also die externen Einflussfaktoren – der Unternehmens-beratung gesichtet worden ist, geht es nun darum, auf dieser Grundlage mögliche Chan-cen und Risiken für das definierte Beratungsgeschäft zu identifizieren und daraus stra-tegische Stoßrichtungen zu definieren. **Chancen** bzw. Möglichkeiten (engl. *Opportuni-ties*) sind alle Situationen und Trends, die sich positiv auf die Entwicklung des Unter-nehmens auswirken bzw. die Nachfrage nach bestimmten Beratungsinhalten unterstüt-zen. **Risiken** bzw. Bedrohungen (engl. *Threats*) sind demgegenüber alle Situationen, die sich schädlich auf das Unternehmen auswirken. Typische Fragen in diesem Zusammen-hang können sein [vgl. Andler 2008, S. 179 ff.]:

- Welche Auswirkungen haben die (ökologischen, sozio-kulturellen, makro-ökono-mischen, politisch-rechtlichen und technologischen) Einflussfaktoren auf Bera-tungsinhalte, Mitarbeiter, Manager, Kunden und Kostenstrukturen?

- Ist die Unternehmensberatung durch solche Veränderungen verletzlich?

- Wie intensiv ist der Wettbewerb?

- Wie wahrscheinlich ist es, dass neue Wettbewerber in die definierten Beratungsfel-der eindringen werden?

- Wie sicher ist die gegenwärtige Marktposition des Unternehmens?

- Welche konkreten Auswirkungen haben neue Technologien auf das Unternehmen insgesamt, auf Beratungsinhalte, Prozesse, Zielgruppen etc.?

Mit dem Umfang der Chance nimmt in der Regel auch die Höhe des Risikos zu und umgekehrt. Daher wird in der Unternehmensberatungspraxis dem Risiko unter dem Thema **Risikomanagement** (engl. *Risk Management*) eine besondere Bedeutung beigemessen.

7.2 Interne Einflussfaktoren – das Mikro-Umfeld der Unternehmensberatung

Dem Makro-Umfeld, also den unternehmensexternen Faktoren, auf die das Unternehmen keinen Einfluss hat, werden sodann die unternehmensinternen Faktoren gegenübergestellt. Hierbei handelt es sich prinzipiell um eine Analyse der Beratungsbranche und damit um eine Betrachtung des Mikro-Umfeldes. Sie lässt sich sinnvoller Weise in Rahmenbedingungen, die von Marktstruktur, Marktvolumen und -potenzial gesetzt werden, sowie in Einflüsse der Kunden und des Wettbewerbs unterteilen. Die grundsätzliche Struktur des Beratungsmarktes ist bereits in Abschnitt 3.3 vorgenommen worden. In diesem Zusammenhang sollen lediglich die wichtigsten Einflussfaktoren des Mikro-Umfeldes zusammengefasst und den Einflüssen des Makro-Umfeldes gegenübergestellt werden.

7.2.1 Interne Marktindikatoren

Marktstruktur. Bei der Analyse der Marktstruktur geht es um *Ein- und Austrittsbarrieren* für Marktsegmente, in denen die Unternehmensberatung tätig ist. Prinzipiell gelten für das Geschäftsfeld der Strategie- und Managementberatung ebenso wie für das Marktsegment der international tätigen IT-Beratungen relativ hohe Markteintrittsbarrieren. Niedrige Barrieren liegen eher bei den kleineren Nischenanbietern vor, die sich auf eine bestimmte Branche oder auf einen bestimmten Funktionsbereich konzentrieren. Auch für Unternehmen, die mit einigen wenigen Mitarbeitern als verlängerte Werkbank bei der Einführung oder Anpassung von ERP-Systemen agieren, liegen relativ niedrige Eintrittsbarrieren vor. Marktaustrittsbarrieren dürften bei nahezu allen Geschäftsmodellen der Beratungsbranche relativ niedrig sein.

Marktvolumen und -potenzial. Der BDU gibt für 2020 den Umsatz der Beratungsbranche in Deutschland mit rund 34,6 Mrd. Euro an. Für die Größe des weltweiten Consulting-Marktes gibt es allerding keine verlässlichen Daten. Die Umsatzeinbußen, die der deutsche Beratungsmarkt als Folge der weltweiten Finanzmarkt- und Wirtschaftskrise 2009 erlitten hatte, konnte die Branche im Jahr 2010 wieder wettmachen. Insgesamt gilt die Beratungsbranche als eine der attraktivsten Wirtschaftsbereiche mit jährlichen Wachstumsraten, die immer noch im zweistelligen Bereich liegen.

Kunden. Als Beratungskunden kommen grundsätzlich alle Unternehmen in Frage. Das Beratungsgeschäft ist somit ein typisches B2B-Geschäft. Wesentliche Kundenanforderungen sind Seriosität, Qualität, Quantifizierbarkeit und Nachhaltigkeit der Beratungsleistungen. Obwohl die Preisbereitschaft in der Regel bei Großunternehmen höher ist als bei kleineren und mittleren Kundenunternehmen, sind es aber gerade die größeren Unternehmen, die mit der Einrichtung von Inhouse Consulting-Einheiten diesen hohen Kosten zunehmend aus dem Wege gehen wollen.

Wettbewerb. Zahl und Struktur der Wettbewerber im Beratungsmarkt ändert sich von Marktsegment zu Marktsegment. Grundsätzlich ist der Beratungsmarkt in seiner Gesamtheit ein atomistischer Markt. Selbst die größeren Beratungsunternehmen verfügen nicht über Marktanteile, die im zweistelligen Bereich liegen. In bestimmten Marktsegmenten (z. B. bei großen, weltweiten SAP-Rollouts) liegt eine oligopolistische Angebotsstruktur vor, da nur sehr wenige Beratungsunternehmen in der Lage sind, eine Nachfrage dieser Größenordnung zu befriedigen.

In Abbildung 7-3 sind wichtige Einflussfaktoren des **Mikro-Umfeldes** zusammengestellt.

Das Mikro-Umfeld der Unternehmensberatung		
	Merkmal	**Mögliche Ausprägungen**
Marktstruktur	Markteintrittsbarrieren	Hoch, in bestimmten Marktsegmenten sehr hoch
	Marktaustrittsbarrieren	Generell nicht sehr hoch
Marktvolumen und -potential	Anzahl Kunden	Gesamter B2B-Bereich
	Marktwachstum	Überdurchschnittlich
	Preisniveau	Relativ Hoch
	Kapitalbedarf	Hoch für internationale Marktpräsenz, niedriger für Nischenanbieter
Kunden	Kundenanforderungen	Hoch in Richtung Qualität, Quantifizierbarkeit und Nachhaltigkeit
	Preisverhalten	Verhandlungsbedarf nimmt zu
Wettbewerb	Anzahl Wettbewerber	Atomistische Angebotsstruktur, in Märkten mit hohem Volumen eher oligopolistisch
	Wettbewerbsintensität	Hoch (insbesondere bei Ausschreibungen)

Abb. 7-3:   Das Mikro-Umfeld der Unternehmensberatung

7.2.5 Stärken-Schwächen-Analyse

Im Anschluss an die Sichtung der internen Einflussfaktoren – also des Mikro-Umfeldes – der Unternehmensberatung geht es nun darum, die Stärken und Schwächen des Unternehmens zu analysieren und daraus entsprechende Strategien abzuleiten. Ebenso wie bei der Chancen-Risiken-Analyse gibt es auch bei der Stärken-Schwächen-Analyse keinen allgemeinverbindlichen Kriterienkatalog mit entsprechenden Gewichtungsmodalitäten etc.

Hilfreich für die Stärken-Schwächen-Analyse ist vielmehr eine vorherige Identifikation der entscheidenden Erfolgsfaktoren. Solche Faktoren sind in jedem Beratungsunternehmen gut bekannt und können daher schnell abgerufen werden. Anhand der wichtigsten Erfolgsfaktoren können dann alle Stärken und Schwächen abgeprüft werden.

Die **Stärken** (engl. *Strengths*) sind dabei jene Faktoren, die dem Unternehmen zu einer relativ starken Wettbewerbsposition verhelfen, während die **Schwächen** (engl. *Weaknesses*) das Unternehmen daran hindern, Wettbewerbsvorteile zu erzielen. Untersucht wird bei einer Stärken-Schwächen-Analyse die Position (Fähigkeiten und Ressourcen) des eigenen Unternehmens oder Geschäftsbereichs im Vergleich zu dem/zu den stärksten Wettbewerber(n).

Alle identifizierten Stärken und Schwächen sind also relativ. Diese Relationen gewinnen häufig erst durch ein Benchmarking (Vergleich mit Wettbewerbern oder Branchenstandards) einen Aussagewert. Durch die Einschätzung der erhobenen Merkmale durch den Befragten entsteht ein Stärken-Schwächen-Profil, das die Potenziale und den Verbesserungsbedarf des Unternehmens abbildet.

Diese Analyse ist nicht nur für den Marketing-Bereich relevant. Auch für den Personalbereich, die Organisation oder für das Delivery kann die Analyse wichtige Hinweise geben. Eine Stärken-Schwächen-Analyse kann sowohl von den eigenen Mitarbeitern als auch von Außenstehenden durchgeführt werden. Sie ist eine empirische Grundlage zur Definition von Strategien wie auch von Qualitätsverfahren.

In Abbildung 7-4 ist beispielhaft eine Stärken-Schwächen-Analyse abgebildet, wobei die Kriterienbereiche *Unternehmen* (allgemein), *Markt/Marketing*, *Leistungserbringung/Delivery*, *Finanzen* sowie *Management* und *Personal* des eigenen Unternehmens mit den zwei stärksten Wettbewerbern verglichen werden.

Wichtig dabei ist, dass die einzelnen Kriterien von den Befragten in gleicher Weise interpretiert werden. So ist bspw. das Kriterium *Kapitalstruktur/Anteilseigner* dahingehend auszulegen, ob es sich um eine Partnerschaft, um eine Kapitalgesellschaft mit fremden Anteilseignern oder um eine Personengesellschaft handelt.

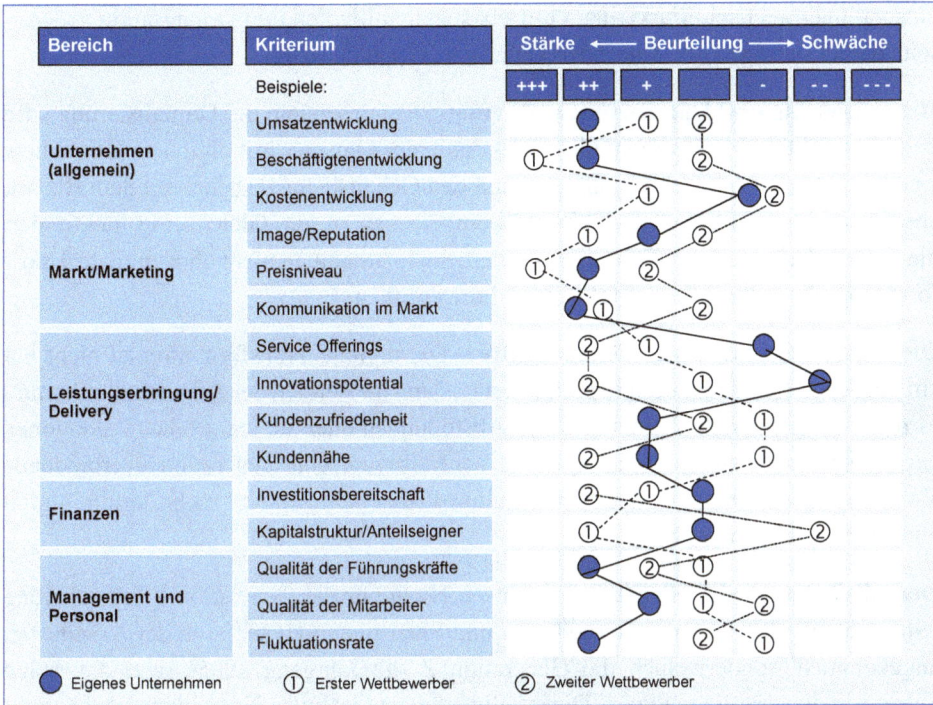

Bereich	Kriterium	Stärke ◄──── Beurteilung ───► Schwäche						
	Beispiele:	+++	++	+		-	--	---
Unternehmen (allgemein)	Umsatzentwicklung		●	①	②			
	Beschäftigtenentwicklung	①	●		②			
	Kostenentwicklung			①			●	②
Markt/Marketing	Image/Reputation		①	●	②			
	Preisniveau	①	●	②				
	Kommunikation im Markt	●	①			②		
Leistungserbringung/ Delivery	Service Offerings	②	①			●		
	Innovationspotential	②		①				●
	Kundenzufriedenheit		●	②	①			
	Kundennähe	②	●		①			
Finanzen	Investitionsbereitschaft	②	①	●				
	Kapitalstruktur/Anteilseigner	①		●				②
Management und Personal	Qualität der Führungskräfte	●	②	①				
	Qualität der Mitarbeiter		●		①	②		
	Fluktuationsrate	●			②	①		

● Eigenes Unternehmen   ① Erster Wettbewerber   ② Zweiter Wettbewerber

Abb. 7-4:   Stärken-Schwächen-Analyse (fiktives Beispiel)

In der Unternehmenspraxis werden Unternehmensanalyse und Umweltanalyse miteinander kombiniert und als **SWOT-Analyse** (SWOT = Strengths, Weaknesses, Opportunities, Threats) durchgeführt. Die SWOT-Analyse stellt also Chancen und Risiken aus
dem Makro-Umfeld sowie Stärken und Schwächen aus dem Mikro-Umfeld in einen Zusammenhang. Sie zählt neben der BCG-Matrix zu den am meisten verwendeten Beratungstools.

7.3 Stand der digitalen Transformation in der Beratung

7.3.1 Betriebliche Einflussbereiche der Digitalisierung

Digitalisierung verspricht den Kundenunternehmen Effizienz, Weiterentwicklung und
Wettbewerbsvorteile in angestammten und neuen Märkten. Dazu ist in vielen Betrieben
eine Überarbeitung der gesamten Wertschöpfungskette notwendig: Digitale Informationen müssen gesammelt, verarbeitet und in marktfähige Angebote übertragen werden.
Dazu ist ein Management ist gefragt, das diesen Prozess verstehen, anstoßen, steuern
und überwachen muss. Und hierzu sind wiederum Berater gefragt, die das Management
der Kundenunternehmen dabei unterstützen und die verschiedenen Wechselwirkungen
zwischen Digitalisierung einerseits und Unternehmensführung, Unternehmenskultur,

Generationenwechsel, Marketing/Vertrieb, sozialen Medien und Organisation andererseits berücksichtigen und einordnen kann [vgl. Lippold 2020].

Digitalisierung und Unternehmensführung. Die Umsetzung der Digitalisierung wird ohne das richtige Management nicht funktionieren. Manager mit digitalem Know-how sind heiß begehrt und stehen ganz oben auf den Gehaltslisten. Das hat mit dem Bedarf, aber auch mit den besonderen Führungskompetenzen zu tun. Gleichzeitig funktioniert die richtige Unternehmensführung in modernen Unternehmen nicht ohne digitale Transformation, deren Ursache der technische Fortschritt ist.

Digitalisierung und Unternehmenskultur. Die digitale Transformation ist nicht nur ein Führungs-, sondern auch ein Kulturthema, denn im Bereich der Arbeitskultur kommt es regelmäßig entweder zu den größten Abstoßungen oder zu den größten Adoptionen gegenüber einer neuen Technologie. Es geht also um eine generationenverbindende Kommunikations- bzw. Unternehmenskultur. Dabei geht es nicht mehr darum, digital zu werden – wir sind es bereits.

Digitalisierung und Generationenwechsel. Nicht nur die Generation Y (ab Jahrgang 1980), die geprägt ist vom Internetboom und Smartphone-Hype, ist in der Arbeitswelt angekommen, sondern auch die Generation Z (ab Jahrgang 1995) setzt die ersten Schritte in die berufliche Praxis. Die intelligenten und technikaffinen jungen Arbeitnehmer („Digital Natives") wurden demokratisch erzogen und arbeiten dann am effektivsten, wenn sie ihre Erfahrungen in die betrieblichen Prozesse mit einbringen können.

Digitalisierung und Personalführung. Geht man von der (herkömmlichen) Führungskompetenz zur digitalen Führungskompetenz über, so kommen zwei Kompetenzen hinzu: die Medienkompetenz und die interkulturelle Kompetenz. Auf Basis dieser beiden zusätzlichen Kompetenzen sollte Führung mit Begeisterung und Offenheit praktiziert werden. Besonders spannend ist dabei die Frage, wie das Erfolgsmodell der hybriden Führungskraft aussieht.

Digitalisierung und Marketing/Vertrieb. Neue Produkt- und Serviceangebote einerseits und die enormen Möglichkeiten von Big Data und mobilen Endgeräten andererseits machen deutlich, wie stark Marketing/Vertrieb und hier insbesondere der Kommunikationsbereich mit seinem Internet-Zugang von der Digitalisierung profitiert. Trotzdem werden die klassischen Kommunikationsmedien nicht auf der Strecke bleiben.

Digitalisierung und soziale Medien. Der digitale Wandel verändert das Mediennutzenverhalten aller Stakeholder und stellt die klassischen Printmedien zusehends in den Schatten. Insbesondere der Boom sozialer Medien führt zu neuen Anforderungen, aber auch zu neuen Möglichkeiten bei der Mitarbeiter-, Führungskräfte- und Unternehmenskommunikation.

Digitalisierung und Organisation. Das wichtigste Instrument, um das Handeln der Mitarbeiter im Sinne der Unternehmensziele unter Berücksichtigung der Digitalisierung zu koordinieren, ist die Organisation. Sie bestimmt, wie die einzelnen Unternehmenseinheiten bei der Aufgabenerfüllung verfahren sollen und wie sich jede Einheit bei ihrer Aufgabenerfüllung mit anderen Einheiten abstimmen soll.

Fragt man die deutschen Unternehmen selbst, wie sie beim Thema Digitalisierung aufgestellt sind, so werden die Erfolge bei der digitalen Transformation skeptisch beurteilt (siehe dazu Insert 7-9).

Insert

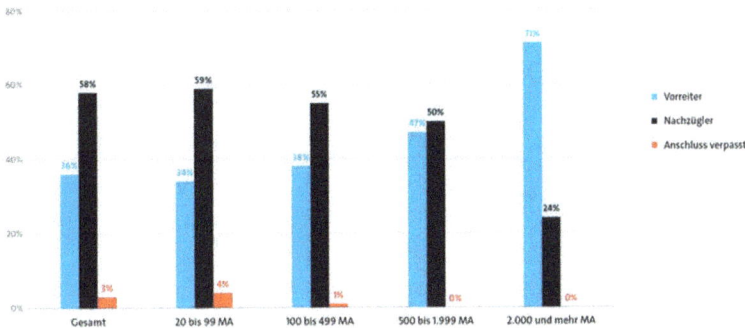

In den Führungsetagen der deutschen Wirtschaft werden die eigenen Erfolge bei der Digitalisierung skeptisch beurteilt. Eine deutliche Mehrheit (58 Prozent) der Geschäftsführer und Vorstände gibt an, dass ihr Unternehmen bei der Digitalisierung noch ein Nachzügler sei. 3 Prozent meinen sogar, den Anschluss verpasst zu haben. Nur rund jedes dritte Unternehmen (36 Prozent) hält sich für einen Digitalisierungs-Vorreiter. Das ist das Ergebnis einer repräsentativen Umfrage unter 502 Unternehmen ab 20 Mitarbeitern im Auftrag des Digitalverbands Bitkom. Dabei gilt: Je größer die Unternehmen, desto eher sehen sie sich bei der Digitalisierung vorn. Von den Unternehmen mit 20 bis 99 Mitarbeitern sagen 34 Prozent, sie seien Vorreiter, bei jenen mit 100 bis 499 Mitarbeitern sind es 38 Prozent. Von den Unternehmen mit 500 bis 1.999 Mitarbeitern hält sich nahezu jedes zweite (47 Prozent) für einen Digitalisierungs-Vorreiter und unter jenen mit 2.000 oder mehr Mitarbeitern steigt der Wert sogar auf 71 Prozent. [Quelle: BITKOM-Pressemitteilung vom 03.01.2020]

Insert 7-9: „Deutsche Wirtschaft läuft der Digitalisierung hinterher"

Ganz offensichtlich hängen Digitalisierungsgrad und Unternehmensgröße zusammen. Je größer das Unternehmen ist, desto positiver fällt die Selbsteinschätzung aus. Während sich von Unternehmen in der Größenordnung von 20 bis 99 Mitarbeitern 34 Prozent als Digitalisierungsvorreiter einstufen, sind es bei Firmen mit 100 bis 499 Mitarbeitern bereits 38 Prozent. Bei 500 bis 1.999 Mitarbeitern steigt der Anteil auf 47 Prozent, unter Firmen mit 2.000 und mehr Mitarbeitern betrachten sich gar 71 Prozent als Pioniere der digitalen Transformation.

Allerdings gibt nur etwa jedes dritte Unternehmen (38 Prozent) an, eine zentrale **Digitalstrategie** für das gesamte Unternehmen zu verfolgen. 37 Prozent haben zumindest für ausgewählte Unternehmensbereiche Strategien zur Digitalisierung entwickelt, aber jedes vierte Unternehmen (23 Prozent) verfügt über keinerlei Digitalstrategie.

Auch hierbei haben große Unternehmen und Konzerne die Nase vorn. Während Firmen mit mehr als 2.000 Mitarbeitern auf jeden Fall über eine Digitalstrategie verfügen, haben von den kleineren Unternehmen zwischen 20 und 99 Mitarbeitern 28 Prozent kein Konzept für den digitalen Wandel ihres Geschäftsmodells (siehe im Einzelnen dazu Insert 7-10).

Insert

Jedes vierte Unternehmen verzichtet auf eine Digitalstrategie

Verfolgt Ihr Unternehmen eine Strategie zur Bewältigung des digitalen Wandels?

Zentrale Digitalstrategie	38%
Strategie in Unternehmensbereichen	37%
Keine Digitalstrategie	23%
Weiß nicht / k.A.	2%

20 bis 99 MA	28%
100 bis 499 MA	8%
500 bis 1.999 MA	8%
2.000 und mehr MA	0%

Alle befragten Unternehmen (n=503)
Quelle: bitkom Research 2019

bit**kom**

Nur rund jedes dritte Unternehmen (38 Prozent) gibt an, über eine zentrale Digitalstrategie für das gesamte Unternehmen zu verfügen. Fast genauso viele (37 Prozent) haben zumindest in einzelnen Unternehmensbereichen entsprechende Strategien entwickelt – aber rund jedes vierte Unternehmen (23 Prozent) verzichtet weiterhin vollständig auf eine Digitalstrategie. Auch hier zeigt sich ein deutlicher Unterschied nach Unternehmensgrößen: Während kein Unternehmen mit mehr als 2.000 Mitarbeitern angibt, auf eine Digitalstrategie zu verzichten, sind es bei den Unternehmen mit 100 bis 499 bzw. 500 bis 1.999 Mitarbeitern jeweils 8 Prozent. Unter den kleineren Unternehmen zwischen 20 und 99 Mitarbeitern hat mehr als jedes Vierte (28 Prozent) keine Strategie als Antwort auf den digitalen Wandel entwickelt.

[Quelle: BITKOM-Pressemitteilung vom 03.01.2020]

Insert 7-10: „Jedes vierte Unternehmen verzichtet auf eine Digitalstrategie"

7.3.2 Digitalisierungsperspektiven der Beratung

Aus Sicht der Beratung hat die digitale Transformation aber nicht nur kundenseitige Aspekte. Auch Unternehmensberatungen selbst stehen vor der Herausforderung, das eigene Geschäftsmodell zu überdenken. Um wettbewerbsfähig zu bleiben müssen Chancen technologiebasierter Beratungsansätze genutzt werden. Durch virtualisierte Prozesse, durch ein digital ergänztes Leistungsportfolio und durch angepasste Organisationsstrukturen können Kostensenkungspotenziale freigesetzt werden. Kundenanforderungen lassen sich besser abdecken und gleichzeitig die Work-Life-Balance von Mitarbeitern verbessern [vgl. Nissen/Werth 2018, S. 8].

Digitalisierung darf also nicht nur als Beratungsprodukt oder Beratungsgegenstand gesehen werden. Es muss auch betrachtet werden, ob und wie Beratung selber digitalisiert werden kann. Somit ergeben sich drei Perspektiven einer Unternehmensberatung auf die Digitalisierung (siehe Insert 7-11).

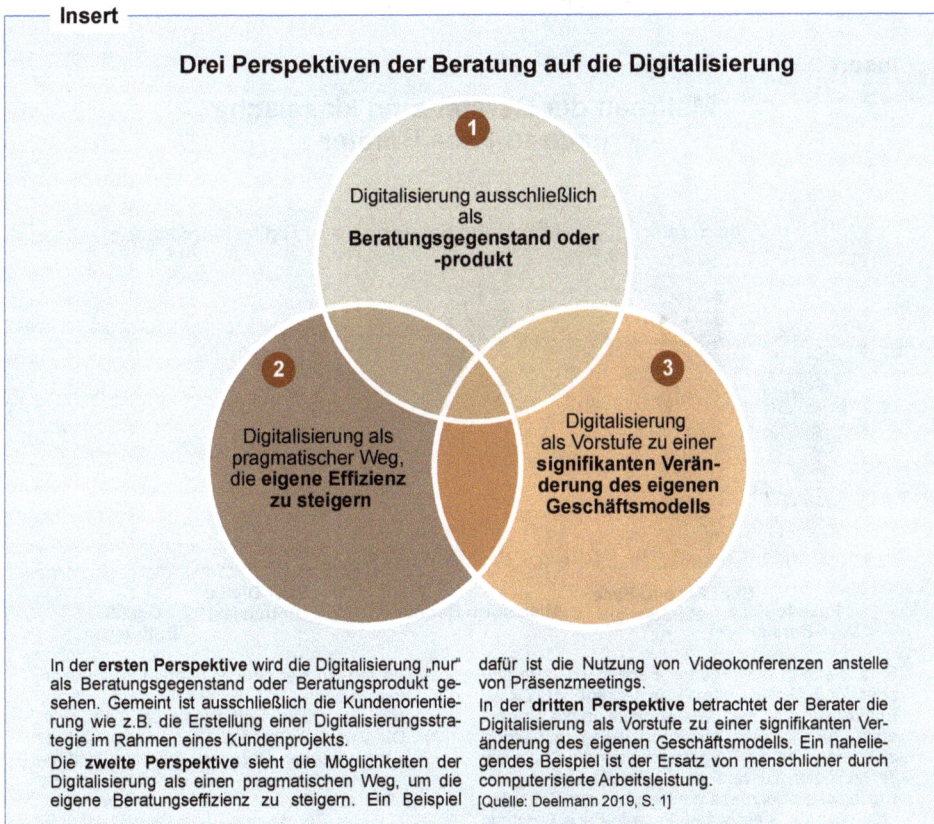

Insert

Drei Perspektiven der Beratung auf die Digitalisierung

1

Digitalisierung ausschließlich als **Beratungsgegenstand oder -produkt**

2

Digitalisierung als pragmatischer Weg, die **eigene Effizienz zu steigern**

3

Digitalisierung als Vorstufe zu einer **signifikanten Veränderung des eigenen Geschäftsmodells**

In der **ersten Perspektive** wird die Digitalisierung „nur" als Beratungsgegenstand oder Beratungsprodukt gesehen. Gemeint ist ausschließlich die Kundenorientierung wie z.B. die Erstellung einer Digitalisierungsstrategie im Rahmen eines Kundenprojekts.

Die **zweite Perspektive** sieht die Möglichkeiten der Digitalisierung als einen pragmatischen Weg, um die eigene Beratungseffizienz zu steigern. Ein Beispiel dafür ist die Nutzung von Videokonferenzen anstelle von Präsenzmeetings.

In der **dritten Perspektive** betrachtet der Berater die Digitalisierung als Vorstufe zu einer signifikanten Veränderung des eigenen Geschäftsmodells. Ein naheliegendes Beispiel ist der Ersatz von menschlicher durch computerisierte Arbeitsleistung.

[Quelle: Deelmann 2019, S. 1]

Insert 7-11:   Drei Perspektiven der Beratung auf die Digitalisierung

Zum aktuellen Stand der digitalen Transformation im Beratungsmarkt hat der Bundesverband Deutscher Unternehmensberater (BDU) 2017 in Kooperation mit der Technischen Universität Ilmenau und dem AWS-Institut eine Online-Befragung unter BDU-Beratern und deren Kunden durchgeführt. Im Fokus standen dabei die Veränderungen am Geschäftsmodell unter Berücksichtigung digitaler Beratungsansätze und Abrechnungsmodelle. Im Folgenden werden hierzu einige Ergebnisse dargestellt.

7.3.3 Klassische Beratungsleistungen vs. digitale Beratungstechnologie

„Alles, was sich digitalisieren lässt, wird auch digitalisiert." Diese Maxime wird von den Kundenunternehmen der Berater immer wieder verkündet. Doch welche Schritte unternehmen Consulting-Firmen selbst, um die Digitalisierung für Ihr eigenes Geschäft zu nutzen?

Welcher Beratertyp derzeit die Beratungslandschaft dominiert. Ist es eher noch der klassische Face-to-Face-Berater, oder hat sich bereits der Digital Enthusiast durchgesetzt? Die Antwort ist ebenso wenig überraschend wie eindeutig. Der klassische Face-to-Face-Berater beherrscht nach wie vor das Beratungsgeschehen (siehe Insert 7-12).

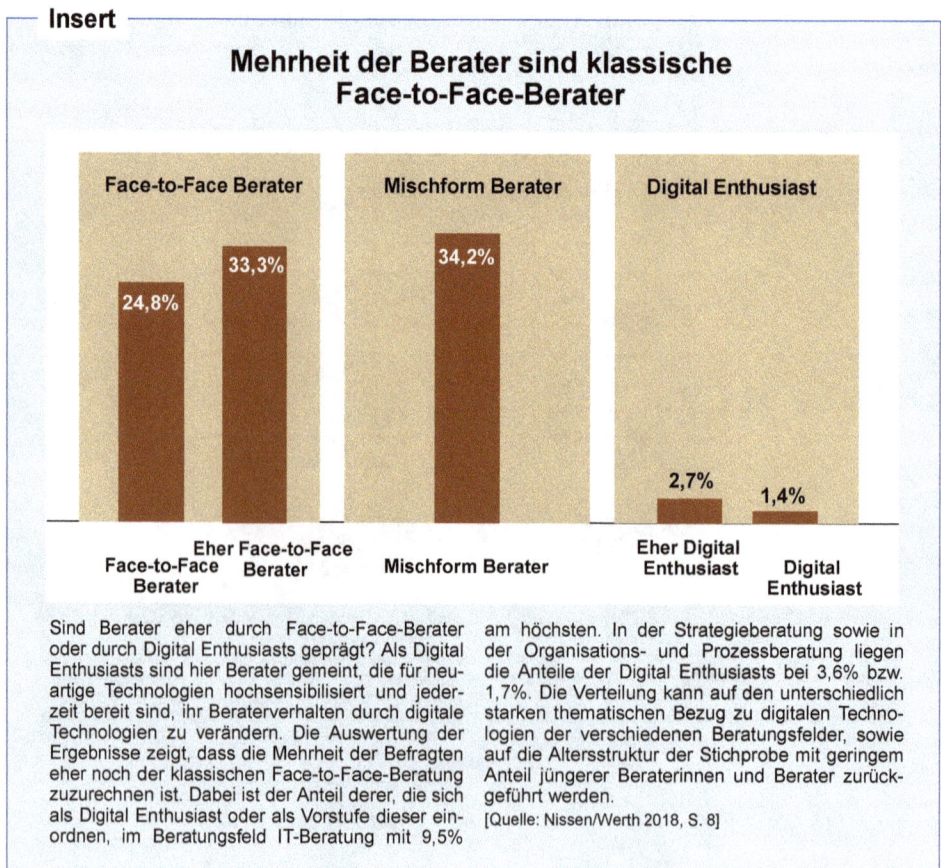

Insert

Mehrheit der Berater sind klassische Face-to-Face-Berater

Face-to-Face Berater	Mischform Berater	Digital Enthusiast
24,8% / 33,3%	34,2%	2,7% / 1,4%

Face-to-Face Berater / Eher Face-to-Face Berater — Mischform Berater — Eher Digital Enthusiast / Digital Enthusiast

Sind Berater eher durch Face-to-Face-Berater oder durch Digital Enthusiasts geprägt? Als Digital Enthusiasts sind hier Berater gemeint, die für neuartige Technologien hochsensibilisiert und jederzeit bereit sind, ihr Beraterverhalten durch digitale Technologien zu verändern. Die Auswertung der Ergebnisse zeigt, dass die Mehrheit der Befragten eher noch der klassischen Face-to-Face-Beratung zuzurechnen ist. Dabei ist der Anteil derer, die sich als Digital Enthusiast oder als Vorstufe dieser einordnen, im Beratungsfeld IT-Beratung mit 9,5% am höchsten. In der Strategieberatung sowie in der Organisations- und Prozessberatung liegen die Anteile der Digital Enthusiasts bei 3,6% bzw. 1,7%. Die Verteilung kann auf den unterschiedlich starken thematischen Bezug zu digitalen Technologien der verschiedenen Beratungsfelder, sowie auf die Altersstruktur der Stichprobe mit geringem Anteil jüngerer Beraterinnen und Berater zurückgeführt werden.

[Quelle: Nissen/Werth 2018, S. 8]

Insert 7-12:   Mehrheit der Berater sind klassische Face-to-Face-Berater

7.3.4 Reifegradmodell der Virtualisierung

Digitale Beratungstechnologien, also die Virtualisierung von Beratungsleistungen stellen einen Transformationsprozess dar, bei dem im einfachsten Falle einzelne Beratungsleistungen und in der höchsten Ausbaustufe das gesamte Geschäftsmodell der Unternehmensberatung digital transformiert werden. Nissen/Seifert [2016] definierten ein entsprechendes **Reifegradmodell der Virtualisierung** mit vier Stufen (siehe Insert 7-13]. In einer BDU-Vergleichsstudie von Anfang 2016 befanden sich die befragten Beratungsanbieter noch mehrheitlich auf den Stufen 1 und 2 dieses Reifegradmodells [vgl. Nissen/Werth 2018, S. 17].

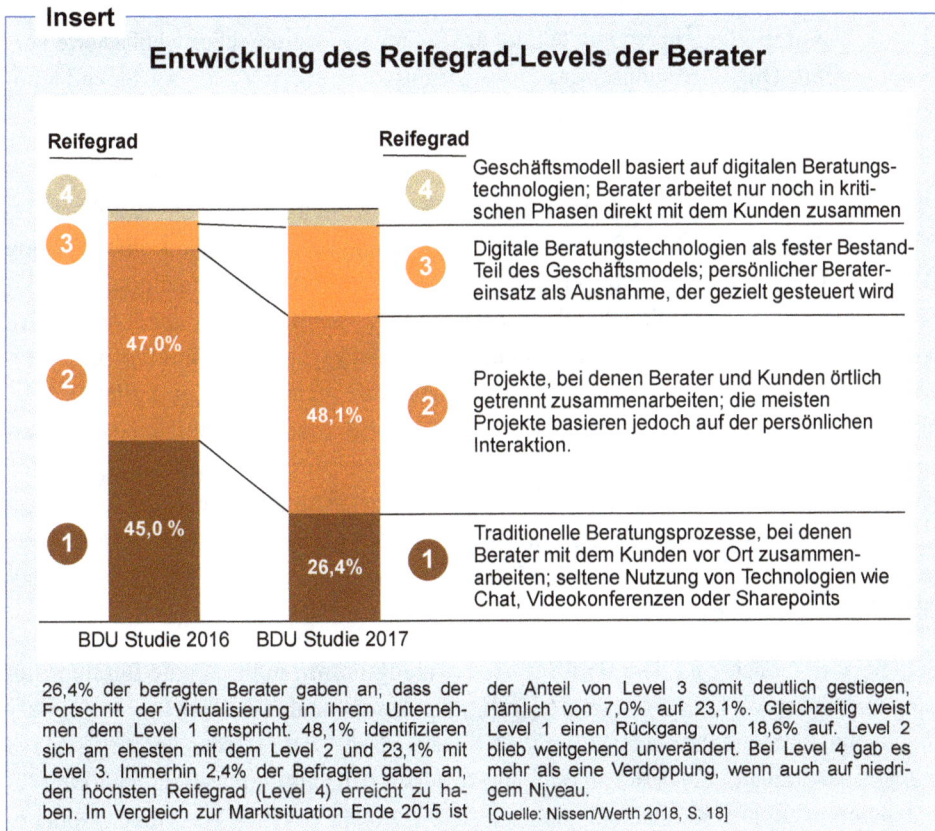

Insert

Entwicklung des Reifegrad-Levels der Berater

Reifegrad

Reifegrad

4 — 4 — Geschäftsmodell basiert auf digitalen Beratungstechnologien; Berater arbeitet nur noch in kritischen Phasen direkt mit dem Kunden zusammen

3 — 3 — Digitale Beratungstechnologien als fester Bestand-Teil des Geschäftsmodells; persönlicher Beratereinsatz als Ausnahme, der gezielt gesteuert wird

47,0%

2 — 48,1% — 2 — Projekte, bei denen Berater und Kunden örtlich getrennt zusammenarbeiten; die meisten Projekte basieren jedoch auf der persönlichen Interaktion.

1 — 45,0 % — 26,4% — 1 — Traditionelle Beratungsprozesse, bei denen Berater mit dem Kunden vor Ort zusammenarbeiten; seltene Nutzung von Technologien wie Chat, Videokonferenzen oder Sharepoints

BDU Studie 2016   BDU Studie 2017

26,4% der befragten Berater gaben an, dass der Fortschritt der Virtualisierung in ihrem Unternehmen dem Level 1 entspricht. 48,1% identifizieren sich am ehesten mit dem Level 2 und 23,1% mit Level 3. Immerhin 2,4% der Befragten gaben an, den höchsten Reifegrad (Level 4) erreicht zu haben. Im Vergleich zur Marktsituation Ende 2015 ist der Anteil von Level 3 somit deutlich gestiegen, nämlich von 7,0% auf 23,1%. Gleichzeitig weist Level 1 einen Rückgang von 18,6% auf. Level 2 blieb weitgehend unverändert. Bei Level 4 gab es mehr als eine Verdopplung, wenn auch auf niedrigem Niveau.

[Quelle: Nissen/Werth 2018, S. 18]

Insert 7-13: Entwicklung des Reifegrad-Levels der Berater

7.3.5 Digitale Beratungsansätze

Im Gegensatz zum Reifegradmodell unterscheiden Werth/Greff [2018] vier **digitale Beratungsansätze**:

- Core-Only Consulting
- Plattform Consulting
- Self-Service Consulting
- Algorithmic Consulting

Core-Only Consulting. Unter diesem Beratungsansatz werden die informationsbasierten Segmente von Beratungsservices, die oft nicht im Kernbereich der Beratungsleistung liegen, von den Segmenten getrennt, die eine persönliche Kommunikation mit dem Kunden erfordern. Auf diese Weise erhält der Anbieter die Möglichkeit, diese Segmente mit Hilfe von Informations- und Kommunikationstechnologien effizient und skalierbar zu realisieren. Beispiele hierfür sind die Kommunikation über Audio-/ Videokonferenzen, die Terminfindung über Doodle oder die Rechnungsstellung über webbasierte Portale. Der Core-Only Beratungsansatz ist vergleichsweise einfach umzusetzen und automatisiert vor allem Unterstützungsfunktionen im Umfeld der eigentlichen Beratung Nissen/Werth 2018, S. 18].

Plattform Consulting. Der Plattform Consulting Beratungsansatz ist charakterisiert durch die Auslagerung von Ressourcen und Nutzung von Potenzialen einer Sharing Economy. Der Ansatz wird realisiert durch den Einsatz und die Nutzung digitaler Marktplätze zur Auswahl geeigneter Beraterinnen und Berater (engl. *people-oriented mediation*) oder alternativ die Vermittlung von Beratungsprodukten (engl. *product-oriented mediation*). Ein Beispiel ist die Vermittlung von Freelancern über digitale Marktplätze (bspw. Clarify.fm). Beratungsunternehmen, die dieses Geschäftsmodell umsetzen, profitieren vor allem von der erfolgreichen Vermittlung. Sie werden von beiden Nutzerrollen – Kunden sowie Anbieter von Beratungsleistungen – bezahlt. Hierbei lassen sich auch über eingebettete Remote-Komponenten (z. B. Bildschirmübertragungen oder Videoübertragungen) kleinteilige Beratungsdienstleistungen auf Stunden- oder sogar Minutenbasis anbieten [vgl. Nissen/Werth 2018, S. 43].

Self-Service Consulting. Der Self-Service Beratungsansatz stellt digitale Beratungslösungen, wie bspw. Beratungs-Apps oder digitale Assessments zur Einschätzung der aktuellen Situation und Problemanalyse für Klienten bereit. Diese werden von den Kunden weitgehend autonom genutzt. Ein Beispiel ist BestPrax.de als Online-Benchmarking für Zahnarztpraxen. Der Kunde berät sich selbst. Zwar nicht wörtlich genommen, sondern maschinell unterstützt, aber dem Grunde nach übernimmt der Kunde (Teil-)Aufgaben des Beraters. Auf Basis der Kundenangaben werden während des Self-Service Prozesses automatisch Berichte generiert, Probleme identifiziert und nächste Schritte empfohlen [vgl. Nissen/Werth 2018, S. 43].

Algorithmic Consulting. Der vierte Beratungsansatz automatisiert einzelne Beratungsaufgaben, wie etwa die Analyse und Aufbereitung großer Datenmengen und strukturierte Darstellung der Ergebnisse in Form von Präsentationsfolien oder Prozessmodellen. Hierbei kommen beispielsweise Techniken des Data und Process Mining zum Einsatz (Beispiele: Lösungen von Inspirient und Celonis). Durch die Aufnahme und Zerlegung von spezifischen Beratungsprozessen werden Prozessbestandteile sichtbar, die tatsächlich automatisierbar sind. Hier kann ein Algorithmus die Arbeit menschlicher Berater ersetzen und sogar verbessern [vgl. Nissen/Werth 2018, S. 44].

Insert 7-14 zeigt, mit welchem Anteil die vier digitalen Beratungsansätze in den einzelnen Beratungsfeldern zum Einsatz kommen.

Der relativ geringere Einsatz der Ansätze Plattform Consulting, Consulting Self-Services und Algorithmic Consulting erscheint widersprüchlich zum vorher dargestellten Fortschritt der Virtualisierung, bei dem sich die Mehrheit der Befragten bereits in Level zwei bis drei des Reifegradmodells einordneten. Die Ergebnisse zur Verwendung digitaler Beratungsansätze deuten eher auf einen niedrigeren Virtualisierungsgrad in deutschen Beratungshäusern hin als zuvor angegeben. Generell lässt sich feststellen, dass Berater aus den IT-nahen Beratungsfeldern digitale Beratungsansätze am häufigsten nutzen.

Insert

Digitale Beratungsansätze nach Beratungsfeldern

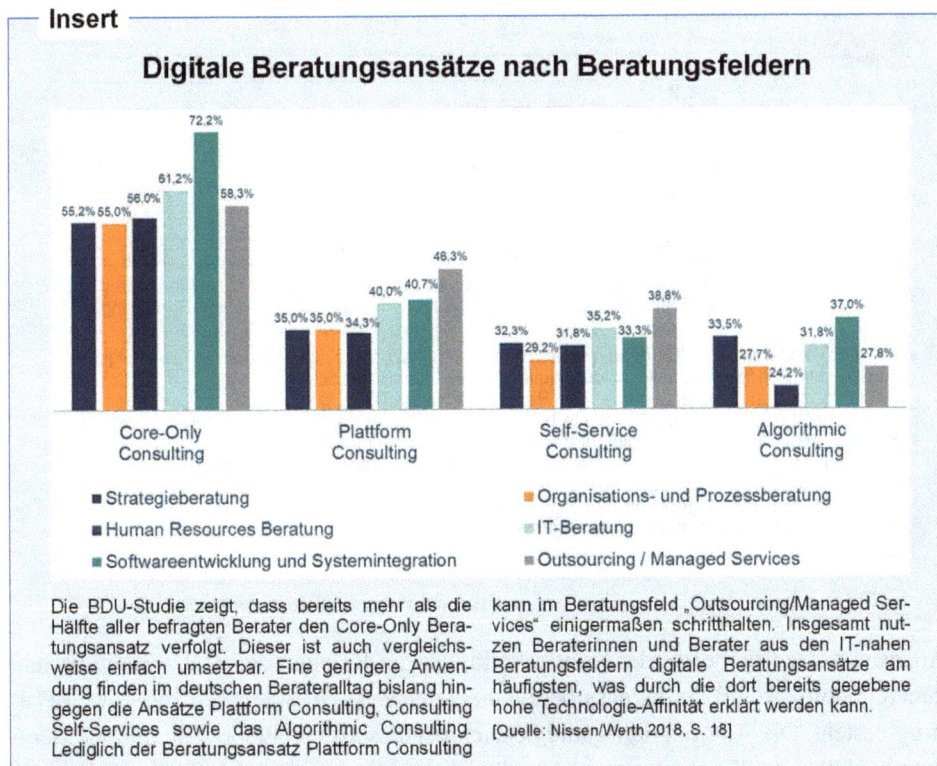

Die BDU-Studie zeigt, dass bereits mehr als die Hälfte aller befragten Berater den Core-Only Beratungsansatz verfolgt. Dieser ist auch vergleichsweise einfach umsetzbar. Eine geringere Anwendung finden im deutschen Berateralltag bislang hingegen die Ansätze Plattform Consulting, Consulting Self-Services sowie das Algorithmic Consulting. Lediglich der Beratungsansatz Plattform Consulting kann im Beratungsfeld „Outsourcing/Managed Services" einigermaßen schritthalten. Insgesamt nutzen Beraterinnen und Berater aus den IT-nahen Beratungsfeldern digitale Beratungsansätze am häufigsten, was durch die dort bereits gegebene hohe Technologie-Affinität erklärt werden kann. [Quelle: Nissen/Werth 2018, S. 18]

Insert 7-14: Digitale Beratungsansätze nach Beratungsfeldern

7.3.6 Nutzung und kundenseitige Akzeptanz digitaler Beratungstechnologien

In der BDU-Studie „zum aktuellen Stand der digitalen Transformation im deutschen Markt für Unternehmensberatung" wurde auf der Kundenseite die Bereitschaft zur Nutzung der digitalen Beratungsansätze erfragt (siehe Insert 7-15). Der Core-Only Beratungsansatz erfährt auch bei den Kunden die höchste Nutzungsbereitschaft. Es folgen die Algorithmic, Self-Service und Plattform Consulting Ansätze. Diese Reihenfolge ist jedoch unterschiedlich zum tatsächlichen Einsatz auf Beraterseite. Auch wenn algorithmische und Self-Service Ansätze nur in geringem Maße angeboten werden, so besteht doch auf Kundenseite eine stärkere Nutzungsbereitschaft für diese digitalen Beratungsansätze. Ganz offensichtlich wird das Potenzial dieser Beratungsansätze von den Beratungsanbietern derzeit noch unterschätzt [vgl. Nissen/Werth 2018, S. 18].

Insert

Kundenseitige Bereitschaft zum Einsatz digitaler Beratungstechnologien

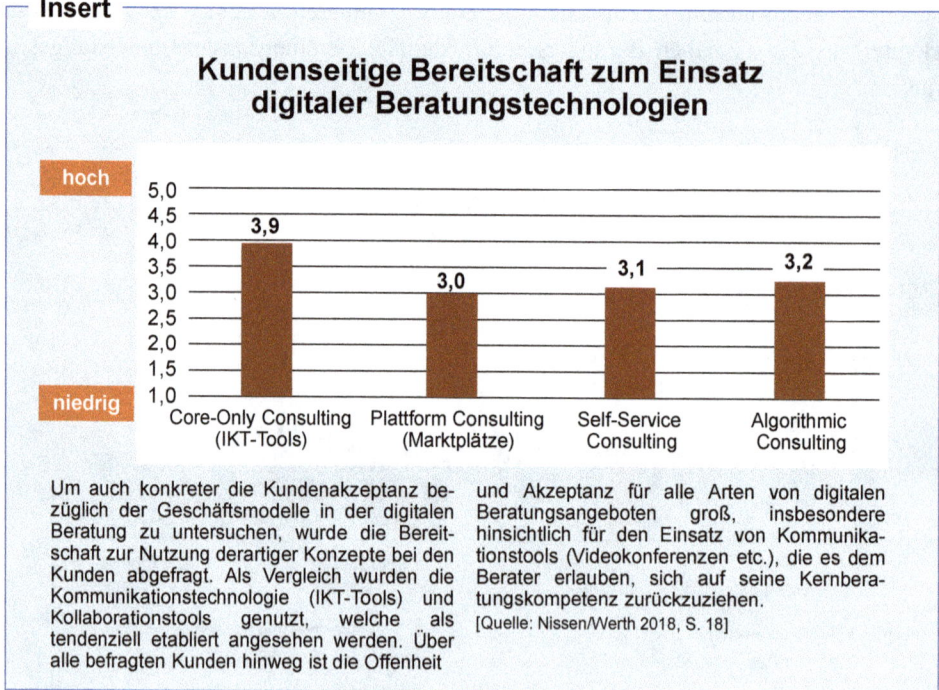

Um auch konkreter die Kundenakzeptanz bezüglich der Geschäftsmodelle in der digitalen Beratung zu untersuchen, wurde die Bereitschaft zur Nutzung derartiger Konzepte bei den Kunden abgefragt. Als Vergleich wurden die Kommunikationstechnologie (IKT-Tools) und Kollaborationstools genutzt, welche als tendenziell etabliert angesehen werden. Über alle befragten Kunden hinweg ist die Offenheit und Akzeptanz für alle Arten von digitalen Beratungsangeboten groß, insbesondere hinsichtlich für den Einsatz von Kommunikationstools (Videokonferenzen etc.), die es dem Berater erlauben, sich auf seine Kernberatungskompetenz zurückzuziehen.
[Quelle: Nissen/Werth 2018, S. 18]

Insert 7-15:　Bereitschaft zum Einsatz digitaler Beratungstechnologien

Angesichts der Ergebnisse der Kundenbefragung im Rahmen der BDU-Studie besteht generell kein Zweifel daran, dass bereits heute eine Nachfrage nach digitaler Beratung besteht. Die Autoren der Studie bezeichnen dies als erstaunlich, da digitale Beratung im Alltag der Beratungsbranche noch nicht etabliert ist. Eine Mehrheit der Kunden sieht also bereits heute in der Summe Vorteile, welche einen Einsatz digitaler Beratung in ihrem konkreten Fall begründen würden. Daher wurden die teilnehmenden Kunden in der Studie gebeten, Qualitätsfaktoren der klassischen Beratung und der digitalen Beratung auszuwählen und in Relation zu setzen. Das Ergebnis zeigt Insert 7-16. Es gibt Auskunft über die Erwartungshaltung bezüglich der Qualitätsfaktoren. Insbesondere vier Werte sind hier hervorzuheben, die sich teilweise um mehr als 50 Prozent zur Wertbasis unterscheiden [vgl. Nissen/Werth 2018, S. 34 f.].

Insert

Wichtigste Qualitätsfaktoren
digitaler und klassischer Beratungsleistungen

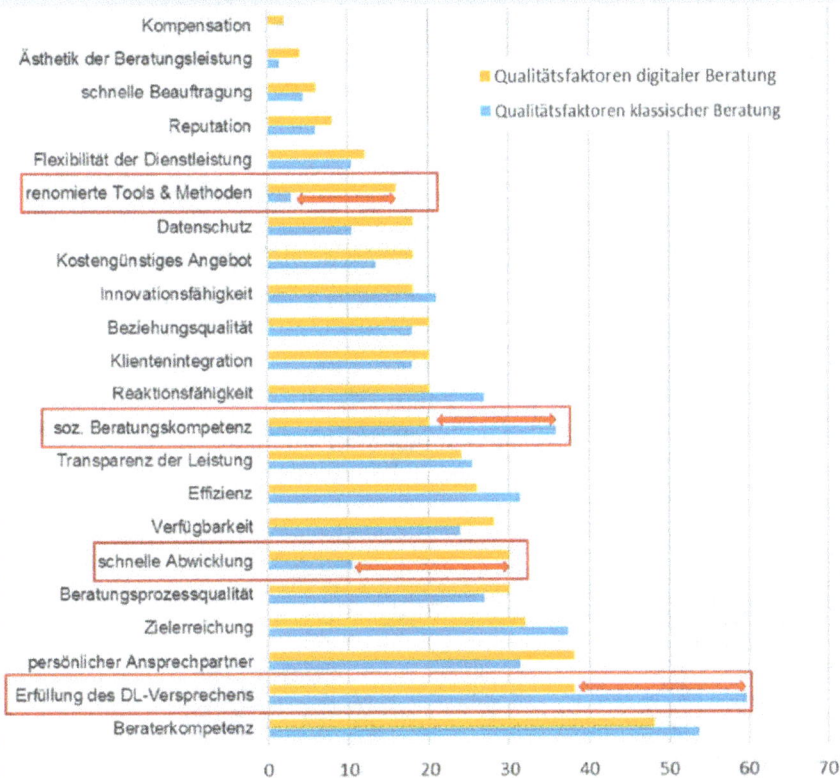

Bezüglich digitaler Beratung erwarten die Kunden insbesondere eine schnellere Abwicklung der Beratungsleistung und einen klaren Einsatz renommierter State-of-the-art Technologien. Dabei erwarten sie mit Bezug zu den klassischen Ange-boten bei digitalen Angeboten eine geringere Erfüllung des Dienstleistungsversprechens. Dies ist so zu interpretieren, dass der Kunde im Gegensatz zu klassischer Beratung keine generellen One-Stop-Lösun-gen erwartet, sondern konkret definierte (und modulare) Leistungsbün-del. Zudem wird, einhergehend mit steigender Virtualität - zumindest in Relation – weniger soziale Beratung erwartet.

[Quelle: Nissen/Werth 2018, S. 35]

Insert 7-16: Qualitätsfaktoren digitaler und klassischer Beratungsleistungen

8. Das Zielsystem der Unternehmensberatung

Nachdem die externen und internen Einflussfaktoren der Unternehmensberatung analysiert und ggf. Verbesserungspotenziale identifiziert sind, ist der *konzeptionelle Kristallisationspunkt* (siehe Abschnitt 6.1) erreicht. Im nächsten Schritt muss erarbeitet werden, wie und mit welchen Inhalten das Beratungsgeschäft betrieben werden soll. Dabei sind definierte Ziele unerlässlich: Sie steuern die Aufmerksamkeit aller Beteiligten in eine einheitliche Richtung und helfen ihnen dabei, ihre Aktivitäten zu fokussieren und untereinander abzustimmen. Formal und inhaltlich werden verschiedene Zielvorstellungen unterschieden. Der Aufbau eines solchen Zielsystems lässt sich aus Gründen der Anschauung als eine Art Pyramide darstellen, in der gleichzeitig eine hierarchische Ordnung zum Ausdruck kommt.

An der Spitze der Zielpyramide steht die *Unternehmensphilosophie* mit den allgemeinen Wertvorstellungen (engl. *Basic Beliefs*), die im Sinne eines *„Grundgesetzes"* Ausdruck dafür sind, dass Unternehmen neben ihrer einzelwirtschaftlichen Verantwortung auch eine gesamtwirtschaftliche Aufgabe zukommt [vgl. Becker 2009, S. 29]. Die allgemeinen Wertvorstellungen eines Unternehmens bilden den Rahmen für die *Unternehmenskultur*, die *Unternehmensidentität,* die *Unternehmensleitlinien* sowie die Grundlagen für den *Unternehmenszweck*.

Den eigentlichen Kern des Zielsystems bilden die *Unternehmensziele*, die dann weiter in Teilziele (z. B. Funktions- oder *Aktionsbereichsziele*, *Aktionsfeldziele* etc.) heruntergebrochen werden. Abbildung 8-1 gibt einen Überblick über das hierarchische Zielsystem des Unternehmens.

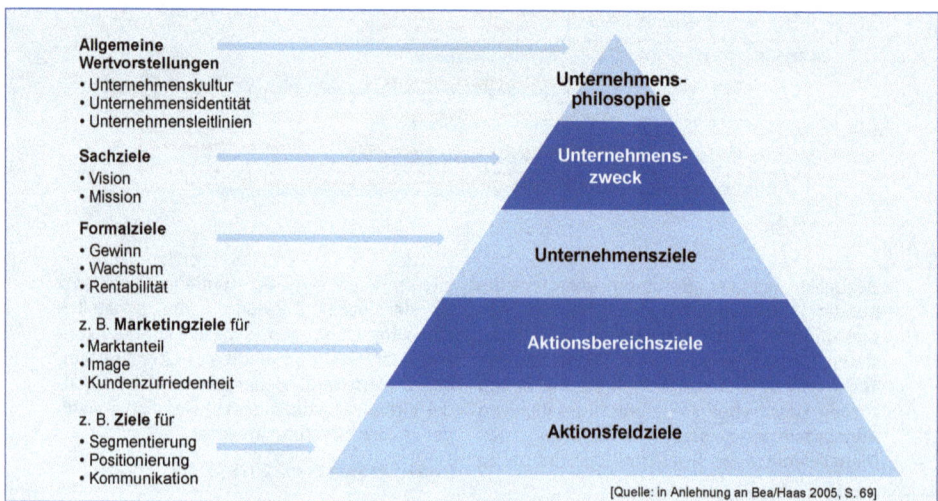

Abb. 8-1:   Die Zielpyramide des Unternehmens

Bevor auf die Komponenten der Unternehmensphilosophie näher eingegangen wird, sollen zunächst die wichtigsten Überlegungen zu Unternehmensführung, Unternehmensverfassung und Unternehmenseigentümer vorgestellt werden.

8.1 Unternehmensführung

Eine Unternehmensberatung ist in aller Regel ein sehr komplexes, vor allem aber dynamisches Gebilde. In ihm arbeiten Menschen, die sich ständig mit unterschiedlichen Situationen auseinandersetzen müssen und die durchaus auch unterschiedliche Ziele verfolgen können. Damit das Beratungsunternehmen als Ganzes funktionieren kann, muss das Handeln der Mitarbeiter koordiniert und auf ein gemeinsames Ziel ausrichtet werden: den nachhaltigen Erfolg des Unternehmens.

8.1.1 Grundlagen der Unternehmensführung

Diese Koordinierungs- und Steuerungsfunktion übernimmt die Unternehmensführung bzw. das Management. Die Führungskräfte auf der oberen Führungsebene (engl. *Top Management*) sind dadurch gekennzeichnet, dass sie Führungsaufgaben für das Gesamtunternehmen wahrnehmen. Hierzu zählt insbesondere die Geschäftsführung bei der GmbH bzw. der Vorstand bei der Aktiengesellschaft [vgl. Hungenberg/Wulf 2015, S. 20].

In diesem Zusammenhang soll kurz auf die englischen Management-Bezeichnungen eingegangen werden. Vor allem börsennotierte Start-ups und international operierende Unternehmen werben zunehmend mit angelsächsischen Jobtiteln – stets mit einem „C" für Chief als Kürzel – um Führungs- bzw. Führungsnachwuchskräfte. Hier der sicherlich nicht vollständige CXO-Katalog [vgl. Lippold 2017, S. 28]:

- **Chief Executive Officer (CEO).** Bei Großunternehmen bzw. Konzernen ist der CEO der Vorstandsvorsitzende, bei kleineren Unternehmen der Firmenchef.

- **Chief Operating Officer (COO).** Als Vorstand des operativen Geschäfts ist der COO für alle Betriebsabläufe und operative Entscheidungen des Unternehmens zuständig.

- **Chief Financial Officer (CFO).** Als Finanzvorstand einer Aktiengesellschaft bzw. als kaufmännischer Geschäftsführer einer GmbH obliegen dem CFO die Verwaltung der Geldmittel, das Controlling und die Finanzplanung des Unternehmens.

- **Chief Human Resources Officer (CHRO).** Er ist der Personalchef eines Unternehmens bzw. der Personalvorstand einer börsennotierten Gesellschaft.

- **Chief Procurement Officer (CPO).** In deutschen Unternehmen entspricht die Funktion ungefähr dem Leiter Einkauf/Beschaffung.

– **Chief Marketing Officer (CMO).** Der CMO ist der Hauptverantwortliche für das Marketing eines Unternehmens. Er ist in der Regel Mitglied des Vorstands oder der Geschäftsführung und ist verantwortlich für Strategieentwicklung und Unternehmensauftritt.

– **Chief Information Officer (CIO).** Als. IT-Leiter (Leiter Informationstechnik) nimmt er in einem Unternehmen die Aufgaben der strategischen und operativen Führung der Informationstechnik (IT) wahr. Somit ist der CIO unternehmensweit auch der erste Ansprechpartner für die digitale Transformation.

– **Chief Knowledge Officer (CKO).** Dieser Chief nimmt die Rolle des Wissensmanagers wahr. In der Unternehmensberatung, deren Kerngeschäft sich durch wissensbasierte Lösungen oder Dienstleistungen auszeichnet, soll er eine Kultur des Wissensaustauschs etablieren und fördern.

– **Chief Content Officer (CCO).** Der CCO verantwortet die Inhalte der verschiedensten internetorientierten Marketing-Maßnahmen, zum Beispiel die Inhalte der Firmenwebsite oder die unternehmensbezogenen Social Media-Aktivitäten.

– **Chief Digital Officer (CDO).** Der CDO ist wohl das jüngste Mitglied im Kreis der CXOs. Er ist der erste Ansprechpartner in allen Fragen der digitalen Transformation.

In Abbildung 8-2 sind die hierarchischen Beziehungen der einzelnen Chiefs dargestellt, wobei betont werden muss, dass die Über- bzw. Unterstellungen insbesondere von der Größe und dem Produktportfolio des Unternehmens abhängen. Besonders interessant ist das „Zusammenspiel" zwischen dem CEO und dem COO. Während der CEO eher generelle und vor allem strategische Entscheidungen innerhalb und für das Unternehmen trifft, leitet der COO das operative Geschäft des Unternehmens. Das bedeutet, dass er verantwortlich ist für die Qualität und die Wettbewerbsfähigkeit der Produkte beziehungsweise Dienstleistungen, die das Unternehmen am Markt anbietet. Dazu koordiniert er sämtliche operativen Teilbereiche des Unternehmens.

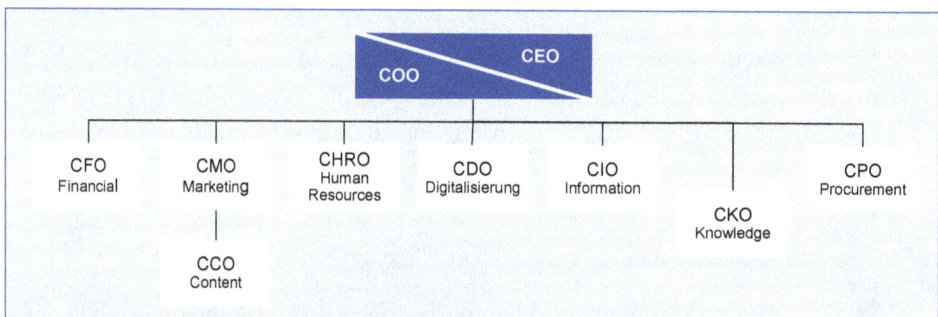

Abb. 8-2:   Mögliche hierarchische Ausprägungen der einzelnen CXO's

8.1.2 CSR und nachhaltige Unternehmensführung

Corporate Social Responsibility (CSR) ist ein Konzept, das den Unternehmen als Grundlage dient, um freiwillig soziale und ökologische Belange in ihre Unternehmenstätigkeit und in die Beziehungen zu den Stakeholdern zu integrieren. Der Dreiklang von sozialer, ökologischer und wirtschaftlicher Verantwortung des Unternehmens wird auch als **Triple-Bottom-Line** bezeichnet [vgl. Schneider/Schmidpeter 2015, S. 44 f.]:

- **Soziale Verantwortung** sieht vor, die Interessen der Mitarbeiter zu respektieren und ihnen eine langfristige Perspektive im Unternehmen zu bieten.

- **Ökologische Verantwortung** beinhaltet die Reduzierung des Ressourcen- und Energieverbrauchs, aber auch die Entwicklung umweltverträglicher Innovationen.

- **Ökonomische Verantwortung** ist bspw. die ständige Verbesserung der Wertschöpfungskette, die Sicherstellung der Zahlungsfähigkeit sowie die Gewinnerzielung.

CSR umfasst demnach das Bekenntnis des Managements, Umwelt- und Sozialbelange freiwillig über die bestehenden Verpflichtungen hinaus in unternehmerische Entscheidungen einzubeziehen. Betont werden die Verantwortung für die gesamte Wertschöpfungskette und der ständige Dialog mit den Stakeholdern, wobei den Mitarbeitern eine besondere Aufmerksamkeit zukommt.

CSR ist keine zusätzliche Aktivität im Katalog unternehmerischer Aktivitäten, sondern eine bestimmte **Denkhaltung**, das Kerngeschäft zu betreiben. Es geht nicht darum, *was* mit den Gewinnen gemacht wird, sondern *wie* die Gewinne zu erzielen sind: umweltverträglich, sozial verantwortlich und zugleich ökonomisch erfolgreich. Man bezeichnet eine solche Denkhaltung als nachhaltig und spricht somit von **nachhaltiger Unternehmensführung**.

Einen ausführlichen Überblick über die einzelnen Teilaspekte und Notationen im Zusammenhang mit CSR und der Triple-Bottom-Line liefert Insert 8-1.

┌─ **Insert** ───

Was ist eigentlich die Triple-Bottom-Line?

Früher war Nachhaltigkeit ein Nebenschauplatz, ein Nice-to-have für die meisten Unternehmen. Heute hat sich Nachhaltigkeit zum Unternehmensziel entwickelt. Doch was ist eigentlich nachhaltige Unternehmensführung? Und was ist in diesem Zusammenhang die Triple-Bottom-Line? Das internationale Synonym für nachhaltige Unternehmensführung ist Corporate Social Responsibility (CSR). CSR ist eine Denkhaltung, um freiwillig soziale und ökologische Belange in die Unternehmenstätigkeit und in die Beziehungen zu den Stakeholdern zu integrieren. Der Dreiklang von ökologischer, sozialer und wirtschaftlicher Verantwortung des Unternehmens wird auch als Triple-Bottom-Line bezeichnet.

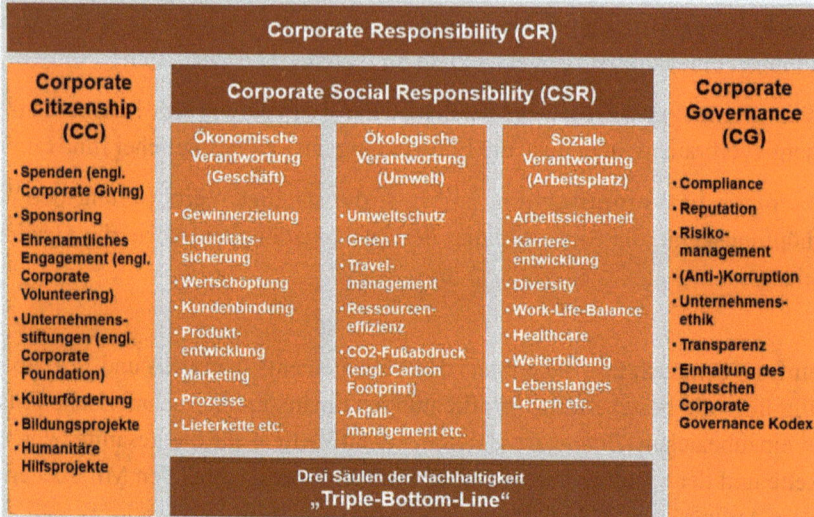

Corporate Responsibility (CR)				
Corporate Citizenship (CC)	**Corporate Social Responsibility (CSR)**			**Corporate Governance (CG)**
	Ökonomische Verantwortung (Geschäft)	**Ökologische Verantwortung (Umwelt)**	**Soziale Verantwortung (Arbeitsplatz)**	
• Spenden (engl. Corporate Giving) • Sponsoring • Ehrenamtliches Engagement (engl. Corporate Volunteering) • Unternehmens-stiftungen (engl. Corporate Foundation) • Kulturförderung • Bildungsprojekte • Humanitäre Hilfsprojekte	• Gewinnerzielung • Liquiditäts-sicherung • Wertschöpfung • Kundenbindung • Produkt-entwicklung • Marketing • Prozesse • Lieferkette etc.	• Umweltschutz • Green IT • Travel-management • Ressourcen-effizienz • CO2-Fußabdruck (engl. Carbon Footprint) • Abfall-management etc.	• Arbeitssicherheit • Karriere-entwicklung • Diversity • Work-Life-Balance • Healthcare • Weiterbildung • Lebenslanges Lernen etc.	• Compliance • Reputation • Risiko-management • (Anti-)Korruption • Unternehmens-ethik • Transparenz • Einhaltung des Deutschen Corporate Governance Kodex
	Drei Säulen der Nachhaltigkeit „Triple-Bottom-Line"			

Das drei Säulen Modell der **Triple Bottom Line** fordert unter dem Begriff der **Nachhaltigkeit** einen dauerhaften Ausgleich zwischen der ökonomischen, der ökologischen und der sozialen Verantwortung des Managements. Um wirklich nachhaltig zu sein, sollten die drei Verantwortungsbereiche gleichrangig behandelt werden. Das Negativbeispiel der deutschen Automobilindustrie illustriert diese Maxime sehr gut:

Mit der Manipulation von Abgaswerten hat das deutsche Automobilmanagement sehr deutlich gezeigt, dass es die **ökologische Verantwortung** dem puren Gewinnstreben, also der ökonomischen Verantwortung unterordnet. So hatte sich bei vielen Kunden eine derartige Empörung breit gemacht, dass sie der Automobilindustrie in Teilen das Vertrauen entzogen. Die daraus resultierende mangelnde Kaufbereitschaft hatte sodann eine unmittelbare negative Wirkung auf die **ökonomischen und sozialen Ziele** mit Absatz- und Gewinnrückgang und entsprechender Gefährdung von Arbeitsplätzen. Das Automobilmanagement hätte ganz einfach erkennen müssen, dass der Klimawandel und seine Folgen auf Dauer nicht zu ignorieren sind und dass in dieser Krise auch eine Chance (neue Antriebssysteme etc.) liegen kann.

CSR umfasst demnach das **Bekenntnis des Managements**, Umwelt- und Sozialbelange freiwillig über die bestehenden Verpflichtungen hinaus in unternehmerische Entscheidungen einzubeziehen. Betont werden die Verantwortung für die gesamte Wertschöpfungskette und der ständige Dialog mit den Stakeholdern, wobei den Kunden und Mitarbeitern eine besondere Aufmerksamkeit zukommt.

CSR ist zugleich der zentrale von drei Bausteinen, die zusammen den Oberbegriff **Corporate Responsibility (CR)** ausmachen, d.h. CR ist die unternehmerische Verantwortung für jeden Einfluss, den die Unternehmenstätigkeit auf die Gesellschaft und die Umwelt hat. CSR betrifft dabei das **Kerngeschäft**.

Der zweite Baustein ist **Corporate Citizenship (CC)**. Darunter fallen bspw. die finanzielle Unterstützung humanitärer Projekte, Unternehmensstiftungen oder auch die verschiedenen Spielarten des **Sponsorings** (Sport-, Kultur-, Sozio-, Umweltsponsoring). Auch das **Corporate Volunteering** gehört hierzu: Unternehmen stellen ihre Mitarbeiter für den Einsatz in sozialen oder ökologischen Projekten frei oder unterstützen ihr bereits bestehendes freiwilliges bzw. ehrenamtliches Engagement. Häufig wird Corporate Citizenship mit Unternehmensverantwortung, also mit CSR selbst gleichgesetzt, aber solche guten Taten sind keine Belege für CSR, sondern „nur" für bürgerliches Engagement.

Der dritte Baustein ist **Corporate Governance (CG)**, der für deutsche Unternehmen im Deutschen Corporate Governance Kodex konkretisiert ist. CG beschäftigt sich mit den verbindlichen Spielregeln „guter und verantwortungsvoller Unternehmensführung" wie Steuer- und Wirtschaftsgesetzen oder auch mit den ethischen Grundsätzen und moralischen Werten, an denen Unternehmensleitung und Mitarbeiter ihr Handeln ausrichten sollen. Da Werte und Gesetze je nach Branche, Land oder Selbstverständnis unterschiedlich sein können, muss sich jedes Unternehmen individuell damit auseinandersetzen, wie es deren Einhaltung sicherstellen kann.

[Quelle: Lippold 2021d]

└──

Insert 8-1:   Die Triple-Bottom-Line

8.2 Unternehmensverfassung

Als Verfassung wird die grundlegende, rechtwirksame Ordnung eines sozialen Systems – also eines Staates, einer Institution oder eben eines Unternehmens – bezeichnet. Eine Unternehmensverfassung hat somit die Aufgabe, die organisatorischen Grundlagen des Unternehmens zu klären. Sie macht Aussagen zu den relevanten Organen, deren Befugnisse und Zusammensetzung sowie zur Verteilung von Aufgaben und Verantwortung innerhalb des Unternehmens. Da die Unternehmensverfassung nur zu Teilen auf gesetzlichen Vorgaben, wie etwa dem Gesellschafts-, Arbeits-, Mitbestimmungs-, Wettbewerbs-, oder Verbraucherschutzrecht beruht, basieren diese Aussagen auch auf privatrechtlichen Vereinbarungen zwischen den Unternehmensträgern in Form von Gesellschaftsverträgen, Satzungen, Geschäftsordnungen, Geschäftsverteilungsplänen oder Unternehmensverträgen. Hinzu kommen Tarifverträge oder Betriebsvereinbarungen [vgl. Hungenberg/Wulf 2015, S. 69 ff.].

Von zentraler Bedeutung für die Unternehmensverfassung ist die Frage, wie die Eigentümer an der Leitung und Kontrolle ihres Unternehmens beteiligt werden sollen. Gesellschaftsrechtliche Regelungen finden sich dazu – je nach Rechtsform – in unterschiedlichen Gesetzen, so zum Beispiel im Handelsgesetzbuch, im GmbH-Gesetz oder im Aktiengesetz. Diese Gesetze sehen je nach Unternehmenstyp unterschiedliche Einflussmöglichkeiten der Eigentümer auf die Leitung und Kontrolle ihres Unternehmens vor. Grundsätzlich sind es drei verschiedene *Organe*, mit deren Hilfe die Eigentümer Einfluss auf ihr Unternehmen ausüben können:

- **Leitungsorgan** (verantwortlich für die Führung des Unternehmens)
- **Kontrollorgan** (zuständig für die Kontrolle der Unternehmensführung)
- **Gesellschafterorgan** (vertreten durch die Eigentümer des Unternehmens zur Entscheidung grundlegender Fragen, wie Gewinnverwendung oder Satzungsänderungen

Alle drei Organe sind jedoch nicht für jeden Unternehmenstyp vorgeschrieben. Nimmt man das Einzelunternehmen aus, so lassen sich drei Unternehmensgrundtypen ableiten (siehe Abbildung 8-3). Zum ersten Grundtyp zählt die Offene Handelsgesellschaft (OHG), bei der Leitungs- und Gesellschafterorgan zusammenfallen und insofern auch kein Kontrollorgan erforderlich ist. Zum zweiten Grundtyp gehören die Kommanditgesellschaft (KG) und die Gesellschaft mit beschränkter Haftung (GmbH), sofern diese aufgrund ihrer Größe noch keinen besonderen Mitbestimmungsregeln unterliegt. Dieser Grundtyp ist durch eine Trennung von Leitungs- und Gesellschafterorgan gekennzeichnet. Die Bildung einer Gesellschafterversammlung, welche die Interessen der Anteilseigner vertritt, ist dagegen vorgesehen. Zum dritten Grundtyp der Unternehmensverfassung zählen unter anderem die mitbestimmungspflichtige GmbH, die Aktiengesellschaft

(AG) und die Kommanditgesellschaft auf Aktien (KGaA). Bei diesem Grundtyp existiert aufgrund der jeweiligen Unternehmensgröße ein eigenständiges Leitungs-, Kontroll- und Gesellschafterorgan [vgl. Hungenberg/Wulf 2015, S. 63 ff.].

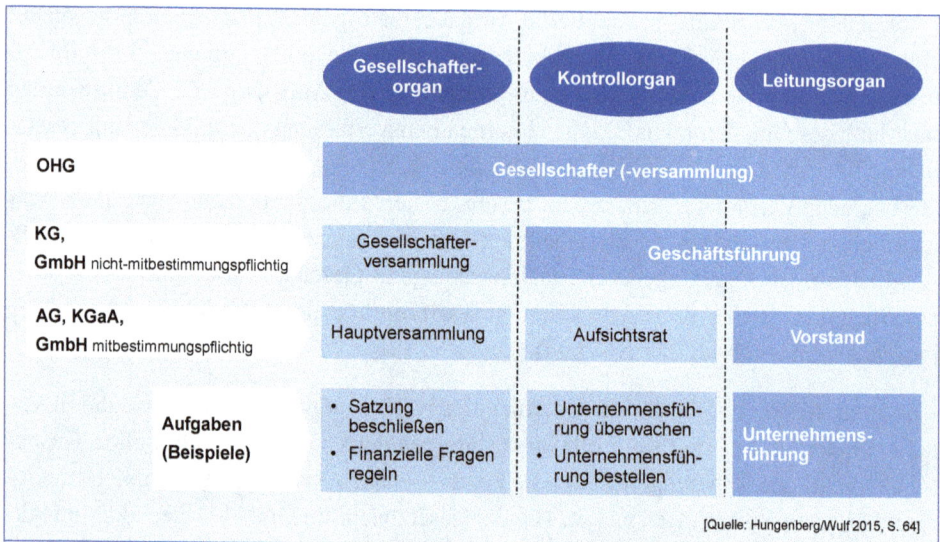

Abb. 8-3:   *Grundtypen der Unternehmensverfassung von Gesellschaften*

8.3 Unternehmenseigentümer

Die Analyse der Eigentumsfrage ist auch vor dem Hintergrund interessant, dass in den vergangenen Jahren einige Unternehmensberatungen bereits tiefgreifende Veränderungen aufgrund des Wechsels ihrer Eigentumsform durchlaufen haben. Zu nennen sind hier insbesondere das Management Buy-out von Roland Berger Strategy Consultants (als Rückkauf der Anteile von der Deutschen Bank 1998) und von A. T. Kearney (als Rückkauf der Anteile von EDS 2006) sowie im umgekehrten Fall die Übernahme der Partneranteile von Ernst & Young Consulting durch die Aktiengesellschaft Capgemini S. A. im Jahr 2000.

Letztlich sind es zwei große, homogene Eigentumsgruppen von Beratungsgesellschaften, die im Folgenden näher untersucht werden sollen:

– **Partnerschaftsmodell**: Gründer und Mitarbeiter als Eigentümer

– **Investorenmodell**: unternehmensexterne Kapitalgeber (inkl. Kunden und Lieferanten) als Eigentümer (Investoren).

In der Beziehung zwischen dem Beratungsunternehmen und den beiden Eigentümergruppen treten prinzipiell zwei Kostenarten auf: Transaktionskosten und Governance-

Kosten. *Transaktionskosten* entstehen bei Tauschprozessen zwischen dem Unternehmen und seinen Eigentümern. *Governance-Kosten* entstehen den Eigentümern durch die Kontrolle bzw. Überwachung des Managements, durch die Erzielung kollektiver Entscheidungen (z. B. über die Gewinnverwendung) und durch die Übernahme von Eigentümerrisiken. Nach Henry Hansmann ist die optimale Allokation von Eigentumsrechten nun diejenige, die die Summe aller Transaktions- und Governance-Kosten über alle Gruppen von Vertragsparteien (also Unternehmensberatung einerseits und Eigentümer andererseits) hinweg minimiert [vgl. Richter/Schröder 2007, S. 164 f. unter Bezugnahme auf Hansmann 1996].

8.3.1 Partnerschaftsmodell

Beim **Partnerschaftsmodell** geht es um Unternehmen, die sich im Eigentum der leitenden Angestellten (Partner) befinden. Diese Partner verfügen einerseits über den Gewinn der Gesellschaft, andererseits legen sie die Corporate Governance fest. Die Partnerschaft bietet den Beratungsunternehmen (besser: den Partnern) die Vorzüge höherer Leistungsanreize, gegenseitiger Kontrolle sowie der unmittelbaren Beteiligung an den unternehmerischen Chancen und Risiken. Das Partnerschaftsmodell (engl. *Professional Partnership Model*)) ist dann besonders geeignet, wenn wenig Anlagekapital benötigt wird. Dies ist regelmäßig bei der Strategie- oder Managementberatung der Fall [vgl. Nissen/Kinne 2008, S. 92 f.].

Einer empirischen Untersuchung aus dem Jahre 2003 zur Folge, bei der die Allokation der Eigentumsrechte an den 50 renommiertesten **Managementberatungen** weltweit untersucht wurde, sind 58 Prozent der befragten Unternehmen im Eigentum von Partnerschaften, 40 Prozent im Eigentum von unternehmensexternen Kapitalgebern (Investoren) und zwei Prozent der untersuchten Managementberatungen sind Gründereigentum. Und auch Ausgründungen von Beratungsunternehmen aus Konzernen werden zunehmend als Partnerschaften organisiert [vgl. Richter/Schröder 2007, S. 162 unter Bezugnahme auf Lerner 2003].

Sind also Gründer und Mitarbeiter Miteigentümer an Beratungsunternehmen, so handelt es sich in der Regel um Partnerschaften, wobei nur ein geringer Teil der Mitarbeiter in den Genuss einer solchen Partnerschaft kommt (Senior-Berater). Durch die Übertragung der Eigentumsrechte an diese Senior-Berater kann eine gleiche Interessensrichtung zwischen Unternehmensberatung und Partner hergestellt werden, so dass die Transaktionskosten reduziert werden. Partner haben geringere Anreize, sich opportunistisch zu verhalten, da sie sich dadurch letztlich nur selbst schaden können. Für jüngere Mitarbeiter (Junior-Mitarbeiter) dient die Aussicht auf Aufnahme in die Partnerschaft zugleich als Anreiz, so dass sich auch hier die Tendenzen zu opportunistischem Verhalten reduzieren. Durch diese vergleichsweise eingeschränkte Zuteilung der Eigentumsrechte werden die Transaktionskosten, die sich aus der Informationsasymmetrie und dem opportunistischen Verhalten ergeben, allerdings nicht vollständig reduziert [vgl. Richter/Schröder 2007, S. 171 ff.].

Bedeutender sind aber in jedem Fall die Governance-Kosten, die bei einer Partnerschaft durch die spezifische Allokation von Eigentumsrechten an eine ausgewählte Gruppe anfallen. Diese Governance-Kosten entstehen zum einen durch die relativ hohe Fluktuation der Mitarbeiter auf den unteren Hierarchiestufen (engl. *Grade*). Würde man diesen Junior-Beratern ebenfalls Eigentumsrechte zuteilen, so wäre der administrative Aufwand dafür bei weitem zu hoch. Zum anderen besitzen jüngere Mitarbeiter in der Regel nicht ausreichend viel ungebundenes Kapital, das ihnen erlauben würde, auch die Risiken einer solchen Partnerschaft zu tragen. Generell lässt sich feststellen, dass ein partnerschaftliches Governance-Modell einerseits zu einer erhöhten Heterogenität zwischen Junior- und Senior-Beratern und andererseits zu einer erhöhten Homogenität der Partner (Senior-Berater) untereinander führt. Die Homogenität der Partnerschaft ist auch darauf zurückzuführen, dass Partner im Laufe ihrer Karriere einen internen Sozialisierungsprozess durchlaufen, der zu einer zunehmenden Internationalisierung der Werte und Kulturmerkmale der Unternehmensberatung führt. Dies hat zur Konsequenz, dass die Neueinstellung von Mitarbeitern auf Senior-Managementebene vergleichsweise selten ist [vgl. Covaleski et al. 1998, S. 293 ff. und Steiner 2000, S. 85 ff.].

8.3.2 Investorenmodell

Das **Investorenmodell** ist besonders beliebt bei IT-Beratungsgesellschaften, die hohe Investitionen in Hard- und Software sowie in die Rauminfrastruktur tätigen müssen. Um den relativ hohen Kapitalbedarf dieser IT-orientierten Beratungsunternehmen zu decken, werden zumeist **externe Kapitalgeber** gesucht und die Unternehmen als Kapitalgesellschaft organisiert. Bei solchen Gesellschaften sind Eigentum und Führung ganz oder teilweise getrennt, d.h. die Führung liegt bei angestellten Managern ohne nennenswerte Kapitalanteile. Daher wird diese Organisationsform in der angelsächsischen Literatur als *Managed Professional Business* bezeichnet.

Neben dem Kapitalbedarf kommt noch ein weiteres Argument hinzu, dass die Tendenz der Allokation der Eigentumsverhältnisse bei **IT-Beratungsgesellschaften** eher in Richtung Kapitalgesellschaften geht: Vertraulichkeit. Sie kann dann besonders gut gewährleistet werden, wenn kein Kapitalgeber an dem Beratungsunternehmen beteiligt ist, dem die Beratung rechenschaftspflichtig ist. Daher ist das Partnerschaftsmodell hier besonders gut geeignet. Bei der IT-Beratung spielt dagegen die Vertraulichkeit eine weniger wichtige Rolle als in der Strategieberatung, da bspw. die Einführung einer Standardsoftware eine wenig vertrauliche Dienstleistung darstellt [vgl. Nissen/Kinne 2008, S. 93].

In der Gruppe der Investoren sind sämtliche externen Kapitalgeber als Eigentümer zusammengefasst. Hierunter zählen nicht nur reine Kapitalinvestoren, sondern auch Stakeholder in Form von Kunden oder Lieferanten. Besonders die Variante, dass eine Unternehmensberatung einem Kunden oder einem spezifischen Interessenvertreter gehört, ist in der Praxis häufig zu beobachten. Folgende Eigentümergruppen können identifiziert werden [vgl. Niedereichholz 2010, S. 15 ff.]:

- **Finanzdienstleister**, die ihre Firmenkunden über finanzwirtschaftlichen Fragen hinaus beraten wollen (historische Beispiele: Deutsche Bank mit der DGM – Deutschen Gesellschaft für Mittelstandsberatung, Roland Berger & Partner; IKB Consult; Gerling Consulting Gruppe);

- **Großunternehmen**, die ihre internen Servicebereiche ausgliedern oder die bestimmte Dienstleistungen (z.B. als Inhouse Consulting) bevorzugt von einer Tochtergesellschaft einkaufen (Beispiele: Lufthansa Systems; BASF IT Services; Bayer Business Services; Porsche Consulting; historische Beispiele: Bremer Vulkan mit VSS – Vulkan Software Services; ThyssenKrupp mit Triaton);

- **Internationale IT-Anbieter**, die angelockt von hohen Wachstumsraten immer stärker in den Dienstleistungsbereich drängen (Beispiele: IBM Global Business Services mit der Übernahme von PricewaterhouseCoopers Consulting; HP mit der Übernahme von EDS und Triaton);

- **Internationale Wirtschaftsprüfungsgesellschaften** (Big-Four-Gesellschaften), die aus ihren gesättigten Märkten heraus nach Diversifikationsmöglichkeiten suchen und – nachdem sie sich in einer ersten Welle von ihren profitablen Beratungsgesellschaften getrennt hatten – nun dazu übergehen, wieder eigene Consulting-Einheiten aufzubauen und ihren Audit- und Tax-Bereichen anzugliedern;

- **Verbände**, die ihren Mitgliedern über ausgegliederte Tochtergesellschaften Beratungsleistungen (Branchenstudien, Betriebsvergleiche, Außenwirtschaftsberatung etc.) anbieten (Beispiel: BBE Handelsberatung).

In allen genannten Fällen ist das Management des Beratungsunternehmens nicht identisch mit den Eigentümern. Das bedeutet, dass externe Eigentümer vor dem Problem der Bewertung des Geschäftsverlaufs und der Kontrolle des Managements stehen. Dies liegt vor allem an der **Informationsasymmetrie** zwischen dem Management der Unternehmensberatung und den externen Kapitalgebern. Somit entstehen für externe Kapitalgeber als Eigentümer relativ hohe Governance-Kosten. Bei der Übertragung der Eigentumsrechte entstehen gegenläufige Effekte. Normalerweise entwickelt eine Beratungsfirma keinen erhöhten Kapitalbedarf. Es benötigt Humankapital und nur in relativ geringem Umfang IT-Systeme, Logistik (Fuhrpark) und Rauminfrastruktur – es sei denn, das Beratungsunternehmen verfolgt nicht das „klassische Beratungsmodell", sondern weitet sein Anbot auf infrastrukturintensivere Dienstleistungen wie Outsourcing oder auf kapitalintensivere internationale Märkte aus. Ist der externe Kapitalgeber ein Kunde der Unternehmensberatung, so werden die Transaktionskosten zunächst signifikant reduziert, da innerhalb ein- und desselben Unternehmens(verbundes) die Gefahr des opportunistischen Verhaltens begrenzt wird. Andererseits nehmen die Transaktionskosten in der Beziehung zwischen dem Beratungsunternehmen und anderen, potenziellen Kunden, die nicht Eigentümer sind, zu und erreichen teilweise prohibitive Ausmaße. Das liegt daran, dass potenzielle Kunden häufig nicht bereit sind, mit einer dem Wettbewerber gehörenden Unternehmensberatung zusammenzuarbeiten [vgl. Richter/Schröder 2007, S. 165 ff.].

Fazit: Die Eigentümerform der Partnerschaft ist dem Investorenmodell nur dann überlegen, wenn sie an bestimmte Bedingungen geknüpft ist. Zu diesen Bedingungen zählen ein moderater Kapitalbedarf sowie eine weitgehend homogene Interessenlage zwischen Management und Beratern.

8.4 Unternehmenskultur

Jedes Unternehmen – und damit auch jede Unternehmensberatung – verfügt über eine Unternehmenskultur. Diese wird nicht einfach erfunden oder verordnet, sondern (vor)gelebt. Sie entsteht mit der Unternehmensgründung und ist je nach Entwicklungsgeschichte des Unternehmens mehr oder weniger ausdifferenziert. Häufig liegen die Ursprünge einer Unternehmenskultur beim Unternehmensgründer (z. B. Thomas Watson bei IBM, Steve Jobs bei Apple, Bill Gates bei Microsoft, Serge Kampf bei Capgemini, Friedrich A. Meyer bei ADV/ORGA, Roland Berger, Heinz Nixdorf), die mit ihren Visionen und Ideen, mit ihren Wertvorstellungen, Eigenarten und Neigungen als Vorbilder für nachfolgende Managergenerationen dienen. Kulturprägend wirken aber auch Krisen und einschneidende Veränderungen sowie die Art und Weise, wie diese gemeistert werden, neue Geschäftsmodelle, die Branche und das (regionale) Umfeld eines Unternehmens, die Art der Kunden, der Investoren etc. [vgl. Buss 2009, S. 176 ff.].

Welchen Beitrag kann die Unternehmenskultur zur Wettbewerbsfähigkeit leisten? Besteht ein Zusammenhang zwischen Unternehmenskultur und wirtschaftlichem Erfolg? Bevor diese Fragen erörtert werden, soll aufgezeigt werden, was Unternehmenskultur ist und was sie bewirken kann.

8.4.1 Grundlagen der Unternehmenskultur

Die **Unternehmenskultur** (engl. *Corporate Culture*) besteht zunächst aus einem unsichtbaren Kern aus **grundlegenden, kollektiven Überzeugungen**, die das Denken, Handeln und Empfinden von Führungskräften und Mitarbeitern maßgeblich beeinflussen und die insgesamt typisch für das Unternehmen sind (innere Haltung). Diese grundlegenden Überzeugungen beeinflussen die Art, wie die **Werte** nach außen gezeigt werden (äußere Haltung). Gleichzeitig sind sie maßgebend für die **Verhaltens-regeln** („so wie man es bei uns macht"), die an neue Mitarbeiter und Führungskräfte weitergegeben werden und die als Standards für gutes und richtiges Verhalten gelten. Diese Regeln zeigen sich für alle sichtbar an **Artefakten** wie Ritualen, Statussymbolen, Sprache, Kleidung etc. [vgl. Sackmann 2004, S. 24 ff.].

Die Unternehmenskultur ist in vielfacher Hinsicht von besonderer Bedeutung. Sie ist sowohl für das Unternehmen selbst als auch für die Mitarbeiter sinnstiftend. Als unsichtbare Einflussgröße erfüllt die Unternehmenskultur fünf zentrale Funktionen, die für das Bestehen und Funktionieren eines Unternehmens notwendig sind [vgl. Sackmann 2004, S. 27 ff.]:

- **Reduktion von Komplexität.** Die von der Unternehmenskultur vorgegebenen kollektiven Denkmuster dienen als Filter für die Wahrnehmung und bewirken eine schnelle Vorsortierung vorhandener Informationsfülle in „relevant" und „nicht relevant". Ohne den Mechanismus der Komplexitätsreduktion wäre sinnvolles Handeln in einem bestimmten Zeitumfang also gar nicht möglich.

- **Koordiniertes Handeln.** Die Unternehmenskultur stellt Mitarbeitern und Führungskräften ein gemeinsames Sinnsystem bereit, das sinnvolle gemeinsame Kommunikationsprozesse und damit abgestimmtes Handeln erst möglich macht. Die Bedeutung eines solchen gemeinsamen Sinnsystems wird bei der Zusammenarbeit von Menschen, die aus unterschiedlichen Kulturkreisen stammen, besonders deutlich.

- **Identifikation.** Die grundlegenden Überzeugungen und Annahmen, die der Unternehmenskultur innewohnen, hat Einfluss auf das Ausmaß an Identifikation von Mitarbeitern mit ihrem Unternehmen. Je nach konkreter Ausgestaltung der Unternehmenskultur kann die Identifikation hoch, mittel oder gering sein. Sie wirkt damit auf die Motivation und die Bereitschaft der Mitarbeiter, sich für das Unternehmen einzusetzen.

- **Kontinuität.** Die in der Unternehmenskultur enthaltene kollektive Lerngeschichte erlaubt routiniertes Handeln und schreibt die in der Vergangenheit erfolgreichen Erfolgsrezepte in der Gegenwart und Zukunft weiter fort. Damit muss nicht jeder Arbeitsgang neu überdacht und erst entwickelt werden.

- **Integrationskraft.** Jede Unternehmenskultur übt eine mehr oder weniger starke Integrationskraft aus, die dann zu Tragen kommt, wenn Bedrohungen aufkommen oder wenn unterschiedliche Kulturen oder Subkulturen zusammengeführt werden (sollen).

Differenziert man die Beratungslandschaft nach der Eigentümerstruktur, so lassen sich – wie in Abschnitt 8.3 gezeigt – zwei weitgehend homogene Governance-Formen unterscheiden: das **Partnerschaftsmodell** (engl. *Professional Partnership Model*) und das **Investorenmodell** mit angestellten Führungskräften (engl. *Managed Professional Business*). Bezogen auf die Unternehmenskultur fungiert das **Professional Partnership Model** vorwiegend als „One firm"-Kultur mit großer Bedeutung professioneller Verhaltensmaßstäbe (z. B. Wahrung strikter Unabhängigkeit gegenüber den Kunden). Bei Unternehmen des **Managed Professional Business** dagegen haben die Kulturen der einzelnen Unternehmensbereiche eine stärkere Bedeutung. Auch dominiert hier mehr die Dienstleistungskultur, d. h. das grundsätzliche Selbstverständnis als Erbringer qualifizierter Services [vgl. Richter et al. 2005, S. 3].

Kultur kann als Wettbewerbsfaktor und/oder als sozialer Verantwortungsträger fungieren. Es lässt sich vermuten, dass der Einfluss und die spezielle Bedeutung von Unternehmenskultur bei **wissensbasierten Firmen**, bei denen Wissen als Produkt oder als Dienstleistung eine zentrale Rolle spielt (wie bei Beratungsunternehmen), besonders groß ist.

So kann eine starke Unternehmenskultur für **international** ausgerichtete Beratungsunternehmen einen bedeutenden Erfolgsfaktor darstellen. Hier sind das koordinierte Handeln und die Integrationskraft besonders wichtig für ein erfolgreiches Auftreten auf den internationalen Märkten.

Eine herausragende Rolle spielt die Unternehmenskultur auch bei **Unternehmenszusammenschlüssen** (engl. *Merger*). Hier ist die behutsame Integration verschiedener Unternehmenskulturen ein entscheidender, allerdings häufig unterschätzter Erfolgsfaktor. Nicht selten ist das Scheitern einer Unternehmenszusammenlegung darauf zurückzuführen, dass es offensichtlich nicht gelungen ist, verschiedene Unternehmenskulturen harmonisch miteinander zu verschmelzen. Diese Vermutung lässt sich jedenfalls aus der Analyse gescheiterter Mergers & Acquisitions (M&A)-Projekte ableiten. Vielfach sind es nicht ökonomische Defizite, sondern die mangelhafte Berücksichtigung weicher Faktoren, die zu Integrationsproblemen führen. Diese Problematik stellt sich aber nicht nur bei internationalen, sondern auch bei nationalen M&A-Projekten, da auch Unternehmen aus demselben Kulturkreis durchaus unterschiedliche „Binnenkulturen" aufweisen können [vgl. Macharzina/Wolf 2010, S. 731 f.].

Teilweise sehr differenzierte Erfahrungen mit Unternehmensfusionen, bei denen unterschiedlich starke Unternehmenskulturen aufeinanderprallen, haben Price Waterhouse beim Zusammenschluss mit Coopers & Lybrand, Ernst & Young (bei der Übernahme von Arthur Andersen in Deutschland), Capgemini (bei der Übernahme von Ernst & Young Consulting) oder auch Deloitte (bei der missglückten Fusion mit Roland Berger) gemacht. In diesen oder vergleichbaren Fällen kann davon ausgegangen werden, dass besonders starke Unternehmenskulturen ceteris paribus die größeren Chancen haben, sich bei Unternehmenszusammenführungen erfolgreich durchzusetzen.

Doch nicht nur bei Unternehmenszusammenschlüssen, sondern auch im Umgang mit älteren Mitarbeitern oder bei der Handhabung der Work-Life-Balance bietet die Unternehmenskultur wichtige Ansatzpunkte. Auf der anderen Seite kann eine starke Unternehmenskultur aber auch einige Nachteile aufweisen. Neben einem Mangel an Flexibilität tendieren Kulturen zur „Abschließung", sie blockieren „Neues" und können Verkrustungen bilden. Damit können Innovationsbarrieren einhergehen.

Einen Überblick über die verschiedenen Strategien einer möglichen Kulturintegration gibt Insert 8-2.

Insert

Fusionen: Welche Strategie der Kulturintegration ist die richtige?

Egal ob freundliche Übernahme, feindlicher Takeover, Fusion auf Augenhöhe, Verschmelzung oder Integration, bei Unternehmenszusammenschlüssen ist die Kulturintegration häufig der wichtigste Erfolgsfaktor. Die Unternehmenskultur gilt als weicher Faktor – hat jedoch harte Auswirkungen. Ein Großteil des Erfolgs einer Organisation hängt mit kulturellen Aspekten zusammen, etwa mit der Teamorientierung, der Mitarbeiterförderung, der Gehaltsstruktur oder der Veränderungsfähigkeit eines Unternehmens. Mehr als Zweidrittel aller Fusionen scheitern. Dies ist zumeist darauf zurückzuführen, dass es offensichtlich selten gelingt, verschiedene Unternehmenskulturen harmonisch miteinander zu verschmelzen.

Um die Erfolgsquote von Unternehmenszusammenschlüssen zu erhöhen, bieten sich **drei Strategien der kulturellen Integration** an:
Kulturpluralismus ist die erste strategische Stoßrichtung. Beide Kulturen bleiben nebeneinander bestehen. Man könnte, da wir ja bei einer Transaktion mit einer Art „Hochzeit" zu tun haben, auch von einer **„offenen Ehe"** sprechen. Die beteiligten Unternehmen können ihre Kulturwerte (z.B. Führungsstil, Entscheidungsverhalten, Umgang mit Kunden etc.) aufrechterhalten. Jeder kann weiterhin im Rahmen der gemeinsamen Ziele relativ autonom agieren. Es handelt sich um eine ziemlich erfolgreiche Form des Zusammenschlusses, da die erforderlichen Veränderungen eher gering sind.
Die **Übernahme einer Kultur**, in der Regel der des Käufers, ist die zweite Strategieoption. Man kann auch vom Konzept der **„traditionellen Ehe"** sprechen. Um die Ziele des Zusammenschlusses zu erreichen, wird zumeist das übernommene Unternehmen dem Übernehmer angepasst. Der Erfolg des Mergers hängt hierbei entscheidend davon ab, ob das übernommene Unternehmen bereit ist, diese Art von „Ehevertrag" zu akzeptieren.
Die **Symbiose der Kulturen** („Best of Both") ist die dritte strategische Variante. Dies entspricht dem Konzept der **„modernen Ehe"**. Die Fusionspartner schätzen gegenseitig die Kompetenz und Fähigkeit des jeweils anderen Managements hoch ein. Die beiderseitige „Integration" führt zu großen Veränderungen für beide Seiten. Dieser Fall setzt eine ausgesprochen hohe Integrationsfähigkeit voraus.
Doch wie realistisch bzw. erfolgversprechend sind solche **„Kulturverordnungen"** eigentlich?
Bei der **traditionellen Ehe**, also bei der verordneten Übernahme der Kultur des übernehmenden Unternehmens, werden sich – eine starke Kultur des übernommenen Unternehmens vorausgesetzt – alle wirklich wichtigen Mitarbeiter „aus dem Staube" machen.

Bei der **modernen Ehe** fehlen regelmäßig die Instrumente, die Transparenz und die Zeit, um die Kulturen so aufzudröseln, dass schlussendlich nur noch die Vorzüge beider Kulturen in der **Zielkultur** zum Tragen kommen.

Bleibt schließlich noch die **offene Ehe** als wohl einzig realistische Strategie. Kulturen kann man schließlich nicht verordnen, sondern müssen (vor-)gelebt werden. Bei der offenen Ehe bleiben beide Kulturen (zunächst) nebeneinander bestehen. Die Gefahr einer Auseinanderentwicklung besteht dann nicht, wenn man besonders wichtige Positionen zunächst doppelt besetzt, bis sich der endgültige Stelleninhaber „ausmendelt". Das Vorgehen wird beispielsweise bei Zusammenschlüssen von Dienstleistungsunternehmen bevorzugt. Allerdings kann es bei dieser Vorgehensweise geschehen, dass sich die (dann stärkere) Kultur des übernommenen Unternehmens durchsetzt, obwohl dieses durchaus kleiner sein kann als das übernehmende. Man spricht in diesem Fall von einem Reverse-Merger oder **Reverse-Takeover**. Die Fusionen von Price Waterhouse und Coopers & Lybrand sowie Ernst & Young und Arthur Andersen sind Bespiele dafür, wie David letztlich Goliath bezwingen kann.

[Quelle: Lippold 2020a]

Insert 8-2:   Strategien der Kulturintegration

8.4.2 Generationenverbindende Arbeitskultur als Erfolgsfaktor

Im Gegensatz zu der schon digital geprägten Generation Y wächst die nachfolgende Generation Z seit ihrer Geburt als „Digital Natives" auf. Dieser Lern- und Lebensmodus ist an die sogenannte VUCA-Welt (V = volatility, U = uncertainty, C = complexity, A = ambiguity) bereits angepasst. Für traditionelle Führungskräfte und Unternehmen sind die „Digital Natives" allerdings eine immer größere Herausforderung. Die Bindung bei ihnen besteht nicht mehr zum Unternehmen, sondern zu interessanten Projekten und zu mitreißenden Führungspersönlichkeiten. Digitale Transformation beschränkt sich nicht auf Technologien, sondern auf kulturelle Gestaltungs- und hybride Arbeitsräume, auf digitale Kulturen und Werte. *„Was es bedarf, ist eine kompetenzbasierte, generations- und kultursensible Führung fernab der bloßen Statussymbolik, die alle fünf Generationen begeistert und verbindet, damit alle an der gemeinsamen Arbeitsumgebung arbeiten und fortlaufend hybride (analoge wie digitale) Kompetenzen entwickeln"* [Ciesielski/Schutz 2016, S. 3].

Die digitale Transformation ist also ein Kultur- *und* ein Leadership-Thema. Es geht nicht mehr darum, digital zu werden – wir sind es bereits. In der Arbeitskultur kommen aber nicht nur die Generationen Y und Z, sondern auch die Baby Boomer und die Generation X zusammen. Die Frage ist also vielmehr, wie es gelingen kann, eine generationenübergreifende, besser generationenverbindende Kommunikations-bzw. Unternehmenskultur zu leben. Denn im Bereich der Arbeitskultur kommt es regelmäßig zu den größten Abstoßungs- oder Assimilationserscheinungen gegenüber einer neuen Technologie. Die unterschiedlichen mentalen Modelle und Wertvorstellungen der jeweiligen Generationen zu ignorieren und mit Kündigungen zu reagieren, kann angesichts der demografischen Entwicklung nicht funktionieren und ist keine Lösung. Nur eine generationengerechte Unternehmensführung wird zum wettbewerbsbestimmenden Erfolgsfaktor für die Zukunft [vgl. Möller et al. 2015, S. 127].

So zeigt Abbildung 8-4 die unterschiedlichen positiven und negativen wertebezogenen Ausprägungen verschiedener Generationen hinsichtlich ihres Verhaltens am Arbeitsplatz. Die hier dargestellte Generationeneinteilung stammt zwar aus den USA, sie lässt sich aber durchaus teilweise auf den europäischen Kulturkreis übertragen [vgl. Bartscher et al. 2012, S. 31 f.].

	"Digital Immigrants"			"Digital Natives"	
	Traditionalisten Geburtsjahrgänge bis 1945	**Baby Boomer** Geburtsjahrgänge von 1945 bis 1965	**Generation X** Geburtsjahrgänge von 1965 bis 1980	**Generation Y / Millennials** Geburtsjahrgänge von 1980 bis 1995	**Generation Z** Geburtsjahrgänge ab 1995
Verhalten am Arbeitsplatz	+ verlässlich + gründlich + loyal + fleißig + beständig + hierarchietreu - konfliktscheu - systemkonform - wenig veränderungsbereit	+ kundenorientiert + leistungsbereit + ehrgeizig + motiviert + beziehungsfähig + kooperativ - egozentrisch - eher prozess- als ergebnisorientiert - kritikempfindlich - vorurteilsbeladen	+ flexibel + technik-affin + unabhängig + selbstbewusst + kreativ - ungeduldig - wenig sozial - zynisch - wenig durchsetzungsfähig	+ teamorientiert + optimistisch + hartnäckig + kühn + multitaskingfähig + technologisch fit - unerfahren - anleitungsbedürftig - strukturbedürftig - antriebsschwach - illoyal	+ Hohe Akzeptanz/ Toleranz von Diversitäten + selbstüberzeugt + technologisch fit + selbstorganisationsfähig - Verantwortung wird abgegeben (z.B. an die Helicopter-Eltern) - geringere Sorgfalt - rudimentäres Google-Gedächtnis
Einstellung zur Arbeit	Pflicht und Wert	Herausforderung und Selbstfindung	Job und Spaß	Sinn und Team	Arbeit ist Spaß, Arbeit ist unsicher und Arbeit ist unklar
Einstellung zur Autorität	Gehorsam	Hassliebe	Unbeeindrucktheit	Höflichkeit	Indifferent
Lebensphilosophie		"Leben, um zu arbeiten"	"Arbeiten um zu leben"	"Erst leben, dann arbeiten"	"Leben und arbeiten als fließender Prozess"

[Quelle: in Anlehnung an Oertel 2007, S. 28 f. und Ciesielski/Schutz 2016, S. 41 ff.]

Abb. 8-4:   Arbeitsverhalten verschiedener Generationen

8.5 Unternehmensidentität

Als **Unternehmensidentität** (engl. *Corporate Identity*) wird die strategisch geplante und operativ eingesetzte Selbstdarstellung und Verhaltensweise eines Unternehmens nach innen und außen auf der Basis einer festgelegten Unternehmensphilosophie und -zielsetzung bezeichnet. Auf der Basis eines einheitlichen Unternehmens(leit)bildes soll über die Entwicklung eines „Wir-Bewusstseins" das Corporate Identity-Konzept nach innen eine Unternehmenskultur etablieren und sicherstellen. Nach außen soll mit dem Corporate Identity-Konzept bei den verschiedenen Adressatenkreisen wie Kunden, Presse, Kapitalgeber, Lieferanten etc. der Aufbau eines Unternehmensimages ermöglicht werden [vgl. Birkigt/Stadler 1992, S. 18].

Corporate Identity (CI) drückt sich in vier Komponenten aus:

- Corporate Behavior,
- Corporate Design,
- Corporate Communication und
- Corporate Governance.

Betrachtet man Corporate Culture als *Fundament* der Unternehmensphilosophie, dann bilden die vier CI-Komponenten quasi den *Aufbau* und werden unter dem *Dach* der Corporate Identity zusammengefasst.

Aus Sicht des Marketing-Verantwortlichen haben die *Corporate Communications*, die sich durch einen integrierten Einsatz aller Kommunikationsinstrumente des Unternehmens auszeichnen, sowie das *Corporate Design*, das das äußere Erscheinungsbild des Unternehmens (von Visitenkarten über Briefbögen und Werbeanzeigen bis hin zum Gebäudeschriftzug) zum Gegenstand hat, die höchste praktische Bedeutung.

8.6 Unternehmensleitlinien und -grundsätze

Unternehmenskultur und Unternehmensidentität finden ihren Niederschlag in den **Unternehmensleitlinien**. Derartige Leitbilder sind Orientierungshilfen für das Verhalten der Mitarbeiter gegenüber den Partnern des Unternehmens. Sie werden daher auch als **Verhaltensrichtlinien** (engl. *Policy*) bezeichnet [vgl. Bea/Haas 2005, S. 69 f.].

Viele Unternehmen fassen ihre Leitlinien als **Unternehmensgrundsätze** in Broschüren, Handbüchern oder auf Websites zusammen. Beispiele hierfür sind

- der internationale Verhaltenskodex der KPMG und,
- die globalen Unternehmenswerte („Seven Values") von Capgemini.

Während der Wertekanon von KPMG als Verpflichtung für das persönliche und professionelle Verhalten aller Mitarbeiter gegenüber Kunden und sonstigen Stakeholdern formuliert sind, haben die Grundsätze anderer Unternehmen eher den Charakter einer Aufzählung von Eigenschaften, der die Art der Beziehungen der Mitarbeiter untereinander regeln soll oder zumindest als erstrebenswert erscheinen lässt.

In jedem Fall bestimmen derartige Unternehmensgrundsätze und Wertvorstellungen in hohem Maße die Unternehmenskultur, die ja insbesondere unter dem Aspekt von Unternehmenszusammenschlüssen oder Übernahmen eine ganz besondere Rolle spielen. So ist bspw. immer wieder festzustellen, dass partnergeführte Unternehmensberatungen ganz anders „ticken" als Beratungsunternehmen, deren Anteilseigner betriebsfremde Shareholder sind.

8.7 Unternehmenszweck

Der Unternehmenszweck gibt vor, welche Art von Leistungen das Unternehmen im Markt erbringen und anbieten soll. Er gibt Antwort auf die Frage. „Was ist unser Geschäft und was wird zukünftig unser Geschäft sein?" Die damit angesprochene *Mission* einerseits und *Vision* andererseits müssen durch bestimmte Leistungen verwirklicht und „gelebt" werden, damit sie zu starken Marken-, Produkt- bzw. Unternehmenskompetenzen sowie zu *Wettbewerbsvorteilen* führen. Die wichtigsten Fragen zur Mission, die die

„klare Absicht des Unternehmenszwecks" beschreibt, und zur Vision als „ehrgeizige Zukunftsvorstellung" eines Unternehmens liefert Abbildung 8-5 [vgl. Becker 2009, S. 40].

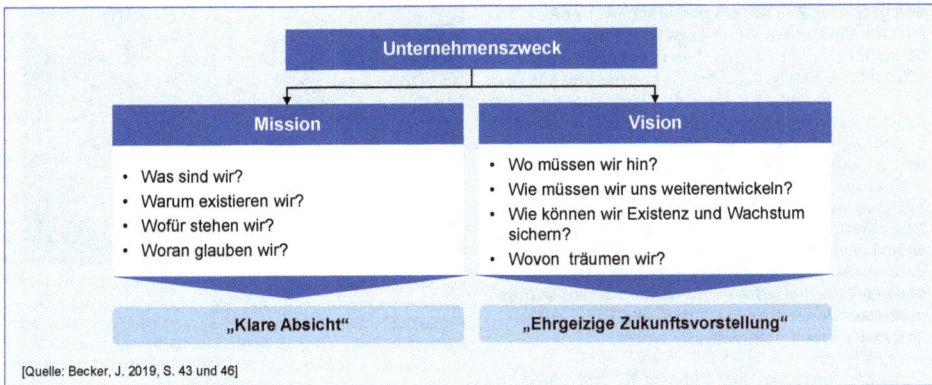

Abb. 8-5:   Fragen zur Mission und Visio

Besonders die **Vision** verfügt über wesentliche unternehmerische Funktionen und Effekte. Sie ist die treibende Kraft zur Durchsetzung des Wandels und hat die Aufgabe, den Mitarbeitern ein unternehmerisches Zukunftsbild vorzugeben, Komplexität zu beherrschen und gerade in unsicheren Zeiten eine Orientierung und Richtung zu weisen. Zudem setzt eine tragfähige Vision bei den Organisationsmitgliedern in hohem Maße Kreativitäts- und Innovationspotenziale frei [vgl. Menzenbach 2012, S. 13 f.].

Im Zusammenhang mit dem Begriff *Unternehmenszweck* hat in jüngster Zeit ein weiterer Anglizismus Beachtung gefunden: **Purpose.** Prinzipiell ist Purpose (engl. *Zweck, Sinn*) nichts Anderes als alter Wein in neuen Schläuchen. Allerdings stellt Purpose mehr den intrinsischen Aspekt des Unternehmenszwecks in den Vordergrund. Damit wird die Sinnfrage, die insbesondere die jungen Generationen Y und Z angesichts ihrer täglichen Arbeit wiederholt stellen, zum gemeinsamen, verbindenden Gedanken zwischen Arbeitnehmern und dem Unternehmen [vgl. Lippold 2021, S. 124].

Insert 8-3 zeigt die Unterschiede zwischen dem Unternehmenszweck und Purpose in einem Blog-Beitrag ausführlich auf.

Insert

Unternehmenszweck oder Purpose – was ist der Unterschied?

Seit geraumer Zeit hat ein bemerkenswerter Anglizismus die Unternehmenswelt erreicht: Purpose, was übersetzt so viel heißt wie Zweck oder Sinn. Ganz offensichtlich steht dahinter die Überlegung aus dem Generationenvergleich, dass die Generationen Y und Z zunehmend die zu erledigenden Aufgaben hinterfragen, weil sie die Sinnhaftigkeit darin erkennen wollen. Die jungen Generationen beschäftigt also ganz offensichtlich sehr viel stärker Sinn und Zweck ihrer Tätigkeit als frühere Generationen. Für Digital Natives ist es motivierend, berufliches Schaffen mit individuellem Lebenssinn zu verknüpfen. Und das ist gut so, denn der Mensch braucht Orientierung und einen stabilen Kern, um erfolgreich mit den Veränderungen in unserer Umwelt, im Freundes- und Familienkreis und in der Arbeit umgehen zu können.

Diese Erkenntnis trifft aber nicht nur für **Individuen**, sondern auch für **Unternehmen** zu. Daher gilt es als ausgemacht, dass ein Unternehmen heute einen Purpose – also eine Mission und eine Vision – braucht. Denn Unternehmen, die ihren Purpose kennen, kennen ihren Zweck und ihre Bestimmung.

Doch bei genauer Betrachtung ist Purpose so etwas wie „alter Wein in neuen Schläuchen". Schließlich hat die Betriebswirtschaft mit dem Begriff **Unternehmenszweck** schon vor viel längerer Zeit genau diesen Purpose geschaffen. Der Unternehmenszweck gibt nämlich vor, welche Art von Leistungen das Unternehmen im Markt erbringen und anbieten soll. Er gibt Antwort auf die Frage „Was ist unser Geschäft und was wird zukünftig unser Geschäft sein?" Damit angesprochen ist die **Mission** und die **Vision** des Unternehmens.

Die **Vision** gilt als der „Ursprung der unternehmerischen Tätigkeit" und als „generelle Leitidee". Sie beschreibt die Seele des Unternehmens und soll ein positives und damit wünschenswertes Zukunftsbild eines Unternehmens zeichnen.

Die **Mission** trifft Aussagen über die Kernkompetenz bzw. den Wettbewerbsvorteil, den das Unternehmen mit seinen Produkten, Dienstleistungen oder Lösungen erzielen kann. Sie beschreibt, welche Kundenbedürfnisse befriedigt, welche Kundengruppen bedient und durch welche Aktivitäten, Technologien und Fähigkeiten das Unternehmen den Kunden einen Wert bieten kann. Und doch lässt sich diesem „alten Wein" etwas Gutes abgewinnen – in zweierlei Hinsicht:

Zum einen stellt Purpose mehr den **intrinsischen Aspekt** in den Vordergrund. Damit wird die Sinnfrage zum gemeinsamen, verbindenden Gedanken zwischen Arbeitnehmern und dem Unternehmen. Sie ziehen gemeinsam an einem Strang. Materielle Anreize reichen Studien zufolge nicht mehr aus, um für qualifizierte Bewerber attraktiv zu sein. Aber ohne eine sinnstiftende Gemeinsamkeit würden sich nicht nur Digital Natives gar nicht erst bewerben, sondern auch langfristig orientierte Investoren würden das Unternehmen meiden. Zum anderen sollte der intrinsische Aspekt des Purpose den Unternehmen Anlass geben, den Unternehmenszweck im Hinblick auf Mission und Visio zu schärfen. Themen wie **endliche Ressourcen** und **Nachhaltigkeit** sind in Zeiten von *Fridays for future* häufig noch zu wenig im Unternehmenszweck verankert.

[Quelle: Lippold 2020b]

Insert 8-3:   Unterschied zwischen Unternehmenszweck und Purpose

Der Unternehmenszweck beschreibt gleichzeitig das **Sachziel** des Unternehmens. Während das Sachziel den Markt definiert, in dem das Unternehmen tätig sein will, legen die **Formalziele** die Dimensionen der Zielerreichung (Gewinn, Umsatz etc.) und das Ausmaß ihrer Erfüllung (Maximierung, Minimierung) fest [vgl. Bidlingmaier 1973, S. 25].

Theodore Levitt weist in seinem berühmt gewordenen Beitrag zur *„Marketing-Kurzsichtigkeit"* (engl. *Marketing Myopia*) darauf hin, dass Entscheidungen über Sachziele besonders weitreichende, wenn nicht gar existenzielle Auswirkungen haben. So gingen z. B. die amerikanischen Eisenbahnen davon aus, ausschließlich im Eisenbahngeschäft tätig zu sein. Sie übersahen, dass ihr Geschäft nicht nur das Transportgeschäft zur Schiene, sondern auch das zu Wasser und zu Luft ist. So mussten sie trotz steigender Nachfrage nach Transportleistungen immer mehr Umsatzrückgänge und damit einen zunehmenden Bedeutungsverlust hinnehmen [vgl. Levitt 1960, S. 45 ff.].

Aber auch die Beratungsbranche selbst ist schon „Opfer" falscher Sachziel-Definitionen geworden. So haben viele Unternehmen den **Spagat zwischen Unternehmensberatung und Softwarehaus** nicht bewältigt, d. h. das Sachziel wird in diesem Fall nicht zu eng, sondern zu weit gefasst: viele Unternehmen wollen sowohl beraten als auch Software erstellen und anbieten. Die Erklärung liegt darin, dass die (anfangs noch individuelle) Software zumeist im IT-Beratungsgeschäft entstanden ist und dann die Beratungserlöse dazu „herhalten" müssen, die Softwareentwicklung marktreif zu gestalten. Das führt schließlich dazu, dass nach der Erstellung der marktreifen Software das neue Geschäft nicht separat betrieben wird, sondern beide Geschäftsmodelle parallel nebeneinander praktiziert werden. Da aber allein die Vermarktung von Projektleistungen (Beratung) und die Vermarktung von Produkten (Software) völlig anderen Gesetzmäßigkeiten unterliegen, sind diese „hybriden" Unternehmen vor allem finanziell überfordert. ADV/ORGA, SCS und MBP sind die prominentesten Beispiele für falsche Sachziel-Ambitionen.

Der Unternehmenszweck fand häufig – gepaart mit einer konsequent kundenorientierten Kernaussage – seinen Niederschlag in der **Kommunikationspolitik** als sogenannte *Tagline,* die im „Untertitel" der Unternehmensmarke geführt wird. Beispiele für solche Taglines waren:

- BearingPoint: „To get there. Together."
- EY (Ernst & Young): "Building a better working world"
- Accenture: „High performance. Delivered."
- KPMG: „Cutting through complexity"
- Droege: „Advisory & Capital"
- Capgemini: „Consulting. Technology. Outsourcing" und „People matter. Results count."

Heute verwendet allerdings nur noch EY eine Tagline .

Die Taglines der Beratungsgesellschaften lassen sich in zwei Kategorien einteilen. Eine Gruppe der Untertitel beschreibt das „Was" der Beratungstätigkeit (z. B. Roland Berger, Droege), die andere Kategorie das „Wie" (z. B. EY, Accenture). Capgemini bediente sich sogar des „Was" *und* des „Wie". Darüber hinaus besteht für Beratungsunternehmen die Möglichkeit, das Sachziel unmittelbar in die Firmenbezeichnung, also direkt in den Unternehmensnamen einzubeziehen. Beispiele dafür sind:

- Camelot Management Consultants
- Kienbaum Management Consultants
- Roland Berger Strategy Consultants
- Capgemini Consulting
- Steria Mummert Consulting
- IFH Retail Consultants

- Erfolgsketten Management Wilkes-Stange
- BMU Beratungsgesellschaft Mittelständischer Unternehmen
- UBG Unternehmensberatung für das Gesundheitswesen
- USL Unternehmensberatung Spedition und Logistik

Besonders wertvoll ist die Übernahme des Sachziels in die Firmierung immer dann, wenn das Beratungsunternehmen noch sehr jung und/oder noch nicht so bekannt ist. Auch wird dieses Prinzip immer dann angewendet, wenn ein Unternehmen, das einen anderen Geschäftsschwerpunkt hat, ein neues Geschäftsfeld im Bereich der Unternehmensberatung etablieren möchte.

8.8 Unternehmensziele – formale Ausrichtung

In jedem Unternehmen gibt es eine Vielzahl von Zielen: Bereichsziele, Marketingziele, Personalziele etc. Entscheidend ist, dass es sich dabei nicht um autonome Ziele handelt. Sie müssen vielmehr aus den obersten Unternehmenszielen abgeleitet werden. Daher ist die Kenntnis der Unternehmensziele (engl. *Objectives* oder *Corporate Goals*) unerlässlich für Management und Mitarbeiter. Als typische Unternehmensziele werden immer wieder genannt:

- Gewinn/Rentabilität
- Marktanteil/Marktposition
- Umsatz/Wachstum
- Unabhängigkeit/Sicherheit
- Soziale Verantwortung
- Prestige/Image.

Die Diskussionen darüber, welche Ziele im Rahmen dieses Zielkatalogs die höchste Priorität haben, führen in aller Regel zu dem Ergebnis, dass *Gewinn- bzw. Rentabilitätsziele* eine dominierende Bedeutung haben [vgl. Becker 2009, S. 16 und 61]. Ziele erfüllen ihre Steuerungs- und Koordinationsfunktion umso besser, je klarer und exakter sie bestimmt werden. Daher müssen zweifelsfreie Angaben über

- Zielinhalt,
- Zielausmaß und
- Zeitspanne der Zielerfüllung

vorliegen. Ist der Zielbildungsprozess nicht von Beginn an auf messbare Größen ausgerichtet, verliert eine zielgesteuerte Führung von vornherein an Effizienz [vgl. Bidlingmaier 1973, S. 138].

Insbesondere größere Beratungsunternehmen sind in mehrere Geschäftsbereiche untergliedert, so dass die Unternehmensziele weiter heruntergebrochen werden müssen. Sollten keine Geschäftsbereiche vorliegen, so werden die Unternehmensziele zumindest in **Funktionsbereichsziele** (engl. *Functional Objectives*) bzw. **Aktionsbereichsziele** wie z. B. Marketingziele, Personalziele oder Finanzierungsziele zerlegt [vgl. Bea/Haas 2005, S. 70 f.].

Wichtig ist in diesem Zusammenhang auch die Frage, wer eigentlich die obersten Unternehmensziele festlegt – die Shareholder oder die Stakeholder der Unternehmensberatung? (siehe hierzu die Überlegungen in Insert 8-4)

Insert

Shareholder oder Stakeholder – wer ist maßgebend für die obersten Ziele des Unternehmens?

Welcher Vollmacht (Legitimation) soll ein Unternehmen bei der Orientierung seiner obersten Ziele folgen? Sind es die Interessen aller Anspruchsgruppen eines Unternehmens (Stakeholder) oder sind es vornehmlich die Interessen der Eigentümer (Shareholder), die ein Unternehmen bei der Formulierung seiner Ziele stärker berücksichtigen muss?

Rein mengenmäßig betrachtet sind Shareholder eine Teilmenge der Stakeholder. Shareholder, also die Eigentümer oder Anteilseigner eines Unternehmens, gehören ebenso zu den Anspruchsgruppen eines Unternehmens wie die Mitarbeiter, das Management, die Kunden, die Lieferanten oder die Presse. Aus diesen Ansprüchen lassen sich zwei Konzepte für die oben erwähnte Legitimation zur Vorgabe von Unternehmenszielen ableiten: der Shareholder Value-Ansatz und der Stakeholder Value-Ansatz.
Der **Shareholder-Ansatz** ist ein Konzept der wert- bzw. kapitalmarktorientierten Unternehmensführung. Der Ansatz stellt die Bedürfnisse der Eigenkapitalgeber in den Mittelpunkt unternehmerischen Handelns. Ziel des Konzeptes ist es, den Wert eines Unternehmens langfristig und nachhaltig zu maximieren. Dabei räumen die Vertreter dieses Ansatzes den Interessen einer einzigen Anspruchsgruppe absolute Priorität ein: den Interessen der **Eigentümer** („Shareholder"). Sie begründen diese Interpretation damit, dass sich die Legitimation zur Vorgabe von Unternehmenszielen einzig und allein aus dem Eigentum am Unternehmen ableitet. Das oberste Unternehmensziel ist somit die Maximierung des **Shareholder Value**.
Demgegenüber argumentieren die Vertreter des **Stakeholder-Ansatzes**, dass nur die Interessen **aller** Anspruchsgruppen die Formulierung der grundlegenden Unternehmensziele legitimieren. Hinter dieser Auffassung steht die Überlegung, dass alle Gruppen für die Existenz und das Handeln eines Unternehmens notwendig sind. Daher sind sie auch berechtigt, die Ziele des Unternehmens zu beeinflussen. Dem zufolge orientiert sich das oberste Unternehmensziel an den Interessen *aller* Anspruchsgruppen.

Gemessen wird das oberste Ziel des Unternehmens bei dieser Interpretation durch den **Stakeholder Value** – den Wert, den ein Unternehmen aus Sicht aller seiner Anspruchsgruppen besitzt. Dieser Wert kann quasi als Differenz zwischen den Nutzen und den Kosten aller Anspruchsgruppen interpretiert werden. Allerdings kann man sich nur sehr schwer vorstellen, wie eine Orientierung an der Vielzahl von Zielen aller Anspruchsgruppen in der Praxis funktionieren soll. Letztlich ist es eine *normative Frage*, welchem dieser beiden Legitimationsansätze gefolgt werden soll. In den westlichen Kulturkreisen wird in Wissenschaft und Praxis vorwiegend den Eigentümerinteressen das Primat eingeräumt. Eine Orientierung an einer Vielzahl von Zielen, wie es der Stakeholder-Ansatz vorsieht, ist eben auch kaum zu operationalisieren. Das Ziel eines Unternehmens besteht in diesem Fall nämlich darin, den Wert zu maximieren, den das Unternehmen für **alle** Anspruchsgruppen besitzt. Beim Shareholder-Ansatz dagegen ist das oberste Unternehmensziel eindeutig und relativ einfach zu operationalisieren: Maximierung des Shareholder Value.
Doch unabhängig davon, welchem Legitimationsansatz gefolgt wird, die unternehmerischen Zielsetzungen sollten in jedem Fall auf der Grundlage einer **nachhaltigen Unternehmensführung** – also nach dem Konzept des **Corporate Social Responsibility (CSR)** – getroffen werden. Mit anderen Worten, es sollte immer um den Dreiklang von sozialer, ökologischer und wirtschaftlicher Verantwortung des Unternehmens gehen.
[Quelle: Lippold 2020c]

Insert 8-4:   Shareholder oder Stakeholder?

8.9 Unternehmensziele – inhaltliche Ausrichtung

Wie bereits mehrfach erwähnt, gibt es nicht *den* Beratungsmarkt und damit auch nicht die typische Unternehmensberatung. Zu unterschiedlich sind die Beratungssegmente, zu unterschiedlich sind die Kundenanforderungen in diesen Segmenten und zu unterschiedlich die Möglichkeiten, diese Segmente zu bedienen. Die hochdifferenzierte Beratungslandschaft ist nichts anderes als das Spiegelbild der vielfältigen Ausprägungen unternehmerischer Tätigkeit und den damit verbundenen Anforderungen.

Ein Beratungsunternehmen, das sich auf solch einem heterogenen Markt behaupten will, muss zwei Aufgaben erfolgreich bewältigen. Zum einen muss es ein Leistungsangebot entwickeln, das dem des Wettbewerbs überlegen ist, und zum anderen muss diese Überlegenheit im Markt kommuniziert werden. Kaas bezeichnet die erste Aufgabe als **Leistungsfindung** und die zweite Aufgabe als **Leistungsbegründung** [vgl. Kaas 2001, S. 106].

Zur Aufgabe der Leistungsfindung stellt sich für jedes Beratungsunternehmen die Frage, ob es als Strategie-, Management-, Marketing-, HR-, Controlling-, Outsourcing-, Innovations-, Sanierungsberatung oder vielleicht als Mittelstandsberatung agieren will.

Ferner ist im Rahmen der Leistungsfindung festzulegen, für welche Branchen und für welche Unternehmensgrößen diese Beratungsleistungen schwerpunktmäßig angeboten werden sollen. Gefragt ist also das **Sachziel** des Beratungsunternehmens. Um ihren Kunden dieses Sachziel und die damit verbundene Kompetenz zu vermitteln, wird es eben sehr häufig in der *Tagline* mitgeführt (siehe zuvor).

Die Sachzielbestimmung geht einher mit der Segmentierung des Zielmarktes, die Gegenstand weiterführender Überlegungen in Hauptabschnitt 3.2 ist. An dieser Stelle soll lediglich ein grober Überblick über die inhaltlichen Ausrichtungsmöglichkeiten der Unternehmensberatung gegeben werden.

8.9.1 Geschäftsfelddefinition – Bestimmung der Beratungsfelder

Die Festlegung der Sachziele eines Unternehmens (und damit die *Leistungsfindung*) geht einher mit der Geschäftsfelddefinition (engl. *Defining the business*). Nach Derek F. Abell lassen sich die Geschäftsfelder durch folgende drei Dimensionen abbilden [vgl. Abell 1980, S. 30]:

- Customer Functions (Funktionsbereiche/Probleme)
- Customer Groups (Branchen/Kundensegmente)
- Alternative Technologies (Technologien).

Wilhelm Hill hat dieses Modell auf die Unternehmensberatung übertragen und interpretiert die drei Dimensionen wie folgt [vgl. Hill 1990, S. 178]:

- Funktionen/Probleme: die unterschiedlichen Kundenbedürfnisse
- Kundensegmente: Branchen bzw. Unternehmenstypen
- Technologien: spezifische Methoden der Analyse und Prognose.

Aus Gründen der praktischen Handhabbarkeit und der realen Bedeutung unterschiedlicher Geschäftsfelder erscheint folgende Einteilung, die auf den drei Dimensionen von Abell aufbaut, zweckmäßiger:

- Funktionsorientierte Gliederung (z. B. Marketingberatung, HR-Beratung, Logistikberatung, Controllingberatung)

- Branchenorientierte Gliederung (z. B. Healthcare-Beratung, Bankenberatung, Automotive-Beratung)

- Querschnittsorientierte Gliederung (z. B. Innovationsberatung, Sanierungs- und Insolvenzberatung, IT- und Organisationsberatung)

- Kundengrößenorientierte Gliederung (z. B. Beratung für Konzerne und Großunternehmen, Mittelstandsberatung).

Eine solche, durchaus logische Einteilung der Beratungsbranche hat sich allerdings nicht durchgesetzt. Die „klassische Einteilung" des BDU sieht eine Untergliederung des **Kern-Beratungsmarktes** in vier Beratungsfelder vor:

- Strategieberatung,
- Organisations-/Prozessberatung,
- IT-Beratung sowie
- Human Resources-Beratung.

Zu den **beratungsnahen Dienstleistungen** werden dann noch

- Softwareentwicklung/Systemintegration,
- Outsourcing und
- Personalberatung (Executive Search)

gezählt. Hintergrund dieser Marktaufteilung ist sicherlich die recht praktikable Erhebung und Zuordnung der entsprechenden Marktdaten sowie eine gewisse „historische Bedingtheit". Anderseits ist die BDU-Gliederung logisch nicht nachvollziehbar, denn man muss sich fragen, warum es lediglich eine funktional ausgerichtete Beratung, nämlich die Human Resources-Beratung, gibt. Ebenso könnte man doch auch eine eigenständige Logistik- und Marketing-Beratung in die BDU-Einteilung aufnehmen.

Aus Sicht des Verfassers haben sich die in Abbildung 8-6 aufgeführten **Beratungsthemen**, die dann zu Beratungsfeldern ausgebaut wurden, als relativ eigenständig erwiesen. Dabei ist auffällig, dass die Beratungsfelder mit wenigen Ausnahmen vorwiegend querschnittsorientiert, d. h. funktions- und branchenneutral ausgerichtet sind.

Zu einem ähnlichen Ergebnis kommt bereits eine Befragung von 39 BDU-Beratern aus dem Jahre 1990, nach der zwei Drittel der Berater die Unternehmensberatung primär funktions- und branchenübergreifend durchführen. Die wichtigsten inhaltlichen

Schwerpunkte bildeten die Organisation- und EDV-Beratung, gefolgt von der Marketingberatung [vgl. Meffert 1990, S. 183].

Beratungsthema	Beratungsfeld	Ausprägungen und Inhalte
Strategie	Strategieberatung (Managementberatung)	• Corporate Strategy • Corporate Finance • Marketing- und Vertriebsstrategie
Organisation	Organisationsberatung (Prozessberatung)	• Prozessoptimierung und Performance Management • Change Management • CRM und Vertrieb • Beschaffung und Supply Chain Management
IT (Informationstechnik)	IT-Beratung (IT-Consulting)	• Systemberatung • Systemintegration
Innovation	Innovationsberatung	• Technologieberatung • Business Development und Innovation
Fusion	Fusionsberatung	• M&A-Beratung • Post-Merger-Integration
Gründung	Gründungsberatung	• Entwicklungsberatung • Nachfolgeberatung
Steuerung	Steuerungsberatung	• Controlling-Beratung • Finanz- und Prozesscontrolling
Sanierung	Sanierungsberatung	• Restrukturierungsberatung • Insolvenzberatung • Turnaround-Beratung
HR (Human Resources)	HR-Beratung	• HR-Strategie • Vergütungsberatung • Talent Management • Management Diagnostik und Development • Outplacement-Beratung
Digitalisierung	Digitalisierungsberatung	• Digital Consulting Services • Digital Agency Services • Digital Technology Services
...	...	...

Abb. 8-6:   Übergang von Beratungsthemen zu Beratungsfeldern

Dennoch hat eine Ausrichtung nach Funktionen, Beratungsthemen, Branchen oder nach der Unternehmensgröße der Kundenunternehmen den Vorteil, dass sich solch eine Spezialisierung in der Regel leichter kommunizieren und damit besser vermarkten lässt. Eine Unternehmensberatung, die sich auf ein bestimmtes Beratungsthema spezialisiert hat, kann leichter ein Markenbild aufbauen und sich damit besser profilieren als ein Generalist.

Die Chancen und Risiken der individuellen Leistungsfindung hängen von zahlreichen Bestimmungsfaktoren ab, z. B. von der Intensität des Wettbewerbs, vom Preisniveau und vom Umfang und Potenzial der definierten Beratungsfelder.

8.9.2 Spezialisierung nach Funktionen bzw. Beratungsthemen

Die Spezialisierung auf eine bestimmte Funktion bzw. auf ein Beratungsthema hat nicht nur den Vorteil der leichteren Vermarktungsfähigkeit, auch weist Christian Schade theoretisch nach, dass sich ein Beratungsspezialist ceteris paribus auf der Umsatzseite besser entwickelt als ein Generalist [vgl. Schade 2000, S. 240 ff.].

Und wenn man zusätzlich in Erwägung zieht, dass sich mit der Festlegung der funktionalen Schwerpunkte auch die Möglichkeit zur Entwicklung und Vermarktung von **Beratungsprodukten** ergibt, wird leicht ersichtlich, welche Durchschlagskraft eine Orientierung nach Funktionen oder nach Beratungsthemen haben kann. Beratungsprodukte können dabei als wiederholbare standardisierte Vorgehensweisen zur Lösung eines (Standard-)Problems bezeichnet werden [vgl. Niedereichholz 2010, S. 55].

Zwei Beispiele für Beratungsunternehmen, die erfolgreich funktionale Schwerpunkte setzen, sollen hier genannt werden: Zum einen handelt es sich um die 4Flow Consulting, die sich mit ihren 180 Mitarbeitern auf dem Gebiet der Logistikberatung einen Namen gemacht hat. Zum anderen ist es Simon, Kucher & Partners mit Fokus auf Marketing-, Vertriebs- und Pricing-Strategien. Im Bereich der Preispolitik gilt das Unternehmen sogar als Weltspitze.

8.9.3 Spezialisierung nach Branchen

Einer alten angloamerikanischen Regel zur Folge wird die Branchenorientierung mit *Standbeinen* verglichen, auf denen man jederzeit feststehen sollte. Die funktionale Spezialisierung von Beratungsunternehmen ist dagegen eher ein *Spielbein*, das zur Not auch einmal in anderen Branchen tätig sein kann. Branchenorientierung heißt für den Berater, dass er die Entwicklung, die Besonderheiten, das Selbstverständnis, das Preisgefüge und die psychologischen Befindlichkeiten der Branche aus eigener Erfahrung kennt. Er ist in dieser Branche bekannt, verfügt über ein Netzwerk von persönlichen Kontakten zu wichtigen Akteuren und den Meinungsführern der Branche [vgl. Niedereichholz 2010, S. 53 ff.].

Unter der Vielzahl der in unserer Wirtschaft existierenden Branchen hat sich das **verarbeitende Gewerbe** mit seinen Untergruppen (Wirtschaftsabteilungen) als größtes Reservoir eigenständiger Branchen entwickelt. Ob es sich um die Textilbranche, die Mineralölindustrie, den Maschinenbau oder die Elektroindustrie handelt, in jedem Fall handelt es sich um Wirtschaftssektoren mit einer sehr hohen Eigenständigkeit, die eben auch eigenständige Anforderungen an die dienstleistende Beratungsbranche hat. Hier kann es also für die Unternehmensberatung ratsam sein, sich – wenn es das individuelle Leistungsportfolio und das dahinterstehende Know-how zulässt – auf die Bearbeitung bestimmter Branchen zu konzentrieren.

Es wird immer wieder die Frage diskutiert, ob Branchen mit geringeren Wachstumsaussichten und ihrem möglichen Bedarf an Sanierungs- und Reorganisationsberatung ein besseres Umsatzpotenzial bieten als Unternehmen in Wachstumsbranchen. Hierzu gibt es keine empirisch fundierten Daten. Auf der anderen Seite lässt sich ebenso argumentieren, dass Kundenunternehmen mit Wachstumsaussichten eher bereit sind, in externe Dienstleistungen zu investieren als Unternehmen mit weniger guten Perspektiven. Selbst Unternehmen, denen es ausgesprochen gut geht, haben zumindest eines: Wachstumsschmerzen. Und diese zu beheben, kann ein wichtiger Baustein im Angebotsportfolio einer Unternehmensberatung sein.

Abbildung 8-7 gibt einen Überblick über die Struktur der Wirtschaftszweige in Deutschland, so wie es die amtliche Statistik sieht. Dabei wird deutlich, dass sich im verarbeitenden Gewerbe die größte Anzahl eigenständiger Branchen befindet.

Abschnitt	Bezeichnung (verkürzt)
A	Land- und Forstwirtschaft, Fischerei
B	Bergbau, Steine, Erden
C	Verarbeitendes Gewerbe
D	Energieversorgung
E	Wasser, Abwasser, Umweltverschmutzung
F	Baugewerbe
G	Handel
H	Gastgewerbe
I	Verkehr
J	Information und Kommunikation
K	Finanz- und Versicherungsdienstleistungen
M	Freie Dienstleistungen
O	Öffentliche Verwaltung
Q	Gesundheitswesen
U	Exterritoriale Organisationen/Körperschaften

Abteilung (verkürzt):
10 Nahrungs- und Futtermittel, 11 Getränkeherstellung, 12 Tabakverarbeitung, 13 Textilien, 14 Bekleidung, 15 Lederwaren und Schuhe, 16 Holz und Korbwaren, 17 Papier und Pappe, 18 Druck und Vervielfältigung, 19 Mineralölverarbeitung, 20 Chemische Erzeugnisse, 21 Pharmazeutische Erzeugnisse, 22 Gummi- und Kunststoffwaren, 23 Glas und Keramik, 24 Metallerzeugung, 25 Stahl- und Leichtmetallbau, 26 Herstellung von DV-Geräten, 27 Elektronische Ausrüstungen, 28 Maschinenbau, 29 Herstellung von Kraftfahrzeugen, 30 Sonstiger Fahrzeugbau, 31 Herstellung von Möbeln, 32 Herstellung von sonst. Waren, 33 Reparatur und Installation

[Quelle: Statistisches Bundesamt: Klassifikation der Wirtschaftszweige 2008]

Abb. 8-7:   Gliederung der amtlichen Systematik der Wirtschaftszweige (Ausschnitt)

8.9.4 Spezialisierung nach der Kundengröße

Eine Überlegung, die sich in diesem Zusammenhang stellt, ist die Frage nach der Größe der zu bedienenden Kundenunternehmen. Häufig ist die Branchenfokussierung auch un-

mittelbar an die Entscheidung geknüpft, auf welchen Unternehmensgrößen der Schwerpunkt der Beratung liegen soll. Da der Erfahrungssatz gilt, dass ein Konzernberater unter
fachlich-inhaltlichem Aspekt auch immer in der Lage sein sollte, ein mittelständisches
Kundenunternehmen zu beraten, ist die Frage nicht aus Sicht des eigenen Leistungsspektrums, sondern eher grundsätzlich zu beantworten. So hat bspw. ein Nischenanbie-
ter gute Chancen, seine Leistungen sowohl in Konzernunternehmen als auch im Mittelstand erfolgreich zu platzieren. Darüber hinaus gibt es aber auch eine Reihe von Beratungsinhalten, die in erster Linie ausschließlich oder doch überwiegend von mittelständischen Unternehmen nachgefragt werden. Dazu zählen bspw. das Nachfolgemanagement oder das Kooperationsmanagement.

Dennoch muss betont werden, dass größere Kundenunternehmen in aller Regel einem
Beratereinsatz positiver gegenüberstehen als kleinere Unternehmen. Das mag auf der
einen Seite mit den (relativ hohen) Kosten pro Beratertag zusammenhängen, auf der
anderen Seite gehört die Beauftragung von Beratern zum selbstverständlichen Tagesgeschäft, also zur Normalität eines großen Kundenunternehmens, während mittelständische Unternehmen in dieser Frage doch immer noch Berührungsängste zeigen.

8.9.5 Strategieberatung vs. IT-Beratung

Unter allen Beratungsfeldern nehmen die *Strategieberatung* und die *IT-Beratung* eine
in jeder Hinsicht dominierende und gleichzeitig polarisierende Rolle ein, ohne dass eine
akzeptierte Trennlinie zwischen beiden Disziplinen vorhanden ist. Beide Beratungsfelder sind in gewisser Weise systembildend bzw. prägend für einen Großteil aller Beratungsunternehmen. Daher sollen nachfolgend beide Bereiche kurz charakterisiert und
Unterscheidungskriterien identifiziert werden.

Strategieberatung hat die langfristigen Potenziale und Wettbewerbsvorteile der Kundenunternehmen im Blick. Die Beratungsleistung befasst sich mit der Entwicklung von
Zukunftsbildern zur dauerhaften Sicherung des Unternehmenserfolgs des Auftraggebers. Die **IT-Beratung** ist dagegen primär operativ ausgerichtet. Ihr Ziel liegt in der
Verbesserung des Einsatzes der Informationsverarbeitung. Dabei steht die Erhöhung der
Effektivität und Effizienz im Mittelpunkt der Leistungserstellung. Überlegenes Wissen
oder Ressourcenknappheit können hierbei ausschlaggebend für die Beauftragung sein
[vgl. Nissen/Kinne 2008, S. 90 f.].

Hinsichtlich der **Tätigkeitschwerpunkte** wird bei der Strategieberatung in den Bera-
tungsphasen *Analysieren, Planen, Konzipieren* deutlich mehr Umsatz generiert als in
den Phasen *Umsetzen, Implementieren.* Bei den IT-Beratungsunternehmen ist es genau
umgekehrt. **Auftraggeber** für die Strategieberatung ist zumeist die Geschäftsführung.
Auftraggeber der IT-Beratung sind dagegen mehrheitlich die Fachbereiche sowie die
IT-Abteilung der Kundenunternehmen. Während die **Kundenstruktur** der IT-Beratung

nahezu das gesamte Spektrum von den kleineren Unternehmen bis hin zu den Großunternehmen umfasst, nehmen – nicht zuletzt aufgrund deutlich höherer **Tagessätze** – nur mittelgroße und große Kundenunternehmen die Leistungen der Strategieberatung in Anspruch. Im IT-Beratungsbereich herrscht auch häufig eine Spezialisierung nach einer oder wenigen Branchen vor. Bei der Strategieberatung ist solch eine **Branchenspezialisierung** dagegen eher selten. Auch bei den **Eigentumsverhältnissen** zeichnen sich Unterschiede ab. Strategieberatungen tendieren eher zur Partnerschaft, IT-Beratungsgesellschaften eher zur Kapitalgesellschaft (siehe hierzu auch Abschnitt 2.3.5) [vgl. Nissen/Kinne 2008, S. 92].

In Abbildung 8-8 sind wichtige Merkmale von Strategieberatung und IT-Beratung gegenübergestellt.

Kriterium	Strategieberatung	IT-Beratung
Ziel/Aufgabe	Analyse und Verbesserung strategischer Wettbewerbspositionen	Verbesserung der Effektivität und Effizienz der Informationsverarbeitung
Gründe für Auftragsvergabe	Überlegenes Wissen	Überlegenes Wissen oder Ressourcenknappheit
Tätigkeitsschwerpunkte	Analysieren, Planen, Konzipieren	Umsetzen, Implementieren
Auftraggeber	Überwiegend Geschäftsführung	Überwiegend Fachbereiche oder IT-Abteilung
Kundenstruktur	Große und mittelgroße Unternehmen	Alle Unternehmensgrößen
Ø Tagessatz	Eher > 1.500 Euro	Eher < 1.500 Euro
Branchenspezialisierung	Eher nicht	Häufig
Eigentumsverhältnis	Eher Partnerschaft	Eher Kapitalgesellschaft

[Quelle: in Anlehnung an Nissen/Kinne 2008, S. 102]

Abb. 8-8:   Gegenüberstellung von Strategie- und IT-Beratung

9. Strategie und Umsetzung

9.1 Notwendigkeit der Strategieentwicklung

Im letzten Schritt der marktorientierten Unternehmensplanung werden die Strategien festgelegt und durch entsprechende Maßnahmen umgesetzt, denn *„Berater brauchen wie jede andere Unternehmung eine Markt-Leistungsstrategie"* [Hill 1990, S. 177].

Strategien bestimmen die grundsätzliche Ausrichtung eines Unternehmens im Markt. Sie legen zugleich fest, welche Ressourcen zu ihrer Verfolgung aufgebaut und eingesetzt werden sollen. Im Beratungsgeschäft sind dies vornehmlich Entscheidungen über die Anzahl und Ausprägung der einzustellenden Mitarbeiter. Die besonderen Merkmale strategischer Entscheidungen sind [vgl. Hungenberg/Wulf 2011, S. 107 ff.]:

- Strategien beanspruchen eine längerfristige Gültigkeit und geben unter den sich ständig ändernden Rahmenbedingungen einen stabilen Entwicklungspfad vor.

- Strategien sind darauf ausgerichtet, den langfristigen Erfolg eines Unternehmens zu sichern.

- Strategien zielen darauf ab, Erfolgspotenziale und Wettbewerbsvorteile aufzubauen und zu verteidigen.

- Strategien werden in der Unternehmensberatung zumeist auf drei Ebenen gestaltet: auf der Ebene des Gesamtunternehmens (= Unternehmensstrategie bzw. Unternehmensentwicklungsstrategie), auf Geschäftsfeldebene (= Geschäftsfeldstrategie) und auf Ebene einzelner Funktionsbereiche (z. B. Marketing- oder Personalstrategie).

Ringlstetter/Kaiser/Kampe begründen die Notwendigkeit der Strategieentwicklung in der Unternehmensberatung in erster Linie mit dem natürlichen **Drang zum Wachstum**. Antriebskräfte sind dabei die zunehmende Wettbewerbsintensität der Unternehmensberater einerseits und die Anreizsysteme und Karriereversprechungen in der Beratung anderseits. Die stetige Zunahme der Anbieter im Beratungsgeschäft und die Ausweitung des Angebotsspektrums von bereits etablierten Firmen (IT-Dienstleister steigen in die Strategieberatung ein und umgekehrt) sind Kennzeichen der zunehmenden **Wettbewerbsintensität**. Unternehmensberatungen müssen aber auch deshalb wachsen, weil die **Anreiz- und Karrieresysteme** in der Beratung so ausgelegt sind, damit das Verhältnis zwischen den (nach Karriere strebenden) Junior-Beratern und den Senior-Beratern bzw. Managern rentabel bleibt [vgl. Ringlstetter et al. 2007, S. 182 f.].

Strategien bilden den Rahmen für das unternehmerische Handeln und sind damit ein zentrales Bindeglied *(„Scharnierfunktion")* zwischen den Zielen und den laufenden operativen Maßnahmen. Ziele bestimmen die Frage des *„Wohin"*, Strategien konkretisieren die Frage des *„Wie"*, und der Mix legt den Instrumentaleinsatz *(„Womit")* und damit den eigentlichen Handlungsprozess fest [vgl. Becker 2009, S. 140 ff.; Kotler et al. 2007, S. 88 f.].

Die besonders deutlich von Jochen Becker [1993] herausgearbeitete Trennung von Zielen *(„Philosophie"),* Strategien *(„Struktur")* und Maßnahmen-Mix *(„Prozess")* lässt sich in der Praxis allerdings kaum durchhalten. Zu eng sind die **Verflechtungen zwischen Strategie- und Prozessebene**. So ist es weder möglich, Strategien und Maßnahmen eindeutig voneinander zu trennen, da ein und dieselbe Entscheidung sowohl strategisch als auch maßnahmenorientiert ausgerichtet sein kann [vgl. Backhaus 1990, S. 206], noch lässt sich eine eindeutige Zuordnung der Instrumentalbereiche (Maßnahmen-Mix) zur strategisch-strukturellen Ebene bzw. zur taktisch-operativen Ebene vornehmen. Selbst Becker [2009, S. 485] räumt ein, dass der Maßnahmen-Mix auch als die taktische Komponente der Strategie aufgefasst werden kann.

Abbildung 9-1 enthält eine synoptische Zuordnung der beiden Vorgehensmodelle zu den Konzeptionsebenen *Strategie* und *Maßnahmen-Mix*, d. h. die beiden Konzeptionsebenen fließen zu jeweils einem Vorgehensmodell zusammen.

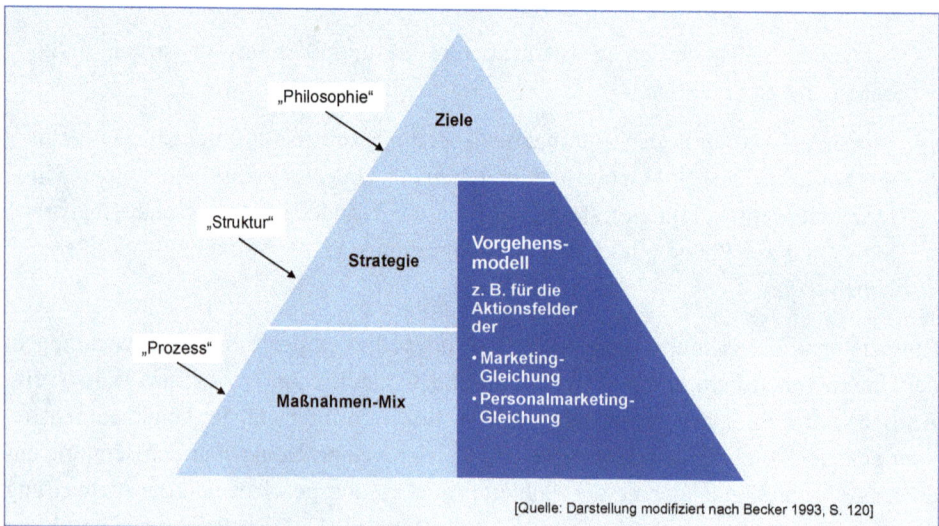

Abb. 9-1:   Das Schichtenmodell der Unternehmenskonzeption

9.2 Kritische Ressourcen der Unternehmensberatung

Es wird auf drei kritische Ressourcen hingewiesen, die die einzuschlagenden Strategien der Unternehmensentwicklung und damit die strategischen Stoßrichtungen der Unternehmensberatung maßgeblich beeinflussen [vgl. Ringlstetter et al. 2007, S. 182 f.]:

Die erste kritische Ressource ist das **Wissen** (engl. *Knowledge*), d. h. die Wertschöpfung von Beratung erfordert weniger den Einsatz von Maschinen oder Kapital, sondern vielmehr das Fachwissen, die Erfahrung und die Problemlösungsfähigkeit der Mitarbeiter. Die häufig komplexen und unstrukturierten Problemstellungen der Kundenunternehmen ermöglichen im relevanten Wissensbereich einen Vorsprung gegenüber dem Kunden- und Wettbewerberwissen.

Es folgt die **Kundenbeziehung** (engl. *Customer Relationship*), denn die Erstellung einer komplexen Beratungsleistung setzt eine (zumeist) multipersonelle Interaktion zwischen Beratern und Kundenmitarbeitern voraus. Nur durch die Interaktion können Beratungsanbieter Kenntnisse über die spezifische Situation des Kunden gewinnen und eine kundenspezifische Problemlösung erstellen. Die Kundenbeziehung ist also der Schlüssel sowohl zu einer erfolgreichen Interaktion mit dem Kunden, als auch zu einer erfolgreichen Integration des Kunden als *externer Faktor* in den Prozess der Leistungserstellung.

Schließlich beeinflusst die **Reputation** die strategischen Stoßrichtungen. Aufgrund der Unsicherheit gegenüber der Beratungsleistung, deren Qualität sich ja erst nach Auftragsabschluss zeigt, orientieren sich die Kundenunternehmen beim Kauf häufig am Qualitätsmerkmal *Reputation*. Eine hohe Reputation ist daher oftmals Türöffner und Voraussetzung für lukrative Beratungsprojekte.

9.3 Entwicklungsstrategien – die wichtigsten strategischen Stoßrichtungen

Auf der Grundlage der oben erläuterten kritischen Ressourcen des Beratungsgeschäfts bieten sich in Anlehnung an Ansoff [1966, S. 132] prinzipiell vier Optionen für die strategische Entwicklung von Unternehmensberatungen an [vgl. auch Ringlstetter/Bürger 2003]:

- **Kundendurchdringungsstrategie**, d. h. mit dem bestehenden Leistungsprogramm die bestehenden Kundengruppen weiter durchdringen;

- **Kundenentwicklungsstrategie**, d. h. mit dem bestehenden Leistungsprogramm neue Kundengruppen gewinnen;

- **Leistungsentwicklungsstrategie**, d. h. mit neuen Leistungen die bestehenden Kundengruppen weiter entwickeln;

- **Diversifikationsstrategie**, d. h. mit neuen Leistungen neue Kundengruppen gewinnen.

In diesem Zusammenhang muss erwähnt werden, dass die oben beschriebenen strategischen Optionen allesamt den **Wachstumsstrategien** zuzuordnen sind. In schwierigen konjunkturellen Zeiten oder in Phasen der strategischen Neuformierung kann durchaus eine **Konsolidierungsstrategie** – verbunden z. B. mit Einstellungsstopps – die erfolgversprechendere Alternative darstellen.

9.3.1 Kundendurchdringung

Unabhängig von einer Verfolgung weiterer Strategien müssen sich *alle* Unternehmensberatungen *kontinuierlich* um die weitere Durchdringung ihrer Kundenbasis und damit um die Stärkung ihres Kerngeschäfts bemühen. Kontinuierlich deshalb, weil wissensintensive Beratungsleistungen regelmäßig kurze Lebenszyklen haben bzw. bestimmten Moden unterliegen. Um Bestleistungen (engl. *Service Excellence*) erbringen zu können, ist ein kontinuierlicher Innovationsprozess erforderlich. Die Stärkung des Kerngeschäfts kann dabei durch Fokussierung auf funktionale Kompetenzen oder durch Branchenspezialisierung erfolgen. Branchenspezialisierung kann sich immer dann als sinnvoll erweisen, wenn das Wissen in einer Wettbewerbssituation um die jeweiligen *Best Practices* einer Branche von größerer Bedeutung ist als das reine Methodenwissen [vgl. Ringlstetter et al. 2007, S. 185 f.].

9.3.2 Leistungsentwicklung

Bei dieser strategischen Stoßrichtung findet die angestrebte Umsatzausweitung vornehmlich im Kundenstamm statt. Neue, mit dem Kerngeschäft verwandte Beratungsleistungen werden den bestehenden Kunden angeboten. Eine solche Strategie orientiert sich am Wunsch der Kunden nach einem Rundumservice „aus einer Hand". Unter dem Schlagwort *One-Stop Shopping* gelingt es dem Berater durch *Customer Leverage* bzw. *Cross Selling* gleichzeitig verschiedene Projekte zu verkaufen und den Honorarumsatz entsprechend zu steigern. Da Unternehmensberatungen in starkem Maße von den spezifischen Problemstellungen ihrer Kundenunternehmen abhängig sind, kann eine Ausweitung des Leistungsspektrums negative Auswirkungen eines „kränkelnden" Teilbereichs auf den Gesamtumsatz ggf. kompensieren [vgl. Scott 2001, S. 38].

9.3.3 Kundenentwicklung

Die angestrebte Umsatzausweitung findet durch die Gewinnung neuer Kundengruppen statt. Mit dieser Strategie des *Knowledge Leverage* wird die vorhandene Wissensbasis und Problemlösungskapazität einer größeren Anzahl von Kunden zugänglich gemacht. Neue Kundengruppen können bspw. durch eine stärkere internationale Ausrichtung gewonnen werden. Mit dieser häufigsten Ausprägung der Kundenentwicklungsstrategie können Unternehmensberatungen ihren Kundenunternehmen einen sogenannten *Seamless global Service* bieten. Dabei handelt es sich um die Möglichkeit, weltweit mit der gleichen Beratung zusammenzuarbeiten. Neben der Internationalisierung ist auch das verstärkte Bemühen um den Mittelstand oder um öffentliche Unternehmen eine Option, neue Kundengruppen zu erschließen. Bei dieser strategischen Ausrichtung kann man von einer Positionierung nach dem Motto *One firm fits all* sprechen [vgl. Ringlstetter et al. 2007, S. 184 f.].

9.3.4 Diversifikation

Nach der Ansoff'schen Produkt-Markt-Matrix sieht der vierte Quadrant eine Umsatzausweitung durch neue Leistungen (Produkte) bei neuen Kundengruppen vor. Diese strategische Stoßrichtung ist im Beratungsgeschäft bislang sehr selten wahrgenommen worden. Eine Ausnahme dabei bildet der Einstieg der großen, internationalen IT-Dienstleistungs- und Beratungsunternehmen in das *Outsourcing-Geschäft*.

In Abbildung 9-2 sind die strategischen Stoßrichtungen im Überblick dargestellt.

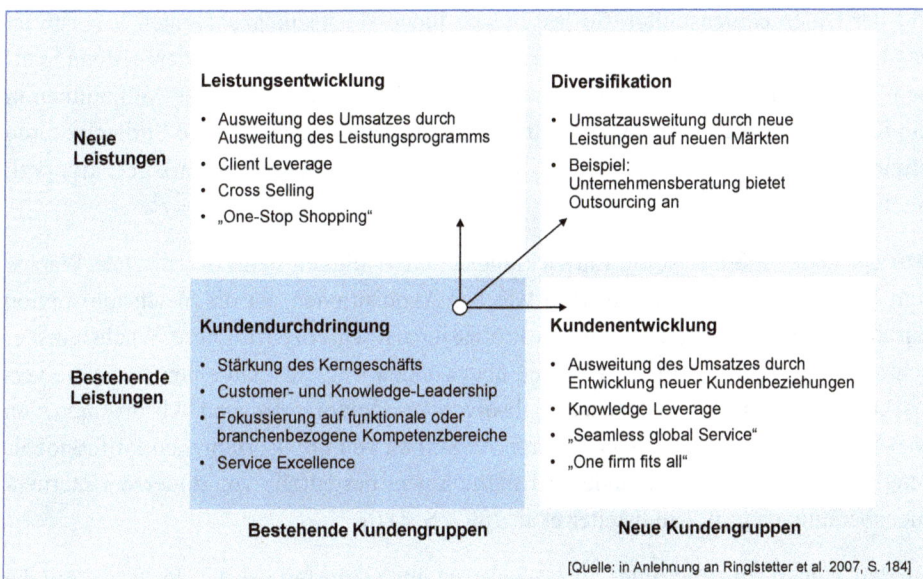

	Leistungsentwicklung	Diversifikation
Neue Leistungen	• Ausweitung des Umsatzes durch Ausweitung des Leistungsprogramms • Client Leverage • Cross Selling • „One-Stop Shopping"	• Umsatzausweitung durch neue Leistungen auf neuen Märkten • Beispiel: Unternehmensberatung bietet Outsourcing an
Bestehende Leistungen	**Kundendurchdringung** • Stärkung des Kerngeschäfts • Customer- und Knowledge-Leadership • Fokussierung auf funktionale oder branchenbezogene Kompetenzbereiche • Service Excellence	**Kundenentwicklung** • Ausweitung des Umsatzes durch Entwicklung neuer Kundenbeziehungen • Knowledge Leverage • „Seamless global Service" • „One firm fits all"
	Bestehende Kundengruppen	**Neue Kundengruppen**

[Quelle: in Anlehnung an Ringlstetter et al. 2007, S. 184]

Abb. 9-2:   Strategische Stoßrichtungen im Beratungsgeschäft

9.4 Umsetzung der strategischen Entwicklungsoptionen

Zur Umsetzung der möglichen strategischen Stoßrichtungen bieten sich grundsätzlich drei Wege an:

- Internes (organisches) Wachstum,
- Externes Wachstum (Wachstum durch Akquisitionen) und
- Konsolidierung.

9.4.1 Organisches Wachstum

Organisches Wachstum liegt dann vor, wenn das Unternehmen aus eigener Kraft wächst. Im Mittelpunkt steht dabei die Gewinnung neuer Mitarbeiter. Dies erfolgt zum einen über die Rekrutierung von Hochschulabsolventen und zum anderen über die Abwerbung von erfahrenen Beratern anderer Unternehmen. Unternehmen wie Accenture, McKinsey oder Boston Consulting Group haben ihr Wachstum in den letzten Jahren nahezu ausschließlich organisationsintern organisiert. Organische Wachstumsprogramme, die ihre Ausgangsbasis im Kundenstamm sowie im bestehenden Leistungsspektrum haben, ermöglichen möglicherweise einen höheren *Cash Return* als Akquisitionen [vgl. Scott 2001, S. 46].

Weitere Vorteile des organischen Wachstums stehen in unmittelbaren Zusammenhang mit der Unternehmenskultur. So lassen sich junge Hochschulabsolventen langsam an das Unternehmen heranführen, besser „formen" und erfolgreich integrieren, denn in einem frühen Entwicklungsstadium sind die Chancen, einen Mitarbeiter vollkommen in die Kultur des Unternehmens einzubinden, am größten. Daher sind die Firmenkulturen organisch gewachsener Unternehmen in aller Regel auch besonders stark gefestigt [vgl. Shah/Kraatz 2002, S. 9].

Auf der anderen Seite ist die Entwicklungsgeschwindigkeit beim organischen Wachstum im Allgemeinen nicht so hoch wie bei Akquisitionen, da die Wachstumsoption durch die Anzahl der fakturierbaren Professionals begrenzt ist. Diese Wachstumsbeschränkungen können auf zwei Wegen überwunden werden. Zum einen durch die verstärkte Rekrutierung von Hochschulabsolventen, Doktoranden und Absolventen von MBA-Programmen, zum anderen durch Abwerben von praxiserfahrenen Professionals (engl. *Lateral Hiring*) von anderen Unternehmen, bestenfalls von anderen Unternehmensberatungen [vgl. Ringlstetter et al. 2007, S. 186].

Beiden Wegen sind allerdings auch wiederum enge Grenzen gesetzt. Insbesondere der Absolventenmarkt für High-Potentials ist hart umkämpft (Stichwort: *War for Talents*), denn nicht nur Unternehmensberatungen, sondern Unternehmen aus den verschiedensten Branchen suchen motivierte, hochqualifizierte Nachwuchskräfte. Hier sind es McKinsey und der Boston Consulting Group gelungen, durch sogenannte „*Exotenprogramme*" neue, zielgruppengerechte Humanressourcenmärkte zu erschließen. So wurden neben den klassischen Absolventen der Wirtschaftswissenschaften auch Mathematiker, Physiker, Chemiker, Mediziner oder gar Theologen mit hervorragenden Abgangsnoten angesprochen, um sie als Mitarbeiter zu gewinnen. Ein solches Programm, bei dem die Einhaltung des Qualitätsniveaus eine wichtige Rolle spielt, setzt allerdings erhebliche Investitionen in die Selektion, Ausbildung und Integration der passenden Mitarbeiter voraus. Aber auch der Weg über das *Lateral Hiring* ist nicht unproblematisch. Zwar verfügen diese erfahrenen Professionals, die bereits einige Karrierestufen durchlaufen haben, über ein gutes Netzwerk an Kundenbeziehungen und über entsprechende

Expertise in bestimmten Geschäftsbereichen, anderseits können solche „*Rainmaker*", die zumeist gleich auf Partnerebene einsteigen, nicht mehr so leicht integriert und – im Sinne des akquirierenden Unternehmens – „sozialisiert" werden. Zusätzlich vermindern solche Quereinsteiger die Aufstiegschancen der anderen Berater und können so zu erheblichen Motivationsverlusten führen [vgl. Ringlstetter et al. 2007, S. 188].

9.4.2 Wachstum durch Akquisitionen

Die Übernahme von PwC Consulting durch IBM Global Services oder der Zusammenschluss von Capgemini und Ernst & Young Consulting sind Beispiele dafür, wie aus Akquisitionen neue Key Player im internationalen Beratungsmarkt entstehen können. Aber auch kleinere Übernahmen wie z. B. BIW (Weinstadt), Abacus (Düsseldorf) oder Dr. Höfner & Partner (München) jeweils durch Ernst & Young Consulting zeigen, dass Wachstum immer wieder durch Akquisitionen bzw. Verschmelzungen erzeugt werden kann.

Wichtig dabei ist nun, dass bei einer Unternehmensakquisition aus 1 + 1 mindestens 2 oder gar 2,5 werden. Dazu sind zwei Schritte erforderlich. Zum einen ist zu prüfen, ob der geplante Zusammenschluss (engl. *Merger*) einen **„strategischen Fit"** ergibt, d. h. ob der Kundenstamm oder das spezifische Leistungsspektrum des Übernahmekandidaten zur Steigerung der *Service Excellence* beitragen. Ein gutes Beispiel hierfür ist der Merger zwischen Capgemini und Ernst & Young Consulting. Während Capgemini vorwiegend in Europa und hier besonders gut in Frankreich, Großbritannien und Skandinavien aufgestellt war, erzielte Ernst & Young Consulting mehr als die Hälfte des Umsatzes in den USA und in Deutschland. Neben diesem geografischen Fit waren es zudem die vielen Ernst & Young-Mandate bei Großunternehmen, die Capgemini vertrieblich nutzen wollte.

Der zweite, mindestens genau so wichtige Schritt ist eine erfolgreiche **Integration** des akquirierten Unternehmens, denn nur so lassen sich das hinzugewonnene Wissen und die neuen Kundenbeziehungen optimal nutzen. Nicht nur sachliche, sondern vor allem psychologische Argumente sollten einen Merger vorbereiten und begleiten. So kann eine Unternehmensakquisition bspw. als reine „Übernahme" oder auch als „Merger-unter-Gleichen" deklariert und umgesetzt werden.

Immer wieder sind es personenspezifische Widerstände, die den Integrationsprozess gefährden oder den geplanten Zusammenschluss sogar verhindern. Beispiele dafür sind die Übernahme der Strategieberatung A. T. Kearney durch den IT-Dienstleister und Outsourcing-Spezialisten Electronic Data Systems (EDS) sowie der gescheiterte Merger zwischen Deloitte und Roland Berger. Während die dauerhaften Widerstände und kulturellen Auseinandersetzungen letztlich dazu führten, dass EDS seine teuer erworbene Strategieeinheit wieder abstoßen musste, sprach sich bei Roland Berger nahezu die gesamte Partnerschaft gegen die „von oben" geplante Fusion aus, so dass der Merger erst gar nicht zu Stande kam. Hier zeigen sich neben den psychologischen Widerständen auch verfahrenstechnische Hindernisse, so dass bei Akquisitionen von Professional Service Firms, die sehr häufig als Partnerschaft organisiert sind, unbedingt gesellschaftsrechtliche Vorschriften geprüft und berücksichtigt werden sollten. So ist bspw. eine Übernahme gegen den Willen der Partner in den meisten Fällen kaum möglich [vgl. Ringlstetter et al. 2007, S. 190 f.].

Generell sind es drei Voraussetzungen, die den Erfolg einer Merger-Integration bestimmen:

- **Merger-Bedarf**, d. h. es muss die grundsätzliche Erkenntnis und Überzeugung im erweiterten Führungskreis (Management/Partnerschaft) herrschen, dass ein Zusammenschluss zu einer besseren Unternehmenssituation führt und damit wettbewerbsrelevant ist;

- **Merger-Fähigkeit**, d. h. sowohl die Führungskräfte als auch die Mitarbeiter müssen das Potenzial besitzen, den Merger erfolgreich umzusetzen (Post-Merger-Integration);

- **Merger-Bereitschaft**, d. h. bei allen Beteiligten und Betroffenen muss der Willen vorhanden sein, einen Merger erfolgreich durchzuführen.

Gerade die Merger-Bereitschaft ist es, die sehr stark von der Unternehmenskultur geprägt ist und häufig der Schlüssel für eine erfolgreiche Post-Merger-Integration darstellt. Der Weg dazu führt häufig nur über ausreichende Information und Kommunikation.

Zwei Thesen sollen hier angeführt werden, die ganz offensichtlich die Besonderheiten bei Dienstleistungszusammenschlüssen erklären:

Da die **Produktbindung und -identifikation** in aller Regel größer ist als die Unternehmensbindung und -identifikation, gestalten sich Merger im Dienstleistungsbereich deutlich schwerer als bei Unternehmen, die Produkte herstellen und anbieten. So ist es auch kein Wunder, dass nach einem Dienstleistungsmerger ganze Mannschaften wegbrechen bzw. die neue Firma nach einer kurzen Beobachtungszeit verlassen. Somit kommen die gewünschten Synergieeffekte nicht zustande und der Shareholder Value verringert sich deutlich.

Bei Unternehmenszusammenschlüssen, die zunächst als **„Merger-unter-Gleichen"** angekündigt werden, setzt sich – unabhängig von der jeweiligen Unternehmensgröße – letztendlich das Unternehmen mit der stärkeren Unternehmenskultur durch. Das bedeutet, dass sich jedes Unternehmen, das organisch gewachsen ist, solchen Organisationen deutlich überlegen zeigt, die durch Zukäufe oder andere Merger groß geworden sind. Dieses Phänomen liegt wohl darin begründet, dass sich bei gewachsenen Strukturen deutlich besser Netzwerke und dergleichen aufbauen und leben lassen. Dabei muss eine derartig starke Kultur keinesfalls als harmonisch gelten. Es kann sich sogar um eine „Streitkultur" handeln. Wichtig ist vielmehr, dass eine organisch gewachsene Kultur wie ein **homogener, monolithischer Block** agiert, der in einem widrigen Umfeld immer besser aufgestellt ist als die heterogenen Kulturen zusammengekaufter Unternehmenseinheiten. Und das ist selbst dann der Fall, wenn das fusionierende Unternehmen mit der gewachsenen Kultur deutlich kleiner ist [vgl. Lippold 2018c].

9.4.3 Konsolidierung

Bleiben wichtige geplante Auftragseingänge aus, bestehen Vertrauensverluste bei einigen Key Accounts oder flacht die Konjunktur insgesamt ab, dann stellt eine **Konsolidierungsstrategie** – im Gegensatz zu den oben beschriebenen Wachstumsstrategien – häufig eine erfolgversprechende Option dar. Eine Besinnung auf die kritischen Erfolgsfaktoren und die eigenen Stärken können dann durchaus „selbstheilende" Kräfte freisetzen.

Restrukturierungsmaßnahmen, die in aller Regel mit einem Image- bzw. Reputationsverlust verbunden sind und daher eher als *„Neuformierungen"* bezeichnet werden sollten, können dazu führen, bestimmte Bestandteile der Unterstützungsprozesse (Knowledge Management, Accounting, Research, Graphics, Benchmarking) nach Osteuropa oder Fernost zu verlagern. Diese Maßnahmen werden häufig von Einstellungsstopps begleitet bzw. Neueinstellungen werden nur bei Ersatzbedarf vorgenommen,

Auch wird in solchen Situationen darüber nachgedacht, ob das Unternehmen nicht selbst auch zum strategischen Fit eines (stärkeren) Wettbewerbers passt.

Literatur

Aaker, D. A. (1984): Strategic Market Management, New York 1984.

Abell, D. F. (1980): Defining the Business. The Starting Point of Strategic Planning, Englewood Cliffs, N. J. 1980.

Alchian, A. A./Woodward, S. (1988): The Firm is Dead; Long Live the Firm: A Review of Oliver E. Williamson's "The Economic Institutions of Capitalism", in: Journal of Economic Literature, Vol. 26, S. 65-79.

Afuah, A. (1998): Innovation Management, Oxford University Press, New York 1998.

Andler, N. (2008): Tools für Projektmanagement, Workshops und Consulting. Kompendium der wichtigsten Techniken und Methoden, Erlangen 2008.

Ansoff, H. I. (1966): Management-Strategie, München 1966.

Ambrüster, T. (2006): Economics and Sociology of Management Consulting, Cambridge University Press 2006.

Armbrüster, T./Kieser, A. (2001): Unternehmensberatung – Analysen einer Wachstumsbranche, in: DBW 61/6 (2001), S. 688-709.

Babbage, C. (1832): On the Economy of Machinery and Manufactures, London 1832.

Backhaus, K. (1990): Investitionsgütermarketing, 2. Aufl., München 1990.

Bamberger, I./Wrona, T. (2012): Konzeptionen der strategischen Unternehmensberatung, in: Bamberger, I./Wrona, T. (Hrsg.): Strategische Unternehmensberatung. Konzeptionen – Prozesse – Methoden, 6. Aufl., Wiesbaden 2012.

Barney, J. (1991), Firm Resources and Sustained Competitive Advantage, Journal of Management, 17, S. 99-120.

Bartscher, T./Stöckl, J./Träger, T. (Bartscher et al. 2012): Personalmanagement. Grundlagen, Handlungsfelder, Praxis, München 2012.

Bayer Business Services (Hrsg.) (Bayer 2009): Der Inhouse Consulting Markt in Deutschland 2009.

BDU (Hrsg.) (2008-2021): Facts & Figures zum Beratermarkt.

Bea, F.X./Haas, J. (2005): Strategisches Management, 4. Aufl., Stuttgart 2005.

Becker, J. (1993): Marketing-Konzeption. Grundlagen des strategischen Marketing-Managements, 5. Aufl., München 1993.

Becker, J. (2009): Marketing-Konzeption. Grundlagen des ziel-strategischen und operativen Marketing-Managements, 9. Aufl., München 2009.

Berger, R. (2004): Unternehmen und Beratung im Wandel der Zeit, in: Niedereichholz et al. (Hrsg.): Handbuch der Unternehmensberatung, Bd. 1, 0100, Berlin 2010.

Bidlingmaier, J. (1973): Marketing, Bd. 1, Reinbeck bei Hamburg 1973.

Birkigt, K./Stadler, M. M. (1992): Corporate Identity-Grundlagen, in: Birkigt, K./Stadler, M. M./Funck, H. J. (Hrsg.): Corporate Identity, 5. Aufl., 1992, S. 11-61.

Bitkom (2016a): Industrie 4.0: mit Sicherheit, in: https://www.bitkom.org/Themen/Digitale-Transformation-Branchen/Industrie-40/Industrie-40-mit-Sicherheit.html

Bitkom (2016b): Die Zukunft von ERP im Kontext von Industrie 4.0 (Positionspapier).

Bitkom (2017a): Nutzung von Cloud Computing in Unternehmen boomt (Pressemitteilung vom 14.03.2017).

Bitkom (2017b): ERP nach der digitalen Transformation (Positionspapier)

Block, P. (2000): Erfolgreiches Consulting, 2. Aufl., München 2000.

Boes, A./Kämpf, T./Mars, K. (2011): Herausforderung Globalisierung 2.0. Ausgangsbedingungen, Entwicklungsszenarien, Erfolgsfaktoren. GlobeProPrint1. Basisheft zur Internationalisierung von IT-Dienstleistungen, München 2011.

Bohlen, J. (2004): Partielles und komplettes IT-Outsourcing, in: Gründer, T. (Hrsg.): IT-Outsourcing in der Praxis. Strategien, Projektmanagement, Wirtschaftlichkeit, Berlin 2004, S. 45 – 59.

Braun, F. (2017) in: http://www.consultingmarket.de/consulting-4-0-die-digitalisierung-der-beratung/

Buss, E. (2009): Managementsoziologie. Grundlagen, Praxiskonzepte, Fallstudien, 2. Aufl., München 2009.

Caroli, T. S. (2007): Unternehmensberatung als Sicherstellung von Führungsrationalität? In: Nissen, V. (Hrsg.): Consulting Research. Unternehmensberatung aus wissenschaftlicher Perspektive, Wiesbaden 2007, S. 109-126.

Ciesielski, M. A./Schutz, T.: Digitale Führung. Wie die neuen Technologien unsere Zusammenarbeit wertvoller machen, Wiesbaden 2016.

Covaleski, M. A./Dirsmith, M. W./Heian, J. B./Samuel, S. (Covaleski et al. 1998): The calculated and the avowed: Techniques of discipline and struggles over identity in Big Six public accounting firms. In: Administrative Science Quarterly, 43 (1998) 2, S. 293-328.

Deelmann, T. (2007): Beratung, Wissenschaft und Gesellschaft – Interdependenzen und Gegenläufigkeiten, in: Nissen, V. (Hrsg.): Consulting Research. Unternehmensberatung aus wissenschaftlicher Perspektive, Wiesbaden 2007, S. 39-54.

Deelmann, T. (2012): Organisations- und Prozessberatung. In: Nissen, V./Klauk, B. (Hrsg.): Studienführer Consulting. Studienangebote in Deutschland, Österreich und der Schweiz, Wiesbaden 2012.

Deelmann, T. (2019): Consulting und Digitalisierung. Chancen, Herausforderungen und Digitalisierungsstrategien für die Beratungsbranche, Wiesbaden 2019.

Deelmann, T./Krämer, A. (2020): Consulting. Ein Lehr-, Lern- und Lesebuch zur Unternehmensberatung, Berlin 2020.

DGFP e. V. (Hrsg.) (2004): Wertorientiertes Personalmanagement – ein Beitrag zum Unternehmenserfolg. Konzeption – Durchführung – Unternehmensbeispiele, Düsseldorf 2004.

Eichen, von der, S. A. F./Stahl, H. K. (2004): Die Rollen der Berater, in: Niedereichholz et al. (Hrsg.): Handbuch der Unternehmensberatung, Bd. 1, 1500, Berlin 2010.

Engelhardt, W. H./Kleinaltenkamp, M./Reckenfelderbäumer, M. (Engelhardt et al. 1993): Dienstleistungen als Absatzobjekt, in: Zeitschrift für betriebswirtschaftliche Forschung (ZfbF), 45. Jg., Heft 5, 1993, S. 395-426.

Ernst & Young (Hrsg.): EY-Studentenstudie 2018. Ergebnisbericht.

Fink, D. (2004): Eine kleine Geschichte der Managementberatung, in: Fink, D. (Hrsg.): Management Consulting Fieldbook. Die Ansätze der großen Unternehmensberater, 2. Aufl., München 2004.

Fink, D. (2009a): Strategische Unternehmensberatung, München 2009.

Fink, D. (2009b): Geschichte und Struktur der Managementberatung: 1886-2009, in: Niedereichholz et al. (Hrsg.): Handbuch der Unternehmensberatung, Bd. 1, 1410, Berlin 2010.

Fink, D./Knoblach, B. (2006): Geschichte der Unternehmensberatung – einhundertzwanzig Jahre Consulting, in: Fink et al. (Hrsg.): Consulting Kompendium 2006. Das Jahrbuch für Managementberatung, Unternehmensführung, Human Resources und Informationstechnologie, Frankfurt am Main 2006, S. 38-41.

Forschner, G. (1988): Investitionsgüter-Marketing mit funktionellen Dienstleistungen. Die Gestaltung immaterieller Produktbestandteile im Leistungsangebot industrieller Unternehmen, Berlin 1988.

Gaitanides, M./Ackermann, I. (2002): Die größte Konkurrenz sind immer die Kunden – Interview mit Prof. Dr. h. c. Roland Berger, in: Zeitschrift für Führung und Organisation, 71 (2002), S. 300-305.

Gerhard, J. (1987): Dienstleistungsproduktion. Eine produktionstheoretische Analyse der Dienstleistungsprozesse, Bergisch-Gladbach/Köln 1987.

Glanz, A. (2010): Fixed Mobile Konvergenz zur Unterstützung der Wettbewerbsfähigkeit der Deutschen Wirtschaft, in: http://www.innovationeninstitut.de/fileadmin/user_upload/pdf/ innovationsmarketing_konvergenz_studie_telekommunikation.pdf

Göbel, E. (2002): Neue Institutionenökonomik. Konzeption und betriebswirtschaftliche Anwendung, Stuttgart 2002.

Göbel, E. (2002): Neue Institutionenökonomik. Konzeption und betriebswirtschaftliche Anwendung, Stuttgart 2002.

Greff, T./ Werth, D. (2015) Auf dem Weg zur digitalen Unternehmensberatung. In: IM + io – Das Magazin für Innovation, Organisation und Management. Heft 1, S. 30-34.

Gümbel, R./Woratschek, H.: Institutionenökonomik, in: Tietz, B./Köhler, R./Zentes, J. (Hrsg.): Handwörterbuch des Marketing, 2. Aufl., Stuttgart 1995, Sp. 1008-1020.

Hagenmeyer, U. (2002): Integrative Unternehmensberatungsethik: Grundlagen einer professionellen Managementberatung jenseits reiner betriebswirtschaftlicher Logik, in: zfwu, 3/3 (2002), S. 356-377.

Hagenmeyer, U. (2004): Ethik ist das Fundament einer integren Unternehmensberatung, in: Niedereichholz et al. (Hrsg.): Handbuch der Unternehmensberatung, Bd. 2, 7610, Berlin 2010.

Hansmann, H. (1996): The ownership of enterprise, Cambridge (Mass.) 1996.

Hartel, D. H. (2008): Ein weites Feld. Consulting: Die vier größten Beratungsfelder unter der Lupe. Online verfügbar unter URL: http://www.economag.de/magazin/2008/1/46+Ein+weites+Feld

Hesseler, M. (2011): Unternehmensethik und Consulting. Berufsmoral für professionelle Beratungsprojekte, München 2011.

Hesseler, M. (2011a): Service-Teil zu: Unternehmensethik und Consulting. Berufsmoral für professionelle Beratungsprojekte, München 2011.

Herzberg, F. (1966): Work and the Nature of Man, Cleveland 1966.

Hill, W. (1990): Der Stellenwert der Unternehmensberatung für die Unternehmensführung, in: Die Betriebswirtschaft, Jg. 50, S. 171-180.

Hilke, W. (1989): Grundprobleme und Entwicklungstendenzen des Dienstleistungs-Marketing, in: Dienstleistungs-Marketing, Bd. 35, Wiesbaden 1989.

Hiob, R. (2012): Organisations- und Prozessberatung, in: Perspektive Unternehmensberatung. Das Expertenbuch zum Einstieg, hrsg. v. Hies, M., München 2012, S. 25-26.

Homburg, C./Krohmer, H. (2009): Marketingmanagement. Strategie – Umsetzung – Unternehmensführung, 3. Aufl., Wiesbaden 2009.

Höselbarth, F./Schulz, J. (2005): Personal-Controlling in Beratungsunternehmen, in: Nissen, V. (Hrsg.): Consulting Research. Unternehmensberatung aus wissenschaftlicher Perspektive, Wiesbaden 2007, S. 198-244.

Hüttmann, A./Müller-Oerlinghausen, J. (2012): Strategieberatung, in: Perspektive Unternehmensberatung. Das Expertenbuch zum Einstieg, hrsg. v. Hies, M., München 2012, S. 19-21.

Hungenberg, H./Wulf, T. (2011): Grundlagen der Unternehmensführung, 4. Aufl., Heidelberg-Dordrecht-London-New York 2011.

Hungenberg, H./Wulf, T. (2015): Grundlagen der Unternehmensführung. Einführung für Bachelorstudierende, 5. Aufl., Berlin – Heidelberg 2015.

Jeschke, K. (2004): Marketingmanagement der Beratungsunternehmung. Theoretische Bestandsaufnahme sowie Weiterentwicklung auf der Basis der betriebswirtschaftlichen Beratungsforschung, Wiesbaden 2004.

Kaas, K. P. (1992a): Kontraktgütermarketing als Kooperation zwischen Prinzipalen und Agenten, in: Zeitschrift für betriebswirtschaftliche Forschung (ZfbF), Jg. 44, S. 884-901.

Kaas, K. P. (1992b): Marketing und Neue Institutionenlehre; Arbeitspapier Nr. 1 aus dem Forschungsprojekt ‚Marketing und ökonomische Theorie', Frankfurt am Main 1992.

Kaas, K. P. (1995), Informationsökonomik, in: Tietz, B./Köhler, R./Zentes, J. (Hrsg.): Handwörterbuch des Marketing, 2. Aufl., Stuttgart 1995, Sp. 971-981.

Kaas, K. P./Schade, C. (1995): Unternehmensberater im Wettbewerb: Eine empirische Untersuchung aus der Perspektive der Neuen Institutionenlehre. In: Zeitschrift für Betriebswirtschaft, Jg. 65 (1995), S. 1067-1089.

Kaas, K. P. (2001): Zur „Theorie des Dienstleistungsmanagements", in: Bruhn, M./Meffert, H.: Handbuch Dienstleistungsmanagement. Von der strategischen Konzeption zur praktischen Umsetzung, Wiesbaden 2001, S. 103-121.

Klees, T. (2012): Alternative: Prüfungsnahe Beratung, in: Perspektive Unternehmensberatung. Das Expertenbuch zum Einstieg, hrsg. v. Hies, M., München 2012, S. 29-32.

Kleinaltenkamp, M. (2001): Begriffsabgrenzungen und Erscheinungsformen von Dienstleistungen, in: Bruhn, M./Meffert, H. (Hrsg.): Handbuch Dienstleistungsmanagement. Von der strategischen Konzeption zur praktischen Umsetzung, 2. Aufl., Wiesbaden 2001, S. 27-50.

Kollmann, T./Schmidt, H. (2016): Deutschland 4.0. Wie die Digitale Transformation gelingt, Wiesbaden 2016.

Kotler, P./Keller, K. L./Bliemel, F. (Kotler et al. 2007): Marketing-Management. Strategien für wertschaffendes Handeln, 12. Aufl., München 2007.

Kraus, S./Mohe, M. (2007): Zur Divergenz ideal- und realtypischer Beratungsprozesse, in: Nissen, V. (Hrsg.): Consulting Research. Unternehmensberatung aus wissenschaftlicher Perspektive, Wiesbaden 2007, S. 263-279.

Leimbach, T. (2011): Die Softwarebranche in Deutschland: Entwicklung eines Innovationssystems zwischen Forschung, Markt, Anwendung und Politik von 1950 bis heute, München 2011.

Leker, J./Mahlstedt, D./Duwe, K. (Leker et al. 2007): Status quo und Entwicklungstendenzen interner Unternehmensberatungen, in: Nissen, V. (Hrsg.): Consulting Research. Unternehmensberatung aus wissenschaftlicher Perspektive, Wiesbaden 2007, S. 145-158.

Lerner, M. (2003): Vault Guide to the top 50 management and strategy consulting firms, New York 2003.

Levitt, T. (1960): Marketing Myopia, in: Harvard Business Review 7/8/1960, S. 45-56.

Lippold, D. (1998): Die Marketing-Gleichung für Software. Der Vermarktungsprozess von erklärungs-bedürftigen Produkten und Leistungen dargestellt am Beispiel von Software, 2. Aufl., Stuttgart 1998.

Lippold, D. (2010a): Die Marketing-Gleichung für Unternehmensberatungen, in: Niedereichholz et al. (Hrsg.): Handbuch der Unternehmensberatung, Bd. 2, 7440, Berlin 2010.

Lippold, D. (2010b): Die Personalmarketing-Gleichung für Unternehmensberatungen, in: Niedereich-holz et al. (Hrsg.): Handbuch der Unternehmensberatung, Bd. 2, 7560, Berlin 2010.

Lippold, D. (2015a): Die Marketing-Gleichung. Einführung in das prozess- und wertorientierte Marke-tingmanagement, 2. Aufl., Berlin/Boston 2015.

Lippold, D. (2015b): Theoretische Ansätze in der Marketingwissenschaft. Ein Überblick, Wiesbaden 2015.

Lippold, D. (2015c): Marktorientierte Unternehmensplanung. Eine Einführung, Wiesbaden 2015.

Lippold, D. (2015d): Theoretische Ansätze der Personalwirtschaft. Ein Überblick, Wiesbaden 2015.

Lippold, D. (2016): DESTEP oder PESTEL – was ist das denn? https://lippold.bab-consulting.de/de-step-oder-pestel-was-ist-das-denn

Lippold, D. (2017): Marktorientierte Unternehmensführung und Digitalisierung. Management im digi-talen Wandel, Berlin/Boston 2017.

Lippold, D. (2017a) in: http://lippold.bab-consulting.de/consulting-4-0-wo-marketing-auf-wirklichkeit-trifft

Lippold, D. (2017b) in: http://lippold.bab-consulting.de/warum-sind-hochschulabsolventen-eigentlich-kein-geschaeftsmodell-fuer-personalberater-ein-denkanstoss

Lippold, D. (2017c) in: http://lippold.bab-consulting.de/kann-sich-wirklich-jeder-schuhputzer-mit-vis-itenkarte-heutzutage-berater-nennen

Lippold, D. (2017d) in: https://lippold.bab-consulting.de/die-prozessidee-eine-idee-die-viele-unterneh-men-veraenderte

Lippold, D. (2018a): Die Unternehmensberatung. Von der strategischen Konzeption zur praktischen Umsetzung, 3. Aufl., Wiesbaden 2013.

Lippold, D. (2018b): Wie war das noch mal mit Weihnachten 4.0, in: https://lippold.bab-consul-ting.de/wie-war-das-nochmal-mit-weihnachten-4-0

Lippold, D. (2018c): Warum Fusionen im Prüfungs- und Beratungsbereich so riskant sein können. In: https://lippold.bab-consulting.de/warum-fusionen-im-pruefungs-und-beratungsbereich-so-riskant-sein-koennen

Lippold, D. (2019a): Ist die Bologna-Reform gescheitert? In: https://lippold.bab-consulting.de/ist-die-bologna-reform-gescheitert

Lippold, D. (2020): Digital (mit)denken – analog lenken. Eine Roadmap durch die digitale Transforma-tion, Berlin/Boston 2020.

Lippold, D. (2020a): Fusionen: Welche Strategie der Kulturintegration ist die richtige? In: https://lip-pold.bab-consulting.de/fusionen-welche-strategie-der-kulturintegration-ist-die-richtige

Lippold, D. (2020b): Unternehmenszweck oder Purpose – was ist der Unterschied? In: https://lip-pold.bab-consulting.de/unternehmenszweck-oder-purpose-was-ist-der-unterschied

Lippold, D. (2021): Marktorientierte Unternehmensführung und Digitalisierung. Management im digi-talen Wandel, 2. Aufl., Berlin/Boston 2021.

Lippold, D. (2021a): Was ist eigentlich der konzeptionelle Kristallisationspunkt? In: https://lippold.bab-consulting.de/was-ist-eigentlich-der-konzeptionelle-kristallisationspunkt

Lippold, D. (2021b): Warum der Unterschied zwischen Wissen, Kompetenzen und Qualifikationen für Bewerber so wichtig ist. In: https://lippold.bab-consulting.de/warum-der-unterschied-zwischen-wissen-kompetenzen-und-qualifikationen-fuer-bewerber-so-wichtig-ist

Lippold, D. (2021c): Wie wichtig ist der Ruf meiner Hochschule für die eigene Bewerbung? In: https://lippold.bab-consulting.de/wie-wichtig-ist-der-ruf-der-hochschule-fuer-die-eigene-bewerbung

Lippold, D. (2021d): Was ist eigentlich die Triple-Bottom-Line? In: https://lippold.bab-consulting.de/was-ist-eigentlich-die-triple-bottom-line

Lünendonk-Studie 2013: Der Markt für IT-Beratung und IT-Service in Deutschland. Eine unabhängige Analyse führender IT-Dienstleister sowie Anwenderunternehmen.

Lünendonk-Whitepaper 2013: Mehr Transparenz in der Personalbeschaffung von Fach- und Führungskräften.

Lünendonk-Studie 2016: Consulting 4.0. Mit Analytics ins digitale Beraterzeitalter.

Macharzina, K./Wolf, J. (2010): Unternehmensführung. Das internationale Managementwissen. Konzepte – Methoden – Praxis, 7. Aufl., Wiesbaden 2010.

Maslow, A. (1970): Motivation and Personality, 2. Aufl., New York 1970.

McGregor, D. (2005): The Human Side of Enterprise: Annotated Edition 2005.

McKenna, C. D. (1995): The origins of modern management consulting. In: Business and Economic History, 24. Jg., Heft 1 (1995), S. 51-58.

Meffert, H./Bruhn, M. (1995): Dienstleistungsmarketing. Grundlagen – Konzepte - Methoden, Wiesbaden 1995.

Meffert, H./Burmann, C./Kirchgeorg, M. (Meffert et al. 2008): Marketing. Grundlagen marktorientierter Unternehmensführung. Konzepte – Instrumente – Praxisbeispiele, 10. Aufl., Wiesbaden 2008.

Menzenbach, J. (2012): Visionäre Unternehmensführung. Grundlagen, Erfolgsfaktoren, Perspektiven, Wiesbaden 2012.

Möller, J./Schmidt, C./Lindemann, C. (Möller et al. 2015). Generationengerechte Führung beruflich Pflegender. In Zängl, P. (Hrsg.), Zukunft der Pflege – 20 Jahre Norddeutsches Zentrum zur Weiterentwicklung der Pflege, Wiesbaden 2015 (S. 117–130).

Mugler, J./Lampe, R. (1987): Betriebswirtschaftliche Beratung von Klein- und Mittelbetrieben, in: BFuP, 1987, Heft 6: 477-493.

Müller-Stewens, G./Drolshammer, J./Kriegmeier, J. (Müller-Stewens et al. 1999): Professional Service Firms – Branchenmerkmale und Gestaltungsfelder des Managements. In: Müller-Stewens, G./Drolshammer, J./Kriegmeier, J. (Hrsg.): Professional Service Firms. Wie sich multinationale Dienstleister positionieren, Frankfurt a. M. 1999, S. 11-153.

Neudeck, E. (2016): Geschichte der Personalberatung. Entstehung und Entwicklung der Personalberatungsbranche in Deutschland, Frankfurt am Main 2016.

Niedereichholz, C. (2010): Unternehmensberatung, Band 1, Beratungsmarketing und Auftragsakquisition, 5. Aufl., München 2010.

Nissen, V. (2006): Qualitätsmanagement in Beratungsunternehmen. Ergebnisse einer empirischen Studie im deutschen Markt für Unternehmensberatung. Reihe Forschungsberichte zur Unternehmensberatung Nr. 2006-01, 3. Aufl., Ilmenau 2006.

Nissen, V. (2007): Qualitätsmanagement in Beratungsunternehmen, in: Nissen, V. (Hrsg.): Consulting Research. Unternehmensberatung aus wissenschaftlicher Perspektive, Wiesbaden 2007, S. 235-259.

Nissen, V. (2007): Consulting Research – Eine Einführung, in: Nissen, V. (Hrsg.): Consulting Research. Unternehmensberatung aus wissenschaftlicher Perspektive, Wiesbaden 2007, S. 3-38.

Nissen, V./Kinne, S. (2008): IV- und Strategieberatung: eine Gegenüberstellung, in: Loos, P./Breitner, M./Deelmann, T. (Hrsg.): IT-Beratung. Consulting zwischen Wissenschaft und Praxis, Berlin 2008, S. 89-106.

Nissen, V./ Seifert, H. (2016) Virtualisierung in der Unternehmensberatung. Eine Studie im deutschen Beratungsmarkt. BDU e.V., Bonn 2016.

Nissen, V./Werth, D. (2018): Zum aktuellen Stand der digitalen Transformation im deutschen Markt für Unternehmensberatung. Eine Studie in Kooperation von BDU e.V., AWSi und TU Ilmenau (WID) zum Status Quo 2017, Bonn 2018.

Porter, M. E. (1986): Competition in Global Industries. A Conceptual Framework, in: Porter, M. E. (Hrsg.): Competition in Global Industries. Harvard Business School Press, Boston, 1986, 15-60.

Richter, A./Schmidt, S. L./Treichler, C. (Richter et al. 2005): Organisation und Mitarbeiterentwicklung als Differenzierungsfaktoren, in: Niedereichholz et al. (Hrsg.): Handbuch der Unternehmensberatung, Bd. 2, 7220, Berlin 2010.

Richter, A./Schröder, K. (2007): Organisation von Managementberatungen als Partnerschaften, in: Nissen, V. (Hrsg.): Consulting Research. Unternehmensberatung aus wissenschaftlicher Perspektive, Wiesbaden 2007, S. 161-177.

Ringlstetter, M./Bürger, B. (2003): Bedeutung netzwerkartiger Strukturen bei der strategischen Entwicklung von Professional Service Firms. In: Bruhn, M./Stauss, B. (Hrsg.) Dienstleistungsmanagement Jahrbuch 2003: Dienstleistungsnetzwerke, Wiesbaden 2003, S. 115-130.

Ringlstetter, M./Kaiser, S./Kampe, T. (2007): Strategische Entwicklung von Unternehmensberatungen – Ein Beitrag aus Sicht der Professional Services Firms Forschung, in: Nissen, V. (Hrsg.): Consulting Research. Unternehmensberatung aus wissenschaftlicher Perspektive, Wiesbaden 2007, S. 179-195.

Rothlauf, J. (2010): Total Quality Management in Theorie und Praxis: Zum ganzheitlichen Unternehmensverständnis, 3. Aufl., München 2010.

Runia, P./Wahl, F./Geyer, O./Thewißen, C. (Runia et al. 2011): Marketing. Eine prozess- und praxisorientierte Einführung, 3. Aufl., München 2011.

Ruter, R. X./Stäber, F. (2009): Unternehmensverantwortung. Ein Definitions- oder Umsetzungsproblem? Ernst & Young-Paper 2009.

Rüschen, T. (1990): Consulting-Banking: Hausbanken als Unternehmensberater, Wiesbaden 1990.

Sackmann, S. A. (2004): Erfolgsfaktor Unternehmenskultur. Mit kulturbewusstem Management Unternehmensziele erreichen und Identifikation schaffen – 6 Best Practice-Beispiele, Wiesbaden 2004.

Schade, C. (2000): Marketing für Unternehmensberatung. Ein institutionenökonomischer Ansatz, 2. Aufl., Wiesbaden 2000.

Schade, C./Schott, E. (1993): Kontraktgüter im Marketing, in: Marketing – Zeitschrift für Forschung und Praxis, Jg. 15, S. 15-25.

Schein, E. H. (1995): Unternehmenskultur. Ein Handbuch für Führungskräfte, Frankfurt/ Main 1995.

Schein, E. H. (2003): Prozessberatung für die Organisation der Zukunft – der Aufbau einer helfenden Beziehung, Bergisch-Gladbach 2003.

Schneider, J. 2014: Stichwort: Unternehmensberatung. Online verfügbar unter URL: http://wirtschaftslexikon.gabler.de/Archiv/17888/strategieberatung-v9.html.

Schmitt, R./Pfeifer, T. (2010): Qualitätsmanagement. Strategien – Methoden – Techniken, 4. Aufl., München-Wien 2010.

Schneider, A. /Schmidpeter, R. (2015): Corporate Social Responsibility. Verantwortungsvolle Unternehmensführung in Theorie und Praxis, 2. Aufl., Wiesbaden 2015.

Schulte, M. (2006): Kunden-Berater-Beziehung – Partnerschaft mit Ergebnisverantwortung, in: Fink et al. (Hrsg.): Consulting Kompendium 2006. Das Jahrbuch für Managementberatung, Unternehmensführung, Human Resources und Informationstechnologie, Frankfurt am Main 2006, S. 48-49.

Scott, M. C. (2001): The Professional Service Firm: The Manager's Guide to Maximizing Profit and Value, Chichester u. a. 2001.

Shah, N./Kraatz, M. S. (2002): Changing Patterns of Personnel Flows: The Emergence of Lateral Hiring Among Corporate Law Firms. Working Paper presented at the Workshop on Professional Service Firms, University of Alberta, Edmonton, August 15th-17th 2002.

Sommerlatte, T. (2004): Gründe für den Einsatz von Unternehmensberatern, in: Niedereichholz et al. (Hrsg.): Handbuch der Unternehmensberatung, Bd. 1, 1200, Berlin 2010.

Staufenbiel MBA Trends-Studie 2011/12 (Staufenbiel 2012), online verfügbar unter URL: http://www.mba-master.de/mba/news-trends/staufenbiel-mbatrends-studie-201112/statistiken.html

Steiner, G. (2000): Ökonomische Analyse von Partnerschaften, München 2000.

Stock-Homburg, R. (2008): Personalmanagement: Theorien – Konzepte – Instrumente, Wiesbaden 2008.

Stolorz, C. (2005): Controlling in Beratungsunternehmen: Aufgaben, Probleme und Instrumente. In: Stolorz, C./Fohmann, L. (Hrsg.): Controlling in Consultingunternehmen. Instrumente, Konzepte, Perspektiven, 2. Aufl., Wiesbaden 2005, S. 9-26.

Stock-Homburg, R. (2013): Personalmanagement: Theorien – Konzepte – Instrumente, 3. Aufl., Wiesbaden 2013.

Talgeri, V. (2008): IT-Outsourcing: Risiken und Grenzen im asiatischen Wirtschaftsraum. Eine empirische Studie, München 2008.

Taylor, F. W. (1911): The principles of scientific management. New York: Cosimo, 2006 (Nachdruck der Ausgabe: London: Harper & Brothers, 1911).

Teece, D. (1986): Transaction Cost Economics and the Multinational Enterprise, in: Journal of Economic Behavior and Organization, Vol. 7, S. 21-45.

Theuvsen, L. (1994): Interne Beratung: Konzept, Organisation, Effizienz, Wiesbaden 1994.

Titscher, S. (2001): Professionelle Beratung, 2. Aufl., Frankfurt, Wien 2001.

Trendence-Institut für Personalmarketing (Trendence 2006): Das Absolventenbarometer 2006 – Deutsche Business und Engineering Edition.

Ulrich, P. (2001): Integritätsmanagement und „verdiente" Reputation, in: io management, 1/2 2001, S. 42-47.

Wagner, D./Herlt, S. (2010): Implikationen der Studienabschlüsse Bachelor und Master auf die Personalauswahl und -entwicklung, in: Wagner, D./Herlt, S. (Hrsg.): Perspektiven des Personalmanagements 2015, Wiesbaden 2010.

Wagner, R. (2007): Strategie und Management-Werkzeuge, Teil 9 der Handelsblatt Mittelstands-Bibliothek, Stuttgart 2007.

Wamsteker, S. (2012): IT-/Technologieberatung, in: Perspektive Unternehmensberatung. Das Expertenbuch zum Einstieg, hrsg. v. Hies, M., München 2012, S. 22-24.

Werth, D./Greff, T./Scheer, A.-W. (Werth et al. 2016): HMD 2016, S. 50-70.

Wild, A. (2010): Fee Cutting and Fee Premium of German Auditors (Fee Cutting und Honorarprämien deutscher Abschlussprüfer). In: Die Betriebswirtschaft, 70. Jahrgang 2010, Heft 6, S. 513-527.

Williamson, O. E. (1990): Die ökonomischen Institutionen des Kapitalismus: Unternehmen, Märkte, Kooperationen, Tübingen 1990.

Wolle, B. (2005): Grundlagen des Software-Marketing. Von der Softwareentwicklung zum nachhaltigen Markterfolg, Wiesbaden 2005.

Abbildungsverzeichnis

Insertverzeichnis

Sachwortverzeichnis